U0489694

企业数字化转型实践丛书

# 数字化转型
## 业务蓝图设计
### 企业管理创新实践方法研究

靖小伟 著

石油工业出版社

# 内 容 提 要

本书是对企业数字化转型业务蓝图顶层设计实践方法的研究，内容包括数字中国建设带来的变革、从数字化转型角度开展企业业务蓝图顶层设计、业务蓝图顶层设计方法论、数字时代企业的数字化管理模式、企业实现数字化管理模式的前置条件五个方面。本书提出了五大核心创新点，包括业务全景图、业务切片、数字化指标体系、数字化模型和数字化管理模式，为企业提供了一个全面的数字化转型指南。

本书适用于从事企业数字化转型工作的各级管理人员、相关业务人员和信息技术人员阅读使用，也可为从事相关研究、咨询和实施服务的人员提供借鉴和参考，并可作为大专院校相关领域学生的学习指导材料。

**图书在版编目（CIP）数据**

数字化转型业务蓝图设计：企业管理创新实践方法研究 / 靖小伟著 .— 北京：石油工业出版社，2023.9
（企业数字化转型实践丛书）
ISBN 978-7-5183-6212-7

Ⅰ. ①数… Ⅱ. ①靖… Ⅲ. ①企业管理—创新管理—数字化—研究 Ⅳ. ① F272.7

中国国家版本馆 CIP 数据核字（2023）第 154481 号

出版发行：石油工业出版社
（北京市朝阳区安华里二区 1 号楼 100011）
网　　址：www.petropub.com
编 辑 部：（010）64523553　图书营销中心：（010）64523633
经　　销：全国新华书店
印　　刷：北京中石油彩色印刷有限责任公司

2023 年 9 月第 1 版　2023 年 9 月第 1 次印刷
787 × 1092 毫米　开本：1/16　印张：24.5　插页 1
字　　数：340 千字

定　　价：98.00 元
（如出现印装质量问题，我社图书营销中心负责调换）
**版权所有，翻印必究**

# 作者序

非常荣幸向您推荐这本关于数字化转型业务蓝图设计的新书，这是继《数字化转型工作百策》之后第二本探讨数字化转型工作方法的系列图书。在当今快速变化的数字化时代，企业面临着前所未有的挑战和机遇。数字化转型已经成为企业实现可持续发展和增强竞争力的关键路径。

这本书的目的是提供一个全面的指南，帮助读者规划和实施数字化转型的业务蓝图。本书创新性地提出了五大核心创新点，包括业务全景图、业务切片、数字化指标体系、数字化模型和数字化管理模式。

第一，业务全景图是一种新的视角和方法，帮助企业全面了解其业务生态系统，从整体上把握企业的业务现状和发展方向，建立一套业务部门和信息技术部门都能够理解的业务语言。通过绘制业务全景图，企业可以清晰地看到不同业务领域之间的关系和依赖，明确数字化转型的目标和方向，以及数字化转型对业务的影响和机会。

第二，业务切片是将复杂的业务过程和系统切分成可管理的小块，以便于深入理解和重构，减少重复建设、反复建设和孤岛建设。通过对业务的切片，企业可以有针对性地进行数字化转型，聚焦于关键业务领域，并逐步实现整体的数字化转型目标。

第三，数字化指标体系是一个全面且具体的指标框架，帮助企业评估和衡量数字化转型的成果和效果。本书提供了一个全面的数字化指标体系，涵盖了业务指标、技术指标、数据指标和运营指标等方面，以帮助企业更好地编制可行性研究报告，制定下属各级单位的任务和目标，达到事前算赢的目的。

第四，数字化模型是一种系统化的方法、工具、算法和模型，应用在数字化转型的决策、管理和生产操作各个层面。通过数字化模型，企业可以从业务流程、组织架构、技术能力等不同角度分析、设计和沉淀数字化转型的方案和成果，将技术和管理人员的经验和创新，应用并固化到数字化模型中，建设企业不同层次应用、不同类别赋能业务的数字化模型，确保数字化转型与业务战略的紧密结合和有效实施，不断提升企业核心竞争力。

第五，数字化管理模式是为了支持企业实现在数字时代创新管理模式而设计的管理方法和实践。本书提供了一套全面的数字化管理模式，涵盖了数据驱动决策、管理模型化、智能化生产、协同合作、远程监控和数据分析等关键领域，充分利用数字化模型帮助企业加速实现决策、管理、生产运营的数字化转型目标和建设“数智企业”。

在编撰本书的过程中，得益于作者单位领导的大力支持，本书汇集了一批资深的专家和业界领先者的经验和智慧，以确保内容的专业性和实用性。无论您是企业的高层管理者、业务负责人，还是数字化转型的从业人员，本书都将为您提供有价值的指导和帮助。

最后，感谢领导们、同事们一直以来对我的支持和鼓励，感谢一起奋斗的同事和专家。本书的创新性和实用性得以实现，离不开同行们的宝贵意见和建议。衷心希望本书能成为您数字化转型旅程中的有益伙伴，助您在数字化转型的道路上取得新的、更大的成功。

愿数字化为我们的时代、事业赋能！

数字化转型业务蓝图设计

# 五大核心创新点

业务全景图

业务切片

数字化指标体系

数字化模型

数字化管理模式

000100 01 10 01100 1000 11000 0 10 10 10 000100 01 10 01100 100

1010 00 0110 1 011 0 1 011 00 110 000100 01 10 01100 1000 11000 0 10 10 10 01 01 1000 11 000 1

1010 00 0110 1 011 0 1 011 00 110 000100 01 10 01100 1000 11000 0 10 10 10 01 01 1000 11 000 10 1 0001 00

1010 00 0110 1 011 0 1 011 00 110 000100 01 10 01100 1000 11000 0 10 10 10 01 01 1000 11 000 1

1010 00 0110 1 011 0 1 011 00 110 000100 01 10 01100 1000 11000 0 10 10 10 01 01 1000 11 000 10 1 0001 00

1010 00 0110 1 011 0 1 011 00 110 000100 01 10 01100 1000 11000 0 10 10 10 01 01 1000 11 000 10 1 0001 00

011 0 1 011 00 110 000100 01 10 01100 1000 11000 0 10 10 10 01 01 1000 11 000 10 1 0001 00

目录

# 第一篇 数字中国建设带来的变革

## 第三篇
## 业务蓝图顶层设计方法论

# 第一篇

# 数字中国建设带来的变革

党的二十大报告提出要加快建设数字中国，推动数字中国战略的实施。强调数字化发展是全面建设社会主义现代化强国的重要支撑，是实现中华民族伟大复兴过程中必须要抓住不放的关键领域。

数字中国建设是一个重要的国家战略，目标是利用数字技术的力量推动社会和经济的转型升级。数字中国建设带来了广泛的社会变革和经济变革，包括行政审批流程数字化、公共服务数字化、数字化城市建设、数字农业、数字医疗等。数字中国为政府和企业带来了更高效的运营和管理方式，为人民带来更便捷、更高质量的公共服务。

数字化转型是数字中国战略在企业层面的具体举措，是企业或组织在生产操作、运营业务和决策管理方面，从传统模式向数字化模式的转换，并利用数字技术改进操作方式、业务流程、提高效率、创造新的价值和商业机会的过程。数字化转型包括了整个企业体系内的各个方面，包括组织结构、业务流程、技术平台、管理模式和决策支持策略等。数字化转型可以帮助企业更加灵活、敏捷、高效地应对市场变化和客户需求，提高企业的竞争力和创新能力。

数字化转型为企业主营业务智能化发展带来了深刻的变革，例如企业需要建设的工业互联网、数字化运营平台、经营管理平台、互联网 + 新型业务模式、大数据分析和人工智能应用等。数字化转型不仅是以数字技术为代表的技术变革，也是企业文化、组织结构与流程变革全面支撑和推动的新模式。

数字化转型面临的挑战和机遇并存。在数字时代，企业和组织需要不断地学习和应对新的技术、新的市场、新的客户需求，做好创新和决策管理工作，才能促进企业管理提升、智能化发展。

# 一、数字化转型促进企业发展的十个方面成效

数字化转型可以将一个以传统方式经营的企业转化为以数字化驱动为核心的科技型企业，充分融合外部资源（行业伙伴、金融机构），将生产全流程（设计、生产、制造、工艺等）、交易全场景（客户、供应商、订单、合同、仓储、物流等）与内部管理（办公管理、财务管理、供应链管理等）整合到一个体系中，实现全链路数据融通，赋予企业数字化能力，助力企业成为产业链细分领域的引领者。

数字化转型具有提高工作效率和减少错误、增强客户体验和服务、优化流程和降低成本、改善企业内部和外部合作、增强企业竞争力等多种效果和成效。从综合效果来看，数字化转型对企业的成效可以归纳为以下十个方面。

## 1. 创新业务发展模式

数字化转型助力企业创新业务发展方式，建设完整数据链支持主营业务的革新，快速实践新业务模式，持续形成新商业输出，加速产品迭代，提升生产自动化程度和个性化产品输出能力，满足客户快速变化需求。数字化转型可以帮助企业提供更加个性化和定制化的产品和服务，并且能够快速响应客户需求，提高客户满意度。具体体现如下：

（1）改变传统业务模式：数字化转型可以通过引入新的技术、探索新的市场、进一步优化流程等方式来改变传统业务模式。创新

业务模式将传统商业模式转向数字化网络化的模式，开展共享经济、社交化营销等，重新定义产品和服务的生命周期，从而实现更简单、更高效的运营。

（2）创造新的市场机会：数字化转型可以使企业在原有的市场之外，寻找新的业务机会、新的生态圈和新的盈利点，以更好地扩张业务规模。

（3）优化用户体验：数字化转型可以帮助企业将用户体验优化，使用户体验更加个性化、便捷、舒适和高效。

（4）提升企业知识产权价值：数字化转型可以以数字化内容、数据为基础，有效整理和管理企业知识产权，其中新产品和服务的知识产权价值也得到提升。数字化转型不仅能够促进企业服务升级、变革和扩展业务板块，还能够创造更多的价值和新的机会，增强企业竞争力和创新力。

（5）推动业务数据模型化：利用数据分析和人工智能技术，建立起适合企业特点和行业特点的数据分析平台，掌握客户和市场的需求趋势和数据，提高创新和研发的准确度，预测行业变化，推出更适合客户需求的产品或服务。

（6）构建业务模式的平台：以数字化平台为基础，整合企业内外所有资源，开拓新的业务领域，重新定义企业的价值链和业务逻辑，提高企业生态系统的复杂性和弹性。

（7）加速业务模式自助服务：利用数字化技术实现自助服务，提高客户满意度和企业效率，同时减轻人力资源负担。

## 2. 促进管理方式变革

数字化转型对于企业管理方式的变革有着重要的作用。数字化转型可以促进企业流程再造，改变企业生产模式、研发模式、管理模式和决策支持模式，加强科学管理、精细管理，降低内部沟通和管理成本，通过管理创新激发企业内在潜力，达到提质增效的目的，推动企业高质量发展迈上新台阶。具体体现如下：

（1）数据化决策：数字化转型使企业能够精准地采集和分析大量数据，帮助企业做出更加科学、合理的决策。

（2）协同办公：数字化转型促进了企业内部协作和沟通，通过云计算、视频会议等技术，促进了协同办公，提高了团队工作效率。

（3）自动化流程：数字化转型可以实现对业务流程的自动化，通过引入人工智能、机器学习等技术，优化了企业的工作流程，减少了人为错误和漏洞，提高了工作效率和准确性。

（4）管理方式提升：数字化转型使企业能够更适应客户需求、更好地与客户沟通和互动。

## 3. 提升生产运营质量

数字化转型可以帮助企业提升生产运营质量，促进现场操作的标准化和规范化、服务的精准化。具体体现如下：

（1）数据自动采集和分析：通过数字化技术，自动采集生产运营中的关键数据，并对这些数据进行分析，发现问题和瓶颈，以便及时采取措施。

（2）智能化生产：通过数字化技术，实现生产设备的智能化，提高生产精度和效率，减少人为失误和浪费，同时降低生产成本。

（3）供应链数字化：建立数字化供应链系统，实现供应链的透明化、协同化和高效化，从而提高生产运营的效率和质量。

（4）人工智能应用：通过人工智能技术，对生产运营中的数据进行深度学习和分析，提高生产预测和质量控制的精度和效率，减少缺陷和损失。

（5）信息化管理：采用数字化技术，实现生产运营的信息化管理，包括生产计划、生产调度、质量控制等各个环节的信息化管理，从而提高生产运营的效率和质量。

## 4. 降低生产运营成本

数字化转型对企业的生产运营效益带来了显著提升，通过自动化流程、数据分析等方式，优化内部管理流程降低人工成本，提高生产效率，推动数据流动，减少信息不对称，提高资源优化配置效率，提升单位时间内价值产出，可以降低生产运营成本。具体体现如下：

（1）生产精准供料：精准采购、精准物流和库存，电子销售、线上销售、精准营销、统筹数字销售策略等，打造产、供、销数字化，大幅度降低成本。提高协同效率，降低运营成本。

（2）减员增效：数字化转型可以帮助公司降低人力成本、物流成本和营销成本，同时通过节约成本来提高企业盈利能力。

（3）自动化生产：采用数字化技术和自动化设备，实现生产过程的自动化和智能化，减少人为因素造成的浪费和误差。

（4）优化供应链：通过数字化技术和智能化物流系统，实现供应链的协同化和高效化，降低物流成本和仓储成本。

（5）节约能源和耗材：通过数字化技术和智能化设备，优化生产过程和能源消耗，减少不必要的能源和耗材使用，从而降低成本。

（6）优化生产计划：采用数字化技术和数据分析，实现精准的生产计划和生产调度，避免生产过程中的浪费和闲置，从而降低成本。

## 5. 提高生产运营效率

数字化转型可以帮助公司实现自动化和优化业务流程，实现全生命周期数字化管理，提高生产、管理、研发效率，保证前后端协同一体，减少变更和返工，提高生产、管理和决策效率，从而提高工作效率和生产力。具体体现如下：

（1）提质增效：通过数字化转型，企业可以推动产品创新、优化改进产品/服务设计、工艺（过程）设计等，提高产品和服务质量，稳定提供满足客户需求的产品和服务，实现生产/服务质量全过程在线动态监控和实时优化，提升质量稳定性，降低质量损失，提高生产运营质量。

（2）优化流程：通过自动化流程、数据分析等方式，降低生产运营成本。

## 6. 保障生产运营安全

数字化转型有助于提高生产运营安全，生产作业过程虚拟和现实动态联动、全程数据支持，设备、工艺、QHSE、视频全过程施工协同监管，变革传统安全操作模式，提高生产安全监控、提前预警和应急处置能力。可以实现全过程的安全监控和预警，对潜在的安全隐患做出及时反应，有效地预防生产事故的发生。具体体现如下：

（1）数据分析：通过对生产数据的采集、存储和分析，可以实现实时监控和智能预警，提前识别潜在的危险并及时进行规避和处理。

（2）自动化与智能化：在数字化转型的过程中，可以利用自动化与智能化的技术手段，替代人工进行较为危险和复杂的生产操作，从而有效减少事故风险。

（3）优化安全生产管理：数字化转型可以为企业提供科学、综合、精准的安全管理手段，提高生产运营的安全性和可靠性。

## 7. 加速培养专家队伍

数字化转型通过将业务、生产、研发集中于统一平台，提高数字化技术应用水平，缩减获取数据的时间，快速将专家的科研成果与生产管理融合，有助于统一业务、生产与研发，提高生产效率，实现人才培养与生产管理的紧密结合，同时推动企业从前线巡视到后线集中管控。具体体现如下：

（1）实现生产与研发的统一平台：企业可以通过数字孪生技术建设数字化模拟系统，通过数字化技术对生产系统进行全过程的监控和调度，生成大量生产数据，为企业数字化转型提供有力支持。

（2）提高专家获取生产状态数据的效率：专家的培养可以通过数字化转型提高效率。借助于数字化技术，企业可以将专家聚集到一起，快速培养适合企业生产、管理和决策支持的专家人才，让专家针对生产问题进行方案制订、故障诊断和远程指挥，提高专业技能的紧密结合度。

（3）将分散的前线数据汇聚到后线集中监控：数字化转型可以使企业实现从前线到后线、从线下到线上的转型。通过数字化技术的支持，企业可以将生产、管理从线下推到线上，建立数字化监控系统，实现全过程数字化监控和管控，降低人力成本、提高管理效率。

## 8. 优化管理岗位层级

数字化技术可以使企业管理岗位更为高效和灵活，操作岗位数字化全覆盖、管理岗位和决策支持岗位部分覆盖，减少重复录入和人工录入，避免大量重复性、机械性的事务工作占据岗位，减少管理层级，提高管理效率和降低管理成本。具体体现如下：

（1）数据驱动的决策：数字化转型可以将大量的数据进行采集、存储和分析，建立数据模型为企业管理决策提供科学的数据支持，使管理层可以在更短的时间内做出更准确的决策，从而降低管理层级。

（2）自动化工具的应用：数字化转型可以利用自动化工具替代人力工作，从而减少管理层级。例如，企业可以使用数字化的出勤管理工具，通过智能化的管理系统实现员工出勤、加班等数据的自动化处理，从而降低管理成本和减少管理层级。

（3）流程再造：数字化转型还可以通过对企业管理模式的改变来降低管理层级。例如，可以通过优化业务流程、提高员工作业效率等方式来优化管理过程，减少中间管理层级，从而提高管理效率。

（4）知识共享：数字化转型使得企业员工之间的信息共享更加便捷，可以促进员工之间的协同合作。通过共享知识和信息，能够使企业员工的工作更加高效，减少管理层级，提高管理效率。

## 9. 实现资源设备共享

数字化转型可以通过实现数据、网络、硬件设备、软件系统等资源共享来提高企业效率和减少资源浪费，从而实现资源设备共享的目标。数字化转型可以通过建立数字化平台、数据分析和人工智能等技术手段实现资源共享，使得企业间的资源更加灵活高效地利用起来。提高软件、硬件、流程、数据等共享程度，促进企业实现财务、人力资源、信息、法律等平台化共享。共享方法和步骤如下：

（1）建立数字化平台：建立一个企业级数字化平台，将公司所有资源和设备进行统一管理和整合，实现资源和设备的共享。

（2）制定共享政策：制定明确的共享政策，包括共享的资源和设备范围、共享的方式、使用规则等，确保共享的顺畅和安全。

（3）推广共享文化：通过内部宣传和培训，推广共享文化，鼓励各级企业和员工积极参与共享，增强各单位、各系统之间的协作和沟通。

（4）建立共享机制：建立共享机制包括资源和设备的预约、借用、归还等流程，以及使用费用的分摊和结算等。

（5）加强技术支持：通过引入新技术和工具，如云计算、物联网等，提高资源和设备的智能化程度，实现更加高效的共享。

### 10. 培育上中下游生态

数字化转型可以帮助企业更好地应对市场变化和竞争压力，不断优化支撑主营业务的生态环境，利用数字化能力对接优势企业，布局产业生态，发挥平台经济规模效应，树立竞争优势。发挥互联网平台对产业链的全方位触达优势，整合更多行业资源，拓宽业务渠道，实现规模性增长。数字化转型可以帮助企业实现交易数据真实可追溯，打通供应链金融，从而提高竞争力，保持业内领先地位。具体体现如下：

（1）助力服务生态：建立以技术、资本、人才、数据等多要素支撑的企业服务生态，解决企业在运营过程中遇到的种种问题和难题，提升企业的服务能力和效益。

（2）提升公共服务能力：加强数字化与实体经济融合，优化产业链，提高数字化转型的成功率和效益。同时，建立数字化服务协同机制，加强上下游企业之间的协作，建设客户关系管理系统等支持服务的平台。

（3）健全数字生态，释放数字经济新动能：数字化转型需要建立良好的数字生态，推动数字化供给侧、产业链中的渗透，提高数字化转型的深度和广度。

## 二、数字化推进工业化与信息化加速融合

数字化推进工业化与信息化加速融合已经成为当前经济发展的关键驱动力之一。为了推进数字化、工业化与信息化的融合发展，国家出台了相关政策。其中，2021 年 11 月印发的《“十四五”信息化和工业化深度融合发展规划》（工信部规〔2021〕182 号）是本

领域的重要指导性文件，该规划提出了深入推进数字化与工业化深度融合、实现工业化智能化升级、推动共享数字化经济、积极探索新型产业发展路径等重点任务。

工业化与信息化的深度融合不仅是数字化转型的趋势，也是产业升级的必然。这种融合有利于增加生产效率、降低生产成本、优化产业结构和产业生态布局，推动实体经济持续发展。

## 1. 数字化是工业化和信息化的融合

数字化包括工业生产中的自动化控制和数据采集，以及信息化的全部内容。数字化技术和信息技术的应用对制造业进行全方位的数字化改造和升级，主要包括的方面有工业自动化、数据采集和处理、设备维修、设备维护保养、预测性维护、机器人自动巡检点检、远程监测、生产优化和智能化管理。

数字化是信息化的下一阶段。信息化是通过信息系统实现业务和流程标准化、信息的快速获取和传递，提升管理效率和协同能力。而数字化是信息化发展到一定阶段的产物，利用新一代 ICT 技术，通过对业务数据的实时获取、网络协同、智能应用，打通了企业数据孤岛，让数据在企业系统内自由流动，数据价值得以充分发挥。数字化转型通常需要对企业的各个方面进行改造，其范围通常很大，可能需要构建数据基础设施、推动业务运营、支撑智能决策等。

数字化技术在工业化中的应用也扮演着至关重要的角色，如工业大数据、工业互联网、5G 技术等，这些技术可以加速工业制造过程的数字化转型，提高生产效率，降低生产成本，并且可以更好地服务于客户需求。

工业化与信息化的深度融合是产业升级的必然趋势，这种融合有利于增加生产效率、降低生产成本、优化产业结构和产业生态布局，推动实体经济持续发展。在深度融合的过程中，需要考虑信息技术和工业制造的深入结合，以及数字化和实体经济的相互促进。

中央企业、国有企业数字化转型也是当前数字化与工业化深度融合的重要方向之一，国家出台了相应政策，加速中央企业、国有企业信息化工业化融合和数字化转型。2021年10月，国务院国资委、工业和信息化部签署了《关于加快推进中央企业两化融合和数字化转型战略合作协议》，以加速中央企业的信息化与工业化融合和数字化转型。协议提出，中央企业应该抓住数字化转型的机遇，创新业务模式，提高内部管理效率和外部服务能力，更好地适应市场需求，满足人民群众需求。

## 2. 单体自动化通过数字化变成整体系统的自动化

单体自动化是指将某一个生产设备或系统的部分功能实现自动化，例如流水线中的某个加工环节的自动化控制。而数字化的自动化是指通过数字化技术，将整个生产系统连接成一个整体化的全集成自动化系统。其将单体自动化所涉及的有限功能扩展为多个设备、工业机器人及工程机械的自动化控制，实现多系统的互联互通，以及数据的采集、分析、处理和利用，提高生产效率和产品质量。

集成自动化（TIA）的工业自动化平台就是一种数字化自动化的解决方案，它利用一个开放的系统架构连接整个生产过程，将所有自动化组件集成为一个整合的自动化系统。通过提供一致性数据管理和统一的数据规范，确保了不同自动化系统之间的兼容性和协同性。同时，数字化的自动化系统还可以实现网络化控制、智能调度、质量追溯、可视化监控等功能，进一步提升生产效率和企业运营管理水平。

数字化变革推动了单体自动化向整体系统自动化的过渡，使得多个自动化系统能够互通有无、协同运行，实现生产效率的高度提升和产业转型升级。而数字化平台则是实现自动化的重要手段，将整个生产过程中的自动化元素应用集成为一个整合的自动化系统。

### 3. 数据链和区块链技术应用范围越来越广阔

数据链技术是一种通信技术，在现代军事、医疗、物流、工业等领域得到了广泛应用。数据链的特点是能够快速、可靠地传输大量的数据信息，被广泛应用于军事和安全领域中的无人机、导航、情报传递等，同时也应用于工业领域的物联网、医疗领域的远程医疗等领域。

随着信息技术的发展和互联网的普及，大数据应用范围越来越广泛，它涉及商业、医疗、政府等各个领域。而区块链技术作为一种分布式数据库，也与大数据技术相互促进和补充。区块链技术可以提供数据的可信性和安全性，保护数据的隐私和安全。在一些领域，如金融交易、电子商务、供应链管理等，区块链技术的应用已经取得了一定的成功。

数据链和区块链技术是现代信息技术领域的重要组成部分，它们的应用范围越来越广泛，并在多个领域产生了重要影响。

### 4. 企业生产操作向无人化方向快速发展

随着人工智能和物联网技术的发展，企业生产操作通过数字化向无人化方向快速发展已经成为趋势。数字化与无人化的发展为企业实现智能化、自动化、高效化生产提供了前所未有的机遇。

数字化技术在制造业中的应用为企业提供了强大的数据支撑，使得企业能够对生产过程进行实时监控和数据采集。通过数字化技术，企业能够实现生产流程上的精细化、柔性化和智能化，更好地适应市场需求并提高生产效率。

与此同时，无人化技术也广泛应用于企业生产操作中。例如，工业机器人能够代替人工完成重复性、危险性高的生产任务，提高生产效率和产品质量，减少人为失误。自动化仓储系统、自动驾驶物流车等物流无人化技术也在不断发展，进一步提升了物流效率和准确性。

数字化和无人化的结合，也推动了工业生产模式的转变。企业开始采用工业互联网平台，实现生产信息的实时交互和对生产过程做到全过程可追溯。企业通过大量应用物联网、大数据、云计算和人工智能等技术，将生产过程中的制造、物流、售后等各环节进行无缝对接和整合，实现生产过程的最大化自动化。

## 5. 工业互联网成为企业统一的基础平台

工业互联网是指利用物联网、云计算、大数据、人工智能等技术，将工业生产、管理和服务各个环节紧密连接在一起，建立起统一的工业互联网平台体系，从而实现企业数字化、智能化、网络化升级。工业互联网对于企业实现智能制造、提高生产效率、降低成本、优化供应链等方面都具有重要意义。

随着工业互联网技术的不断发展，其已经成为企业数字化转型的重要基础之一。工业互联网可以整合企业内外部资源，优化生产和服务流程，提高生产效率、降低生产成本、提高产品质量和附加值。同时，它还可以提供数据支持，帮助企业做出准确的决策，并精准地实现智能化管理。

（1）工业互联网可以建立起统一的工业互联网平台体系。根据《工业互联网创新发展行动计划（2021—2023年）》，我国工业互联网平台建设将从横向、纵向、深度、广度、基础、标准等多个角度展开，形成一批具有国际影响力的综合型、特色型和专业型平台。这将帮助企业有效整合内外部资源，优化生产和服务环节，提高生产效率和服务品质。

（2）工业互联网可以支持企业实现数字化转型。随着智能化、自动化、智能制造等概念的提出和技术的不断发展，工业互联网可以帮助企业实现数字化转型。通过数字化、智能化的设备和链路，企业可以实现数据的实时采集和监测，提高决策的精准性，通过数据分析，准确地预测市场需求，优化生产计划和供应链。

（3）统一工业互联网底层协议可以帮助企业降低数字化转型的难度和运营成本，促进数字化转型的深入发展。统一工业互联网协议（Unified Industrial Internet Protocol，UIIP）是指在工业互联网领域为完成信息交换而定义的标准协议。工业互联网是工业生产、管理、服务、创新与升级的一种重要形式，UIIP的出现旨在解决工业互联网应用领域中的协议不统一问题，从而降低了各种设备之间的互通性障碍，推动了工业互联网应用的普及和推广。UIIP协议的实现有利于解决工业互联网应用中设备互通、标准化等问题，带来了显著优势。

## 6. 数字员工代替管理岗位迅速扩大应用范围

数字员工是利用人工智能、机器人和机器人流程自动化（RPA）

等技术完成重复性、低复杂性、机械性、标准化、数据化工作的一种数字化劳动力。近年来，随着数字科技的快速发展和人工智能技术的不断迭代，数字员工已经开始逐步替代传统人力从事一些管理岗位的工作，并迅速扩展应用范围。

数字员工能够自动执行标准化流程和任务，能够处理大量数据、自动化推理、自我学习、实时响应和最终掌握执行过程。因此，它们具有高效、准确、稳定和可靠的特点，能够大大提高企业的生产效率和管理效果。

在管理岗位中，数字员工主要替代一些重复性、机械性的工作。例如，数字员工可以完成数据采集、产品打标、模板处理、流程监测等任务。应用数字员工可以减少对人力的需求，同时还能够提高工作效率和准确度。

随着数字员工技术的不断升级，数字员工的应用范围也在不断扩大。目前，数字员工可以应用于财务、金融、保险、制造业、物流等多个行业和领域。数字员工的应用最大化、普及化可以使企业实现数字化转型、智能化升级，能够满足各行业对增强创新能力、提高核心竞争力的需求。

数字员工作为一种新型的数字化劳动力，能够替代部分管理岗位的重复、机械性工作，并具有高效、准确、稳定和可靠等特点，应用范围和前景广泛，未来将成为企业数字化转型和智能化升级的重要推动力。

## 7. 机器人的时代即将到来

机器人技术的快速发展正在推动着机器人时代的到来，国内机器人市场的兴起已经引起了世界各地的关注。根据一些媒体报道，中国机器人市场正在经历着爆发式的增长，机器人产业正在变成一个以数字化、智能化为发展方向的高速成长领域。同时，不仅在中国，在全球范围内，机器人技术的发展也越来越快。

在人工智能领域，近些年来 AI 取得了重要突破，使得机器人在认知、感知、决策等方面有了质的飞跃，具备了更高的自主性和智能性。此外，机器人技术的成本也在逐年下降，进一步推动了机器人的发展。

人们对机器人技术的追逐使机器人开始进入医疗、金融、制造等各领域，随着技术的发展，机器人也正在逐渐替代传统劳动力完成一些机械化、重复性工作。而随着机器人和智能技术的不断融合，人们普遍认为，一个崭新的机器人时代正在逐步到来。

## 三、认识并把握数字化规律及所处阶段，抓住变革的切入点

企业信息技术的发展从时间和技术上通常被划分为三大阶段：信息化阶段、数字化阶段和数智化阶段。

（1）信息化阶段：从 20 世纪 80 年代，信息技术开始应用在企业生产、管理，旨在将组织内的基本运营转化为电子化和信息化。这个阶段的主要目标是采用信息技术来自动化和改进组织内部的业务流程，例如，利用计算机自动处理订单和财务数据等。

（2）数字化阶段：从 2020 年 8 月 21 日国务院国资委印发《关于加快推进国有企业数字化转型工作的通知》开始，当企业达到了信息化阶段的一定程度之后进入第二个阶段，即数字化转型阶段。

这是运用数字技术、数字化系统和数字化模式来优化和改进传统业务流程、业务模式和管理方式的过程。

（3）数智化阶段：数字化转型的最终阶段是数智化。它涉及运用人工智能、大数据和物联网等技术，为企业创造更多价值和机会。在数智化阶段，企业可以利用可编程自动化和实时分析等技术实现自我优化，改进决策能力和提高工作效率。

从2020年开始的数字化转型是一个不断迭代、不断创新、不断优化的过程，这个过程也分为业务数据获取、数字化模型建设、智能辅助决策三个阶段。认识并把握数字化转型所处阶段对企业抓住变革切入点，更好地开展数字化转型至关重要。科学合理地规划数字化转型的发展路径，并根据具体的业务场景和业务需求，不断更新和优化数字化转型的战略，才能够真正有效地推进数字化转型。

## 1. 数字化转型的三个阶段

从2020年国务院国资委印发《关于加快推进国有企业数字化转型工作的通知》开始，企业数字化转型从建设角度可以划分为三个阶段：

（1）业务数据获取阶段。第一个阶段主要目标是数据治理，实现业务数据自动化获取，利用物联网传感器、摄像头、雷达、无人机、机器人等数字化技术对操作岗位和管理岗位全覆盖，生产数据自动拾取，快速便捷供给生产、管理和决策应用。数字化转型业务数据获取阶段的一般步骤如下：

①确定数据需求：需要明确数字化转型的业务目标和需求，确定需要获取的业务数据类型和指标。不同行业和组织可能有不同的

数据需求，例如生产数据、运营数据、管理数据、销售数据、客户数据、供应链数据等。

②定义数据获取策略：根据数据需求，制定数据获取策略。这包括确定数据获取的频率和时间点，选择数据源和数据采集方法，例如批量导入、实时采集或 API 接口等。还要考虑合规性和数据安全性，确保数据的合法获取和保护。

③数据源识别和接入：识别和选择合适的数据源，可能包括内部系统、外部供应商、云服务提供商等。根据数据源的不同，可能需要进行数据接入和集成工作，确保能够正确获取和整合数据。

④数据采集和清洗：根据数据获取策略，进行数据采集和清洗工作。这包括数据提取、转换和加载等步骤，确保获取的数据符合预期的格式和结构。在清洗过程中，还需要处理数据中的重复、错误和不一致性等问题。

⑤数据质量管理：在数据获取阶段，需要关注数据的质量管理。这包括数据验证、校验和修复等工作，确保获取的数据准确、完整和一致。有时还需要进行数据质量评估和监测，以及制订数据质量改进计划。

⑥数据存储和管理：获取的业务数据需要进行存储和管理。这可能涉及选择适当的数据存储解决方案，例如关系型数据库、数据仓库或云存储等。同时，还需要确保数据的安全性和可用性，例如进行数据备份、访问控制和灾备计划等。

⑦数据集成和分析：一旦业务数据获取到位并存储好，就可以进行数据集成和分析工作。这包括将不同数据源的数据整合在一起，构建数据模型和分析模型，进行数据挖掘、统计和机器学习等分析方法，以获得有价值的业务洞察和决策支持。

⑧数据可视化和报告：最后，将分析结果可视化并呈现给相关业务部门和决策者。这可以通过数据可视化工具、仪表板和报告等形式来实现，以便更好地理解和利用数据，支持业务决策和运营优化。

通过以上步骤，可以有效地进行数字化转型业务数据的获取阶段，将数据转化为有价值的资产，推动组织的数字化转型和业务发展。

（2）数字化模型建设阶段。第二阶段是数字化模型建设阶段，数据经过业务人员反复熟悉、初步应用后，对数据进行充分理解、分析建模，优化操作工序和工艺流程，推进扁平化管理的同时，实现智能管理和流程再造。技术团队将业务模型数字化，建设成不断迭代升级的集中共享平台，将生产和管理业务场景、流程模型化，优化生产组织结构和工作流程。数字化转型的数据模型建设一般步骤如下：

①确定业务需求：需要明确数字化转型的业务目标和需求，了解和定义业务需求对于构建合适的数据模型至关重要。这包括了解业务流程、关键业务指标和数据指标等。

②数据收集和整合：在数字化模型建设阶段，需要收集和整合相关的业务数据。这可能涉及从不同的数据源、系统和部门中收集数据，并进行整合和转换，以满足模型建设的需要。数据收集和整合的过程中需要注意数据的准确性和一致性。

③数据清洗和预处理：获取的业务数据可能存在一些质量问题，如缺失值、异常值和不一致性等。在数据模型建设之前，需要进行数据清洗和预处理的工作，以确保数据的质量和准确性。这包括处理重复值、填充缺失值、处理异常值等。

④数据建模：在数字化模型建设阶段，需要根据业务需求和数

据特点进行数据建模。常用的数据建模方法包括关系型数据建模、维度建模和多维数据建模等。选择合适的数据建模方法和工具，可以更好地组织和表示业务数据。

⑤模型设计和实施：在数字化建模的基础上，需要进行模型设计和实施。这包括确定数据模型的结构、关系和属性等，并将其实施到实际的数据库或数据仓库中。模型设计需要考虑数据查询和分析的效率和性能。

⑥数据验证和调优：一旦数字化模型实施完成，就需要进行数据验证和调优的工作。这包括对模型进行测试和验证，确保模型的准确性和有效性。同时，还需要根据实际的数据查询和分析需求，进行性能调优和索引优化等工作。

⑦数据访问和使用：完成数字化模型建设之后，需要为用户提供方便的数据访问和使用方式。这可以通过数据查询工具、可视化报表和仪表板等形式来实现，以帮助用户更好地利用数据模型进行业务分析和决策支持。

⑧持续改进和优化：数字化模型建设不是一次性的工作，而是一个持续的过程。随着业务需求的变化和数据源的更新，需要对数据模型进行不断的改进和优化。这包括增加新的数据维度、调整数据模型的结构和属性等。

通过以上步骤，可以有效地进行数字化模型的建设，帮助组织更好地理解和分析业务数据，并支持决策和业务创新。

（3）智能辅助决策阶段。第三阶段是智能辅助决策阶段，利用大模型、人工智能根据市场变化优化生产工序，依据计划指令自动化操作和控制、辅助支持决策、优化全价值链，实现生产和管理数智化。通过数字化赋能生产和经营各环节，建立辅助决策的数字化模型和分解落实决策指标的信息平台，自动化控制数据流、信息流和预置阈值辅助支持决策，实现实时反馈和智慧化应用。数字化转型智能辅助决策阶段的一般步骤如下：

①确定决策需求：需要明确数字化转型的决策需求和目标。了解组织的业务流程和问题领域，明确需要进行决策支持和优化的方面。

②数据准备和整合：在智能辅助决策的阶段，需要收集和整合相关的数据，包括结构化和非结构化的数据。这可能涉及从不同的数据源中提取数据，并进行清洗、整理和转换，以便后续的数据分析和建模。

③数据分析和建模：在数据准备和整合完成后，可以进行数据分析和建模的工作。这包括使用统计分析、机器学习和数据挖掘等技术，对数据进行探索和建模，以提取有价值的信息和模式。

④模型训练和评估：在数据分析和建模的基础上，需要进行模型训练和评估的工作。这包括使用历史数据进行模型训练，并使用评估指标来评估模型的性能和准确性。在这个阶段，可能需要进行参数调优和模型选择，以达到最佳的决策支持效果。

⑤决策生成和优化：一旦模型训练和评估完成，可以利用训练好的模型来生成决策和推荐。这可能涉及使用模型进行预测、分类、聚类、优化等任务，以辅助组织的决策过程。优化算法可以帮助找到最优的决策方案。

⑥决策可视化和解释：生成的决策结果需要以可视化和易理解的方式进行展示和解释。这可以通过仪表板、报告和可视化工具等形式来实现，以便决策者能够更好地理解和接受决策结果，并做出相应的行动。

⑦持续改进和迭代：智能辅助决策是一个迭代的过程。通过不断收集反馈数据和评估决策结果的效果，进行持续改进和优化。这可能涉及更新模型、调整算法、增加新的数据特征等，以提高决策支持的质量和精确性。

通过以上步骤，可以有效地进行数字化转型智能辅助决策，帮助组织在决策过程中更好地利用数据和技术，优化决策结果并提高效率。

## 2. 充分认识数字化转型各阶段的特点，建设顺序不能错

以往的经验告诉我们，数字化转型三个阶段的顺序不能错，否则会提高建设成本、降低使用效率，更严重的是会造成业务部门和信息技术部门之间的分歧。数字化转型三个阶段是顺序推进的关系，是逐步深入的一个过程。每个阶段都需要企业进行持续的规划、落地、迭代，以适应市场需求和技术的变化，并逐步推进到下一个阶段。

第一阶段业务数据获取的主要任务是对操作岗位的数字化覆盖与替代，降低投入成本的同时尽快见效。实现操作岗位的全覆盖，企业要在第一阶段完成数据治理工作，包括搭建数据集成架构，开展数据确权与认责，完善数据资源目录和数据资产目录，建立数据治理工作制度，建立数据治理指标体系，开展单一源头数据采集等。

第二阶段数字化模型建设的主要任务是数据深化应用，对集中上来的业务大数据进行建模分析，优化操作工序和工艺流程，推进扁平化管理的同时，建设企业自主可控的数字化模型。

第三个阶段智能辅助决策的主要任务是辅助决策，通过数字化赋能，建立自动化操作指挥的大模型和自动化流程，根据数据流、资金流、物料和预制阈值辅助决策，实现智慧企业。

数字化转型的三个阶段的顺序不能错位，只有对操作岗位进行全覆盖，数据自动拾取，减少人为干预，数据的准确性才能得到保障。把数据收集上来之后，管理人员经过一到两年的熟悉，才能完整准确地对业务模型进行定义，这时候开发出来的业务模型、数字化模型才能更实用、更好用，也能被管理人员接受，持续应用下去。否则，信息人员先建设的业务模型，不一定符合管理人员的实际需要，管理人员意见没有参与进去，会影响以后的应用效果。数字化模型建好之后，也需要一到两年的时间，才能嵌入企业的决策环节之中，对决策的赋能作用需要更长时间。

以上这些都是数字化的客观规律，每一个新技术从产生到应用到成熟，都需要长时间的沉淀和各级决策群体的不断深化理解。如果三个阶段的顺序错了，不但会大幅度增加投入，而且反复的修改会影响应用效果，影响大家对信息化、数字化价值的认识和信任。

当然，每个企业的数字化程度不同，有的企业已经基本完成了对操作岗位的覆盖，正在进行业务建模、数字化模型建设工作，而有的企业仍处于人工时代。起步不同，数字化转型实施的策略就应该不同。很多企业数字化转型三个阶段之所以发生错位，主要症结在于没有积累大量业务数据和业务人员没有充分参与的情况下就开展了第二阶段各种分散数据模型的开发和信息系统建设工作，虽然投入巨大，但业务模型不完全符合应用，业务人员不愿用、不好用，导致两张皮、重复录入、系统多等一系列问题，数字化转型变成了业务人员的负担，效果适得其反。

数字化转型各阶段之间具有内在关联，企业应充分认识数字化转型各阶段的特点，建设顺序不能错，以逐步深入的方式实现数字化转型，从而提升自身的核心竞争力，并在数字化时代中立于不败之地。

### 3. 按照数字化转型规律编制总体规划

企业数字化转型的目的是支持主营业务发展，所以数字化转型的总体规划应该紧紧围绕业务的发展开展。为了实现数字化转型的有效推进，需要按照数字化发展规律编制数字化转型总体规划。这一总体规划应该明确各个阶段的目标、方法和步骤，并建立合适的评估体系和控制机制，以确保数字化转型的顺利实施。

（1）数字化转型总体规划应紧紧围绕公司主营业务，赋能业务发展。

数字化转型规划的第一步是要明确企业的主营业务，分析业务流程和产品价值链，确定数字化技术的应用方向和重点领域。在明确了数字化转型目标之后，需加强与业务部门的合作，落实数字化技术的细节部分和实施计划。数字化技术对业务的赋能，可以通过多种方式来实现，例如企业可以使用数据挖掘和分析技术，对市场和客户需求进行深入分析，从而为业务创新提供指导；企业也可以利用区块链、云计算、物联网等技术，改进产品设计、制造和交付的过程，提高效率和品质。此外，企业还可以通过人工智能技术，对生产、销售等环节进行优化，提升整体效率和降低成本。通过数字化转型规划，将数字化技术与主营业务紧密结合起来，这可以带来很多好处，增强企业的市场敏感度和协同能力，优化整体业务流程，提高生产效率和质量，在增长和创新方面提供有力支持。

（2）数字化转型总体规划应支持公司管理创新。

在数据方面，推进数据统一管理，发挥数据要素价值，并将其作为一项战略性、长期性工作，打通数据链条、提升数据治理能力和数据资产化管理能力，充分利用和挖掘数据价值。

在管理方面，加强数字化转型顶层设计，通过成熟度模型和指标研究制定数字化战略，加快组织扁平化、平台化、生态化转型，推动企业管控在线化、敏捷化、共享化、服务化。

在业务方面，场景化、价值化、集成化数字化转型业务应用成为主流，加强业务与创新深度融合，形成新的生产方式和组织模式；以市场为导向深度优化核心业务价值链，强化市场感知和预判能力，加快成本、指标、运营、市场、产品调整和转型升级，建立以效益最大化为核心的智能价值链；关注生产协作流程及管理优化、多学科多地点远程协同；始终聚焦客户需求，构建共享统一平台，拓宽服务渠道，提供一站式的服务体系，打造合作共赢的生态圈；以整合前端及运营端应用实现客户服务全面线上化，提高客户满意度。

在技术方面，将云计算、区块链、大数据、人工智能等新技术与业务发展深度融合，数字平台成为数字化转型的重要抓手和载体；加大业务中台、智能中台、场景服务中台等建设，打造工业互联网平台＋场景的创新模式，助力数字化转型。

在治理方面，在组织中落地数字化转型职能，优化组织治理，发挥业务部门在数字信息化建设和应用中的导向作用；开展机制建设，强化信息统筹作用；推进人才管理和培养，让队伍有动力。

（3）遵循国家政策和文件要求开展数字化转型总体规划。

党的二十大将加快网络强国、数字中国建设，加快发展数字经济、促进数字经济和实体经济深度融合作为高质量发展作为全面建设社会主义现代化国家的重点举措。近年来，国家相继出台“十四五”数字经济发展规划、“数据二十条”、数字中国建设整体布局规划等一系列愿景规划和基础制度，构建了从顶层设计、战略部署到具体措施的政策体系，为国有企业培育高质量发展新动能提供了根本遵循。

（4）认真分析数字化新技术及其发展规律，将成熟技术应用到企业劳动密集、技术密集、投资密集和管理密集区域。

紧紧围绕企业战略部署，以问题、目标、能效为导向，以体系和模式为抓手，推进管理模式变革、商业模式创新、业务模式重构、数智能力建设、数据要素驱动、平台技术赋能和数字安全保障，培育创新驱动新引擎，打造新业态、发展新产业、形成新动能。

数字化转型的总体规划应该根据企业的实际情况来制定，并遵循数字化发展规律，合理设置目标和落实步骤。同时，需要充分借鉴国家级政策和规划等相关文件，为企业数字化转型提供有益的政策支持和指导。

## 4. 按照数字化转型规律投入建设资金

按照数字化转型规律把有限的资源用到最合适、效益效率最高的地方。在数字化转型开始阶段，重点关注数据的自动采集、对操作岗位的全覆盖、数据链成环等方面的建设。数字化转型第一阶段基本完成后，再开展第二阶段业务建模和数字化模型大规模建设工作。应用系统与基础设施的资源配置要相互平衡。

设立资金投入的决策指标体系，针对投入产出比较，让决策层更快看到决策结果，形成良性循环。设立决策指标体系可以帮助决策层更好地了解决策结果，从而进行更加精准的决策。针对投入产出比较，在设立决策指标体系时，应采用“定量＋定性”的方法，即既要考虑定量指标，又要考虑定性指标。定量指标是指可以通过量化方法进行测算的指标，如投入产出比、ROI 等，它们可以更为客观地反映决策结果的效益情况；而定性指标是指难以量化的指标，如风险评估、市场调研结果等，它们可以有效地补充定量指标的不足，使决策更具有全面性和科学性。

在设立决策指标体系时，需要考虑到各项指标之间的关系，如权重、优先度等，以形成更加科学和全面的指标体系。同时，在设立指标体系时，也需要根据不同的决策领域和具体情况，选择合适的指标，避免过度使用指标，造成决策结果的扭曲。

## 5. 按照数字化转型规律建设应用系统才能得到业务部门更多的支持

企业数字化需要对业务需求准确定位，要深入理解和满足业务需求，要提供更好的用户体验，要高效支持业务流程，要让业务部门随时随地能获取业务数据，实现与业务部门的紧密结合和支持，支持高效的业务流程和数据驱动的决策能力，提升其对数字化转型的支持和参与度。

（1）自动化采集数据，减少数据人工录入、重复录入。

采用自动化数据采集系统，可以大大提高数据处理的效率，减少人工录入和处理数据的工作量，降低错误率，并减轻人力成本的压力。自动化采集数据有多种方式，其中比较常见的有物联网、摄像头、软件机器人，还有利用传感器和监控设备等实现数据的自动采集。与传统的手工采集数据相比，自动化采集数据具有能够更快地获取数据、提高准确率、降低成本、避免人工重复劳动等优点。

（2）让业务部门随时随地获取业务数据。

让业务部门随时随地获取业务数据已经成为企业数字化建设中一个非常重要的课题。企业可以通过建设移动数据获取系统和数据中台帮助业务人员随时随地获取数据。

移动数据 APP：可以帮助业务部门随时随地获得业务数据。移动报表以实时、动态的方式显示业务指标数据，并能够让用户通过移动设备进行数据筛选、分析和导出。此外，移动数据分析还可以使用手写圈点批注功能和邮件分享功能，方便业务部门与同事进行协作和探讨。

数据中台：一种将企业沉淀的大量业务数据赋予价值变成数据资产，并通过持续的数据应用为企业业务服务的系统和机制。数据中台可以将不同业务部门产生的数据集成起来，并提供标准数据格式和 API 接口，让业务部门通过自己的业务系统访问、查询和使用数据。

（3）让数据展示形式更多样、灵活、方便。

数据展示形式的多样化和灵活性越高，越能够帮助企业更好地理解和利用数据资源，为企业决策和运营带来重要支持，数据可视化是一种非常好的展示方式。数据可视化是将数据以图片或图形的方式展示，以更加清晰简洁的形式传递大量信息。它是数据分析和数据挖掘中不可或缺的一环，它可以帮助企业更好地理解数据，以便更好地做出决策和制订方案。

① 采用多种图表类型：不同的图表类型可以呈现不同的数据类型。例如，条形图适用于对比、分组和排名，饼图适用于比例和百

分比，趋势图和面积图适用于时间序列等。

②采用交互式设计：交互式设计使用户可以通过图表进行数据探索和筛选。例如，用户可以通过滑块、下拉框或按钮选择感兴趣的数据点，从而更深入地了解数据。

③自定义化设计：自定义化设计可以根据业务需求和数据特点，对图表进行个性化定制。用户可以自定义颜色、字体、标签和注释等图表元素，以使其更符合业务需求。

④数据故事化：数据故事化将数据转化为故事，使其更易于理解和记忆。这种方法通常通过配合可视化手段，将数据生动地呈现出来，形成一个完整而有逻辑分析的故事。

（4）给业务部门充足的时间理解、分析、研究数据之间的逻辑关系，为业务建模、数字化模型建设打好逻辑基础。

给业务部门提供充足的时间理解、分析、研究数据之间的逻辑关系是建立数据驱动型业务决策的关键步骤。需要通过培训、探索和协作等多种方式，使业务部门更好地理解和利用数据，为企业决策和发展提供有效支持。

（5）业务部门主导业务建模，信息技术部门依据业务模型负责组织开发数字化模型。

业务部门和信息技术部门在建模方面分工合作，是实现数据驱动决策的关键一步。业务部门主导业务建模的过程，包括数据分析、业务抽象、业务建模的逻辑设计，而信息技术部门负责组织开发实现数字化建模，并构建数据管道，保证数据的质量和稳定性。

在业务部门主导业务建模的过程中，需要深入了解业务领域、核心业务等方面的知识，提取出业务核心数据，并按照业务逻辑，将数据之间的关系进行抽象和归纳，并进行梳理和整合。此外，业务部门还需要利用业务分析工具和可视化工具，对数据结果进行解读和分析，最终确定合理的建模方法和逻辑。

信息技术部门则负责在业务规划和设计的基础上，组织开发实现数字化建模，并构建数据管道，以保证数据的质量和稳定性。需要利用各种现有数据库和数据库管理技术手段，构建数据仓库、ETL 管道等，进行数据清洗、去重、补全、转换和格式化等处理，从而保证数据的完整性和准确性。此外，信息技术部门还需要利用前沿技术手段和工具，优化数字化模型和相关参数配置，提高数据的可扩展性和安全性。

### 6. 按照数字化转型规律让业务部门充分参与建设，大幅度降低运维费用

数字化转型是当前企业发展的必然趋势，让业务部门参与数字化转型建设可以提高项目的成功率和质量，并大幅度降低运维费用。

（1）与业务部门一起制定数字化转型规划和战略。需要制定明确的数字化转型战略和规划，明确数字化转型的目标和路线图。数字化转型规划需要吸收业务部门的意见，制定符合业务需求的规范。

（2）采用低代码平台。低代码平台可以让业务部门参与数字化转型建设，降低项目开发难度，提高开发效率。低代码平台还可以通过通用性的解决方案，降低数字化转型的成本，进一步降低运维费用。低代码平台是一种应用开发平台，它可以帮助企业实现数字化流程管理，让业务部门也能够参与数字化转型建设。低代码平台的开发方式不仅可以提高数字化转型的速度和质量，也可以降低数

字化转型的成本。低代码平台支持可视化的开发和模块化的设计，很多开发工作都可以通过低代码平台进行通用化的开发。这使得业务部门可以通过简单的可视化操作来完成数字化转型所需的应用开发，从而快速满足业务的需求，提高企业的竞争力和创新能力。

通过低代码平台进行数字化转型，业务部门可以通过制定数字化转型战略和规划，自主开发数字化系统，令数字化转型更加便捷。低代码平台可以降低数字化转型的门槛，使得业务人员和开发人员之间的合作更加协同，从而实现数字化转型的快速发展。通过低代码平台进行数字化转型，业务部门可以减少开发难度，提高开发效率，同时降低数字化转型的成本，从而实现数字化转型的顺利进行。

（3）推广数字化文化。在数字化转型的过程中，需要倡导数字化文化，不断推动数字化转型的落地和普及。数字化文化包括创新思维、大数据分析、迭代式开发等，需要通过沟通交流和培训等形式推动数字化文化的普及和传播。

## 7. 按照数字化发展规律推进企业创新机制的发展

数字化转型推进企业创新机制发展的过程就是科技创新的过程。当前，以数字化为代表的科技创新已经成为经济和社会发展的重要驱动力，但是由于科技创新的神秘感，很多人难以看到数字化转型与自己日常工作的联系，这给创新的推进带来了一定困难。为了解决这个问题，需要破除科技创新的神秘感，形成科技创新与日常工作密切联系的认识。

企业自身也可以通过内部培训、创新大赛、数据建模大赛等方式，鼓励员工参与到创新中来，使员工更好地理解数字化转型与自己工作之间的联系。在日常工作中，创新可以贯穿方方面面，如基于 AI 算法的业务数据分析，基于大数据的营销策划等。

数字技术可以促进企业创新，将原本分散的设备、企业、市场等连接起来，提升企业创新效率，改变其创新方式和创新类型，拓展其创新空间。数字化转型推进创新机制的发展，需要结合企业特点，建立创新网络，重新定义创新边界，建立更加充满活力的科技创新协同体系，与其他企业共建跨时空、跨领域、跨行业，共创、共享、共赢的世界级科技创新集群。

## 四、数字化促进企业管理向模型治理方向转变

随着数字经济的不断发展，数字化管理已被越来越多的企业所认可和应用。数字化管理的目的是将管理过程中的决策、资源分配、对内对外的沟通等尽可能多的内容进行数字化处理，实现数字化的数据采集、分析和管理，进而推动企业管理向模式化方向变革。

传统的管理模式倾向于主观判断和经验积累，容易存在主观性、盲目性和动荡性等问题。而模型治理管理模式则基于数据分析和决策模型，可以提高决策的客观性和科学性。

数字化技术可以帮助企业收集、整理、分析大量数据，建立决策模型，提高决策的准确性和效率，辅助管理者做出科学决策。例如，通过人工智能算法实现客户信息分析，帮助企业了解客户需求，制订更加精准的市场营销策略；通过数据挖掘技术分析员工绩效，为企业精准评估员工表现，以及进行薪资和职务晋升等决策提供支持。

数字化还可以帮助企业实现组织管理的精细化、流程化和自动化。例如，通过数字化流程管控平台，企业可以对员工的工作流程、工作质量、工作量等进行全面管控，提高团队协作效率和工作效率。

## 1. 大量的管理流程、管理规则和管理方法被固化到信息系统的数字化模型中

将大量的管理流程、管理规则和管理方法固化到信息系统的数字化模型中是数字化管理的一种重要方式。通过数字化管理，企业可以将管理过程中的决策、资源分配、对内对外的沟通等尽可能多的内容进行数字化处理，从而实现数据的集中管理和分析，使得企业管理更加高效、精确和可控。

数字化管理需要依靠企业内部的信息系统，将管理流程、管理规则和管理方法转化为数字化模型，并通过信息系统实现对其进行完整生命周期管理。通过数字化管理，企业可以将管理流程和做出决策的过程数字化，减少人为干预，提升管理的精度和效率。同时，数字化管理还能够将企业内部和外部信息资源进行整合和优化，为企业决策提供精准的数据支撑。

数字化管理需要企业内部建立和优化相应的信息系统，实现管理数据的可视化、集中存储及快速查询等功能。同时，数字化管理还需要考虑信息安全问题，确保管理数据的保密性和完整性。

将大量的管理流程、管理规则和管理方法固化到信息系统的数字化模型中，是数字化管理的核心思想，它可以极大地提升企业管理效率和决策精度，为企业的长期发展提供有力支持。

## 2. 数字化模型支持企业管理的各环节

企业管理工作的内容包括分解决策信息、制订执行措施、组织队伍实施、监督、检查、考核、总结汇报、整理成果归档等，数字赋能管理模式，数字化模型支持各项管理环节。管理工作的内容包括从决策层面到实施层面的多个环节，在数字化转型的背景下，数据模型成为支持各项管理环节的重要工具。

数字赋能管理模式已成为当前企业数字化转型的大趋势。在数字化转型中，数字化模型的应用可以有效地支持管理工作各环节的决策和实施，数字化模型可以将企业的各项数据进行有效的收集、挖掘和分析，帮助企业领导者做出更明晰、更准确的管理决策，更快地应对市场变化和竞争压力。同时，数字化模型也可以为企业的组织架构和人员配置提供支持，优化管理流程和改善管理效率，数字化模型的应用可以提升企业的管理工作效率和管理水平。

体现一个行业核心竞争力的数字化模型是买不来的。在当前市场竞争激烈的环境下，企业的核心竞争力显得尤为重要。体现一个行业核心竞争力的数字化模型可以被视为企业竞争力分析的一种手段，但是其精准性和深度依赖于特定的领域知识和数据。在实际应用中，一个行业核心竞争力的数字化模型可能涉及多种因素，例如产品设计、市场营销、供应链和生产流程等。这些因素可能包含一些紧密相连的关键指标和指标之间的关系，而数字化模型就是通过对这些关键指标的收集和分析，来揭示行业内各个企业的核心竞争力来源和优劣势。

要建立一个有效的核心竞争力数字化模型，需要投入大量的时间和精力进行市场研究和数据收集，以便深入了解行业内部的变化和不断更新的趋势。此外，数字化模型需要借助多种技术手段和分析方法进行建模和验证，以提高准确性和可靠性。建立一个体现行业核心竞争力的数字化模型需要在行业内拥有丰富的知识背景和具体的数据支持，因此它是买不来的，企业需要通过自身的研究和投入来建立自己的核心竞争力数字化模型，以此来提高竞争优势和市场地位。

## 3. 传统管理方式向数字化模型管理方式发展

随着数字化时代的到来，企业管理方式正在面临着巨大的变革。传统依靠人的管理方式正在向依靠数字化模型方向发展，这是数字化管理的核心思想之一。数字化管理要求将大量的管理流程、管理规则和管理方法固化到信息系统的数字化模型中，从而实现管理的自动化、精确化和智能化。

（1）数据驱动的管理模式。随着大数据和人工智能技术的发展，数据驱动的企业管理模式逐渐被广泛应用。数据驱动的管理模式通过对海量数据的采集、分析和处理，可以为企业决策提供更加准确和精细的信息支持。同时，数据驱动的管理模式还可以帮助企业发现潜在的业务机会和提升业务运营效率。因此，数据驱动的管理模式正在成为企业数字化转型的重要趋势之一。

（2）数据决策的核心要义。数字化管理的一个重要特征是数据决策的广泛应用。数据决策是指通过大数据分析手段，对数据资源进行挖掘和分析，从而形成决策建议和实施方案。在数据决策的指导下，企业可以更加准确、迅速地做出决策和规划，提高决策效率和决策精度。因此，企业需要加强数据决策的建设，由人的管理方式向数据模型的转变方面加快步伐。

传统依靠人的管理方式正向依靠数字化模型的方向发展。数据驱动的管理模式、数据决策是数字化管理的重要特征，它们互相补充和促进，共同推动着企业管理模式的升级和转型。

## 4. 传统管理手工收集汇总信息的方式被数字化模型自动汇总信息所取代

传统管理中，在收集、汇总和处理信息时，通常需要投入大量人力、物力和时间。而在数字化管理中，能支撑数据资源目录的数据管理平台的建立可以实现信息的自动采集、自动化汇总和自动化分析，省去了大量的人力和时间，提升了数据处理效率和精度。

数据资产目录可以对企业内部的数据资源进行整理、分类、标准化和应用等一系列管理和运营活动，大大提高了企业的数据管理效率和数据质量，为企业数字化转型和持续发展提供了重要支持和保障。

## 5. 购买数据的兴起进一步提高了数字化模型的价值

随着数字经济的快速发展，购买数据已经成为一项将信息转化为可交易商品的商业化活动，同时也推动了数字化模型的价值进一步提高。购买数据不仅可以帮助企业获取更全面、准确、及时的数据，还可以提升数据模型的可靠性和精度。通过购买数据，企业可以加速数字化转型和业务拓展，不断优化产品和服务，提高决策水平和竞争力。同时，购买数据也促进了数据模型的更新和优化，将更多的精准信息纳入数据模型，提升数字化模型的实用性和可信度，进一步提高企业管理的智能化和精细化水平。因此，购买数据的兴起进一步提高了数字化模型的价值，也为数字化管理带来了新的机遇和挑战。

## 6. 下一阶段数字化转型投资将主要应用在构建企业数字化模型的建设上

随着数字化技术的不断创新和应用，数字化转型已成为各行各业的必经之路。下一阶段数字化转型投资将主要应用在构建企业工业软件数字化模型的建设上，这是企业数字化转型的关键环节。企业数字化转型过程中，数据模型的建设和优化对于提高企业的生产效率、产品质量及降低成本具有十分重要的作用。工业软件数字化模型是一种能够模拟和预测企业生产、制造和管理等方面的架构模型，能够帮助企业实现智能化生产、品质管理和服务升级等目标，提升企业运营效率和市场竞争力。

数字化模型创新能力将成为企业的核心竞争力。随着数字化技术的不断发展和应用，数据已经成为企业决策和运营的重要支撑。在这个过程中，数字化模型创新能力将成为企业的核心竞争力。例如，互联网和电商企业通过构建全链路的数字化模型和数字化运营平台，提高了运营效率和品质管理水平。制造业、金融业等传统行业也在引入数字化技术和智能化设备，优化生产流程和服务质量，实现高效、高品质的运营管理。

数字化模型创新能力不仅是企业数字化转型的重要目标，也是企业竞争力的重要来源。通过不断提升数据模型的准确性、可靠性和响应速度，企业可以更好地把握市场机遇和风险，实现可持续发展。

## 7. 智能指挥中心直接指挥生产作业单元的管理模式是企业殊途同归的选择

数字化转型带来管理模式的变革，压缩管理层级，生产单位调整生产组织模式，实行“智能指挥中心—作业队”的模式。智能指挥中心直接指挥生产作业单元的管理模式是一种常用的生产调度管理模式，也是企业优化生产流程和提高生产效率的选择之一。

在这种管理模式下，企业的智能指挥中心将直接指挥各生产作业单元的生产活动，实现对生产作业的全面调度和管理。智能指挥中心可以根据实际生产状况和需求制订生产计划，具体安排各生产环节的生产活动，控制生产进度和质量，同时及时处理生产过程中出现的问题。

智能指挥中心直接指挥生产作业单元的管理模式可以有效地提高企业的生产效率和生产质量。通过实时监测和掌控生产过程，排除生产中的瓶颈和不必要的等待时间，避免不必要的浪费和资源消耗。此外，这种管理模式还可以使各生产作业单元之间紧密协作，提高整个生产线的效率和稳定性。在这种管理模式下，生产单位通过建立智能指挥中心，统筹和调度各个生产作业队的生产活动，实现对生产活动全局的控制和指挥。智能指挥中心可以根据实际生产情况和需求灵活调整生产计划，控制生产进度和质量，同时整合数据和资源，优化生产流程和成本，提升企业的核心竞争力。

生产单位“智能指挥中心—作业队”的模式是数字化转型带来的一种创新的管理模式，其优点包括：

（1）提高生产效率。通过实时监测和管理生产活动，避免了生产过程中的浪费和资源消耗，优化了生产流程和效率。

（2）提高产品质量。通过数据化管理和智能化控制，提升了产品质量和稳定性，降低了产品缺陷和损失。

（3）压缩企业管理层级。通过智能指挥中心的建立，实现了生产活动的统一调度和管理，减少了企业内部的管理层级，提高了决策效率和信息的传递速度。

（4）提升企业竞争力。通过优化生产流程和提高生产效率和质量，实现了企业生产能力和核心竞争力的提升，增强了企业在市场中的竞争优势。

数字化转型促进了企业管理模式的升级和创新，生产单位“智能指挥中心—作业队”的模式是数字化转型带来的一种创新管理模式，具有极大的优势和应用价值，对企业的发展具有积极促进作用。

## 8. 功能性中心网状管理模式将取代层次化管理模式

数字化转型是引领未来的趋势，运用数字技术改变生产和管理方式，提高生产效率和质量，同时也压缩了企业的管理层级。在数字化转型的背景下，各种中心网状管理模式越来越受到重视，逐步产生替代传统层次化管理模式的趋势。智能生产运行中心、协同研究中心、智能决策中心、智能指挥调度中心将成为主要的生产运营组织模式。

数字化转型带来了生产模式的变革，数字化技术的应用不仅提高了生产效率和质量，而且还推动了生产运营组织模式的创新。

（1）智能生产运行中心是指通过数字化技术和网络平台，对生产过程进行实时监控和管理，掌握生产情况，优化生产流程和效率。智能生产运行中心可以根据生产情况快速调整生产计划，确保生产进度和质量，并且可以实时反馈和处理生产中的问题和异常情况。

（2）协同研究中心是指通过数字化技术，将生产研发过程中各环节与科研人员进行有效协调和沟通，实现信息共享和协同研究，优化生产过程和产品研发，加快产品创新和上市速度。

（3）智能决策中心是指通过数字化技术和数据分析手段，对企业的经营和管理进行全面监控和分析，提出有效的决策思路和方案，支持企业优化战略规划和管理决策，推动企业持续健康发展。

（4）智能指挥调度中心是指通过数字化技术和智能化设备，对生产运营过程进行实时调度和控制，实现生产进度和运营状态的实时监测，优化生产资源配置和调度，确保生产流程的高效运转。

数字化转型对各种中心网状管理模式的发展产生了积极的推动作用。例如，制造业中的智能工厂、物流行业中的智慧物流等都是中心网状管理模式的典型应用。通过数字化技术的应用，各个生产环节之间能够更加紧密地协作和互动，实现信息共享和资源整合，提高生产效率和质量，从而增强了企业在市场中的竞争力。

## 9. 管理人员由办事员向业务模型设计师转变

数字化转型促进管理人员从办事员向业务模型设计师转变，通过数字化技术的应用，实现管理流程的数字化、自动化和智能化。业务模型通过技术人员的开发和实施，结果自动化呈现给业务部门，可以提高管理效率和准确性，减少人力和资源的浪费，从而进一步推动企业的数字化转型。

在数字化转型过程中，管理人员需要具备新型数字化技术的应用和管理知识，能够快速适应新的数字化环境，灵活应对数字化时代的管理问题。需要注重培养管理人员的数字化思维和数据分析能力，提升数据驱动决策能力，推动企业数字化转型的发展。

管理人员设计业务模型可以帮助他们更好地理解和管理组织的业务过程和运营模式。下面是一些设计业务模型的步骤和方法：

（1）理解业务目标和需求：管理人员需要清楚业务的目标和需求是什么、数据在哪里，需要与相关者和相关的业务部门进行沟通，了解他们的期望和需求，以确保业务模型的设计能够满足这些需求。

（2）识别业务过程和环节：在设计业务模型之前，管理人员需要先识别和理解组织的核心业务过程和环节。这可以通过与相关的业务部门和团队进行讨论和调研来实现。可以使用流程图、价值链分析或其他数字化工具来帮助可视化并分解业务过程。

（3）绘制业务流程图：一旦识别出核心业务过程和环节，管理人员可以使用业务流程图来绘制这些过程。业务流程图是一种图形化的表示方法，可以清晰地展示业务过程中的活动、决策和数据流动等。

（4）确定关键业务要素：在设计业务模型时，管理人员需要确定和定义关键的业务要素。这些要素可能包括关键的业务绩效指标、活动的业务规则和约束、输入和输出的数据等。通过定义这些要素，可以更好地理解业务的关键驱动因素和相关因素。

（5）分析和优化业务模型：一旦设计出初步的业务模型，管理人员可以对其进行分析和优化。可以使用流程改进方法和工具，如价值流分析、六西格玛等，来识别和改进瓶颈、浪费和提高效率的机会。

（6）验证和反馈：设计出的业务模型需要与相关者和业务部门进行验证和反馈。管理人员可以将业务模型与他们共享，收集他们的意见和建议，并根据反馈进行必要的修改和调整。

## 10. 线上办公、无接触管理将成为管理变革的主要特征

数字化转型促进线上办公、无接触管理将成为管理变革的主要特征。随着数字化技术在各行各业的广泛应用，越来越多的企业开始加速数字化转型，以应对竞争和提高效率。

在线协同办公和企业资源管理平台等数字技术解决方案的广泛应用，加速了企业数字化转型的进程，使得企业不受场地和时间的限制，可以开展线上协同工作和业务拓展。无接触管理模式的应用开始受到关注和推广，通过人工智能、物联网等技术手段，实现员工远程办公、数字化协同和安全管理。

数字化转型还催生了大量的移动应用，企业可以通过移动应用方便地进行销售、客户关系管理、供应链管理等业务，提高效率和准确性。

## 五、数字化支持企业向智能化辅助决策方向发展

数字化支持决策向智能化方向变革，这是当前数字化转型的一个关键趋势。随着数字技术的不断进步和应用，企业和机构可以使用数据分析、人工智能、机器学习等技术，更加精准地把握市场趋势、管理绩效等信息，实现智能化决策。

数字化技术的应用可以帮助企业和机构更加快速、准确地获取和处理数据，提高数据的质量与可信度。通过运用大数据和人工智能等技术手段，数字化转型还可以帮助企业和机构更好地进行模拟预测、风险预警、资源规划等决策过程，从而提高决策的科学性和可靠性。

数字化技术的应用还可以促进企业和机构在管理方面向智能化方向变革。比如，通过智能化的监控和分析技术，企业可以更好地对生产、供应链等环节进行管理和优化。此外，数字化技术还可以帮助企业实现精益生产、智能制造，提高生产效率和产品质量。

### 1. 企业决策更多地依赖数据分析

数字化转型为企业的决策过程带来了深刻的变革。数字技术和

数据分析的应用，使得企业可以更加快速、准确地获取和处理数据，以此为基础进行决策。

随着数据分析技术的不断发展，企业可以使用机器学习、人工智能等技术，从海量数据中获取更加丰富的信息和洞见。可以利用数据模型进行预测和预警，深入了解客户需求和市场动态，优化和调整业务和产品策略，实现精准决策。

需要注意的是，在进行数据分析和标签分类时，保护数据的安全和隐私是必要的。企业需要遵守相关的法规和规定，采取措施保证数据的安全处理和维护。

## 2. 具有行业特性的企业大平台获取更多的竞争优势

随着数字化转型的深入推进，数字平台逐渐成为企业竞争的重要方式之一。具有行业特性的大企业可以通过数字平台获取更多的竞争优势，而小企业或个体工商户则需要依附于数字平台生存。

具有行业特性的大企业平台可以利用其在行业中的优势和地位，通过数字平台提供超出传统业务范围的服务，如无人驾驶、智能制造等，从而在数字化转型中获得更多的竞争优势。大企业平台的实力和资源还可以吸引许多小企业或个体工商户加入平台，以依附于平台获得更好的生存和发展机会。

而小企业或个体工商户的数字化转型过程则需要依托于数字平台商业模式的创新和生态环境的发展。数字平台可以提供基础设施、技术支持、市场推广等服务，帮助小企业或个体工商户更好地参与到数字化转型中，提高其生产和经营效率。不过，小企业或个体工商户在数字平台上的发展和生存仍然受制于平台规则和竞争环境。

## 3. 行业内生态环境主导权竞争将越发激烈

随着生态环境保护意识的提高，行业内生态主导企业的竞争将越来越激烈。数字平台可以通过打破传统的行业壁垒，实现上下游企业之间的高效对接，降低生态下游企业的发展成本，从而推动生态系统的协同发展。

优化制造业生态需要积极培育产业链主企业和生态主导型企业，弥合产业间和企业间的割裂联系，增强产业链发展合力和整体竞争力。数字平台可以为企业提供协同的机会，降低生态下游企业的发展成本，推动生态系统的协同发展。

不同企业之间平台对接降低了发展生态下游企业的成本。大型企业纷纷向平台型企业发展，通过数字平台的手段实现更加精细化的分工和更高效的协同，降低了生态下游企业的发展成本。通过数字平台网络协同、远程服务、工序对接等优势，帮助企业优化工艺、控制质量，实现生态系统的协同发展。特别是对于生态下游企业而言，数字平台的支持能够降低其发展的成本。

数字平台的协同作用可以帮助生态下游企业实现更高效的协同，降低发展成本。这也有助于推动生态系统的协同发展，提升行业生态环境主导企业的竞争优势。

## 4. 决策的快速实现成为企业核心竞争力

在当今数字化时代，企业的核心竞争力已经从传统的技术垄断、规模经济转向了快速和敏捷的决策和执行能力。决策的快速实现成为企业的核心竞争力之一，尤其是对于互联网公司来说，这个能力尤为关键。

数字化、高效化的工作流程、协同效应和快速响应能力等是企业提高决策实现效率、提升核心竞争力的关键因素。这些因素可以极大提升企业在快速变化的市场环境中的适应性和应对能力，从而更好地满足市场需求，赢得市场竞争优势。企业的决策实现速度很关键，只有快速响应市场，快速上线相关功能，才能跟上市场竞争的步伐，并在业务发展上具有更大的优势。

决策的快速实现已经成为企业提升核心竞争力的重要手段之一，尤其是对于大型企业而言，此能力显得尤为关键。企业需要通过数字化、高效化的工作流程等因素提高决策实现的效率，以更好地适应市场需求，提升竞争力。

## 5. 智能化辅助决策提高企业之间竞争的激烈程度

智能化辅助决策已成为企业提升竞争力、实现市场价格决定产量的重要手段。对于企业而言，保护生存权、争夺发展权和主导权是至关重要的挑战之一。

（1）智能化辅助决策。智能化辅助决策已成为数字化时代企业提升竞争力的重要手段之一，其应用范围涉及电子商务、制造业、物流等多个行业。《“十四五”智能制造发展规划》指出，智能化是制造业数字化转型的重要途径之一，重点行业骨干企业已经开始初步应用智能化辅助决策技术。智能化辅助决策不仅能够提供数据分析和挖掘能力，而且还能通过预测性分析和可视化技术，帮助企业做出更加准确的决策，并加速执行效率，提高企业绩效。

（2）市场价格决定产量。市场价格决定产量已经成为企业在全球市场中生存和发展的关键因素。准确把握市场价格动态信息，在产量规划和调整中及时做出决策，是提高企业市场竞争力的重要手段之一。中国社会科学院金融研究所的一篇研究报告指出，市场价格决定了企业在生产过程中的收益和成本。企业应当依据市场价格信息，将产量调整到最佳水平，以达到产销平衡，实现稳健发展。

（3）生存权、发展权、主导权竞争。在市场竞争中，企业所面临的不仅是生存权的争夺，而且更希望保持安全的发展权和主导权。据国家知识产权局发布的一篇文章，随着全球竞争的日益激烈，企业之间的竞争已经从产品和技术层面向知识产权的争夺转变。保护企业的知识产权，维护自身的生存权、发展权和主导权，成为企业在竞争中必须要做到的事情。

## 6. 无法获取行业全景信息的企业会最先被淘汰

在数字化转型的过程中，企业必须了解客户需求和市场决策环境，因此获取行业全景信息是非常重要的。企业必须通过多种来源积累行业知识，如咨询机构、垂直数据机构、权威报告、行业统计数据等渠道，对行业全景信息进行了解和分析。只有足够的行业知识和有关数据，企业才能把握市场趋势，做出正确的决策，避免失去竞争力并被淘汰。

随着数据技术的迅速发展，企业现在可以使用人工智能和机器学习等技术进行数据挖掘和分析，发掘有关行业的新信息，以此指导决策过程。同时，企业还可以通过各种咨询渠道（例如上市公司公开信息、证券公司研报、行业协会信息、泛财经媒体，行业人士访谈等）获得关于行业发展趋势和全景信息的更新。

因此，企业必须不断获取并积累行业信息，不断更新自己在数字化转型中的知识储备和专业水平，从而保持竞争优势并避免被淘汰。

# 第二篇

# 从数字化转型角度开展企业业务蓝图顶层设计

从数字化转型的角度考虑业务蓝图可以有助于确保蓝图与企业数字化转型的目标和战略相一致，指导业务蓝图的设计和规划；有助于深入理解业务流程并找出其中的痛点、机会和优化点，改进业务流程；有助于识别关键数字化能力和技术需求，引入创新的数字化技术和工具；有助于推动跨部门合作和协同创新，促进数据共享，打破信息孤岛，实现全面的数字化转型；有助于设计可扩展和灵活的模块化业务架构，使业务系统能够快速适应新的业务需求和技术变化。

企业业务蓝图顶层设计是企业制定的全面规划和设计，指导企业业务的战略布局、组织架构、业务全景图、业务切片、流程优化、数字化模型、指标体系、信息系统、数据资源目录和技术支持等方面的发展，同时考虑到企业愿景、核心价值、市场战略和资源能力等方面的因素。其目的主要是为企业在数字化时代，提供一个长远的、全面的发展目标和指导方向，帮助企业识别和应对变化和风险，开展数字化转型，实现持续和稳健的发展。

# 一、业务蓝图顶层设计分解落实数字化转型任务

## 1. 通过业务蓝图顶层设计确定数字化转型的指导思想

通过业务蓝图顶层设计确定数字化转型的指导思想，可以遵循以下步骤：

（1）识别业务环境：在进行数字化转型顶层设计前，需要明确企业的性质和自己所处的业务环境，不同类型的企业数字化的侧重点不同。了解业务环境有利于识别数字化转型的机会和挑战，为顶层设计提供依据。

（2）确定数字化转型目标：数字化转型的目标需要与企业整体战略保持一致。通过明确数字化转型对企业的意义，确定企业的数字化转型目标，这将为顶层设计提供指导思想。

（3）选取数字化技术：在数字化转型的过程中，需要选取能够实现数字化转型目标的数字化技术。通过深入了解企业的业务流程和需求，选择适合企业的数字化技术，这将为数字化转型提供重要的指导思想。

（4）优化业务流程：数字化转型可以通过优化业务流程来提高效率、减少成本和提高客户满意度。在顶层设计中，要重点关注业务流程的优化，这将为企业的数字化转型提供指导思想。

（5）建立信息系统和平台：数字化转型需要大量的数据支持，因此，建立符合企业需求的信息系统和平台非常重要。在顶层设计

中，需要考虑建立一个适合企业的信息系统和平台，这将为企业的数字化转型提供指导思想。

（6）制订培训计划：数字化转型需要企业员工积极配合和参与。在顶层设计中，需要制订培训计划，提高员工数字化技术水平和使用数字技术的意识，这将为企业数字化转型提供指导思想。

数字化转型是一项长期的、渐进的过程，需要企业在实践中不断优化和调整，才能最终实现数字化转型的目标。

## 2. 通过业务蓝图顶层设计确定数字化转型的基本原则

通过业务蓝图的顶层设计确定数字化转型的基本原则如下：

（1）以业务为导向：数字化转型的顶层设计应该始终以业务为导向与企业整体战略紧密结合，基于企业本身的实际情况进行设计。通过深度理解业务及相关流程，实现数字化技术与业务的有机结合，提升企业运营效率和竞争力。

（2）注重数据安全：数字化转型过程中系统建设的核心是数据处理，因此，数据安全是数字化转型最重要的原则之一。企业应考虑数据保护和合规性，在数字化转型的过程中应充分考虑数据安全问题，防止数字技术给企业带来的风险。

（3）开放合作：数字化转型需要各方的协同和开放，必须要在企业内部及企业到外部的合作中形成更广泛的数字化合作模式。企业应该具备开放的态度，主动开拓合作渠道，积极参与行业标准和技术标准的制定，加强与供应商、客户、合作伙伴等方面的互动合作。

（4）提升用户体验：数字化转型的核心是为客户提供更好的体验，企业应注重以用户为中心，满足客户不断提高的个性化需求。

通过数字化技术和数据挖掘分析，提供更加智能、便捷、贴心的产品和服务。数字化转型是社会经济发展的必然趋势，采取高效、具有成本优势并能提升用户体验的数字化转型方案将为企业带来巨大的商业价值。

（5）不断创新：数字化转型并不仅限于将现有业务模式搬到数字化平台上，还应与企业的战略定位和未来发展规划相结合，通过创新思维，探索新的价值创造机会，并积极尝试新技术和新的价值创造模式，为企业的数字化转型注入更多创新增长动力。

## 3. 通过业务蓝图顶层设计确定数字化转型的建设目标

通过业务蓝图顶层设计，企业可以通过以下步骤来确定数字化转型的建设目标：

（1）梳理业务流程，明确瓶颈。在进行数字化转型前，企业需要梳理业务流程，发现现有业务流程的瓶颈和不足。通过对业务流程的深入分析，了解现有业务流程的局限性和效率瓶颈。

（2）技术调研，选择数字化技术。企业需要调研各种数字化技术，如人工智能、大数据分析、区块链等，了解数字化技术的发展趋势，并结合企业的实际情况，选择适合企业的数字化技术。

（3）设计数字化架构、信息系统和信息平台。研究数字化统一架构和信息平台方案，根据企业实际情况，设计出数字化架构和信息平台，为数字化转型奠定基础。

（4）制定数字化转型目标。基于企业的实际情况和数字化转型的目的，确定数字化转型的目标。数字化转型的目标应该包括提高效率、降低成本、提高客户满意度等方面的考虑。

（5）制定数字化转型策略。制定数字化转型策略，包括基于数字化技术的业务模式创新、数字化流程重组等，实现数字化转型目标。

（6）制订数字化转型计划。制订数字化转型计划，明确数字化转型的具体步骤和时间表，安排人力资源和财务资源，确保数字化转型顺利实施。

企业在数字化转型过程中需要不断优化和调整实施方案。因此，在制订数字化转型目标和计划的同时，企业需要建立长期的数字化战略规划和机制，以确保数字化转型的顺利实施和长期稳定发展。

## 4. 通过业务蓝图顶层设计确定数字化转型的实施步骤

在企业业务蓝图顶层设计中，数字化转型是一个非常重要的目标，其与企业的战略规划、组织架构、业务流程到信息化建设均有关联。为了确保数字化转型能够落地并发挥应有的作用，需要按照以下步骤分解和落实数字化转型目标。

（1）明确数字化转型的目标和范围。企业需要明确数字化转型的具体目标，包括降本增效、提高客户体验、扩大业务覆盖范围等方面。同时，还需要针对不同业务领域和部门，制订相应的数字化转型计划，确保转型目标清晰、具体、可衡量。

（2）识别数字化转型关键点和瓶颈。在数字化转型过程中，企业需要对当前业务流程和信息化环境进行全面分析，识别数字化转型的关键点和瓶颈，并制订相应的解决方案。例如，可能需要重构业务流程、改善数据管理、加强 IT 基础设施建设、提升数字安全防护等方面的治理和提升。

（3）制订数字化转型计划。企业需要针对不同的业务场景和需求，制订相应的数字化转型计划，并将其分解到不同的部门和团队，并全面考虑技术、业务、人员和管理等方面的问题，确保数字化转型计划的可行性和协同性。

（4）推进数字化转型的实施。一旦数字化转型计划制订完成和细分，企业就需要根据计划，积极推动数字化转型的实施。其中需要确保业务部门和信息部门的紧密协作和协同，保证数字化转型实施的顺畅性和效率。在实施过程中，还需要对数字化转型的成效进行实时的监控和评估，并在必要时及时进行调整。

## 二、业务蓝图顶层设计应对数字化转型面临的挑战

### 1. 企业需要解决信息化建设过程中的重复建设、反复建设和孤岛建设问题

通过业务蓝图的顶层设计，企业可以将复杂的业务进行切片，并通过业务切片的灵活组合和优化解决信息化建设过程中的重复建设、反复建设和孤岛建设的问题。

第一，业务切片可以帮助企业识别和重用已有的业务组件和模块。通过对业务进行细化和分解，企业可以将相同或相似的业务需求归类为业务切片，并识别出已经开发或可复用的业务组件和模块。这样一来，在后续的信息化建设过程中，企业可以避免重复开发相同的功能，减少资源浪费和时间成本。

第二，业务切片可以促进业务流程的优化和改进。通过对业务

进行切片，企业可以更加清晰地了解每个业务切片的功能和相互关系，并可以根据需要对业务流程进行重组和调整。这样可以优化业务流程，减少冗余和重复的工作环节，提高工作效率和质量。

第三，业务切片可以支持业务的快速迭代和自由组合。由于业务切片具有独立的功能和较小的规模，企业可以针对不同的业务需求灵活地进行组合和配置。这使得企业能够更快速地响应市场变化和客户需求，实现业务的创新和差异化竞争。

第四，业务切片可以促进不同部门和团队之间的协同合作。通过将业务切片划分为独立的工作单元，企业可以将不同部门和团队的专业能力和资源进行协同组合。这有助于打破孤岛效应，促进团队之间的信息共享和协作，提高团队协同效率和整体绩效。

通过业务蓝图的顶层设计制定业务切片，企业可以充分利用已有的业务组件和模块，优化业务流程，实现快速迭代和自由组合，促进部门间的协同作业，从而解决信息化建设过程中的重复建设、反复建设和孤岛建设的问题。这将为企业带来更高效、更灵活的信息化建设，提升企业的竞争力和创新能力。

## 2. 企业需要解决信息技术部门不懂业务的问题

通过对主营业务进行模块化展示，企业可以制定业务蓝图，将业务标准化、模块化和流程化，这样可以解决信息技术部门不了解业务的问题。模块化展示可以使业务过程清晰可见，帮助技术人员理解业务需求；业务标准化可以确保各个模块在不同业务中的一致性；流程化则可以使业务流程规范化，提高效率和质量。通过这些方法，企业可以加强信息技术部门和业务部门之间的沟通和合作，提升整体业务运行效率和竞争力。

企业通过业务蓝图顶层设计，进一步提出数字化需要完成的业务指标，明确规定每个业务模块的关键指标和目标，帮助信息技术部门更好地理解业务需求和优先级。通过数字化的方式，可以将业务指标量化，并使用数据进行监控和评估，使信息技术部门更加明确地了解业务目标和需求。同时，数字化还可以提供更多的业务数据和分析结果，帮助信息技术部门更加全面地了解业务运行情况，并提供相应的技术解决方案。这样，信息技术部门就能够更好地与业务部门进行对接，满足业务需求，提高业务执行效率，实现更加智能化和数字化的业务运作。

企业通过业务蓝图顶层设计，制定企业统一的业务语言，解决信息技术部门对业务理解问题，加强信息技术部门与业务部门的沟通。

（1）达成数字化转型共识：企业应该达成数字化转型共识，明确数字化目标和作用，让所有人都能理解和认同数字化的重要性。数字化转型应该有企业决策层的支持，从而促进信息技术部门和业务部门达成共识。

（2）强化跨部门合作：数字化转型需要信息技术部门和业务部门的密切合作，通过顶层设计对公司主营业务进行展开和分析，信息技术部门可以更好地理解业务的需求和流程。通过开展跨部门会议和培训，加强信息与业务之间的沟通和合作，消除互不了解的问题，建立统一的业务语言。

（3）制定数字化转型规范：企业需要制定数字化转型的规范，包括系统架构、网络安全、流程标准等，能够为信息技术部门和业务部门提供统一的语言和标准，帮助信息技术部门和业务部门了解对方的需求和技术。

（4）进行流程重组和优化：数字化转型需要进行业务流程重组

和优化，让信息技术部门和业务部门共同参与和决策，能够更好地满足业务需求和技术要求，同时也能够加强信息技术部门和业务部门的合作。

通过以上方法，企业可以建立数字化转型业务蓝图顶层设计的框架，提高信息技术部门和业务部门之间的协作能力，消除双方之间的隔阂，建立统一的语言和标准，帮助企业顺利实施数字化转型，实现数字化转型的高效协同推进。

## 3. 企业需要解决可行性研究报告编制过程中存在的问题

数字化转型业务蓝图顶层设计通过设定业务指标、技术指标、数据指标和运营指标的方法，可以解决数字化转型业务蓝图顶层设计中一些常见的问题，如可行性研究报告编写质量参差不齐、目标不够明确、投资大小没有参照、可行性研究报告数量多不好审批、效益不好测算等问题。

首先，通过设定业务指标，可以明确数字化转型的业务目标和期望的业务效益，确保可行性研究报告中的目标设定具有明确性和可衡量性。这样可以提高业务目标的一致性，避免因目标不明确而导致的问题。

其次，通过设定技术指标，可以确保数字化转型的技术方案能够满足业务需求，并具备可行性和可实施性。技术指标可以帮助评估技术方案的可靠性、效率和安全性，提高可行性研究报告的技术规范性和可行性。

此外，通过设定数据指标，可以明确数字化转型所需的数据需求和数据质量要求。数据指标可以帮助评估数据可用性、准确性和完整性，确保数据在数字化转型中的应用是可靠和有效的。

最后，通过设定运营指标，可以对数字化转型项目进行效益测算和投资评估。运营指标可以帮助评估数字化转型项目的运营成本、收益和回报周期，提供参考依据和决策支持。

通过设定这些指标，并在可行性研究报告中进行详细的阐述和分析，可以提高可行性研究报告的质量和可行性。同时，这些指标也可以作为审批和决策的参考，确保数字化转型项目的有效实施和预期效益的实现。

## 4. 数字化转型需要有一套完整的工作思想和业务语言来支撑

数字化转型通过业务蓝图顶层设计可以制定业务全景图、业务切片和业务指标，建设一套用于业务部门和信息技术部门沟通的业务语言体系。

首先，在制定业务全景图时，可以绘制出整个数字化转型的业务全景，包括各个业务领域、业务流程和关键环节。业务全景图可以帮助业务部门和信息技术部门全面理解数字化转型的范围和目标，形成共同的业务视野。

其次，在业务全景图的基础上，可以进行业务切片的划分。业务切片是将复杂的业务过程划分为独立的业务领域或模块，每个业务切片由一个专门的业务团队负责。业务切片的划分应根据业务的重要性、紧迫性和能够独立进行的特点进行，以确保每个业务切片的负责团队能够独立推进数字化转型。

然后在每个业务切片中，可以制定相应的业务指标。业务指标是量化业务目标、衡量业务效果的指标，可以用于评估和监控业务切片的执行情况和业务效益。业务指标的设计应具体、可衡量，并与业务切片的目标和关注点相对应。

业务语言体系可以包括业务术语、指标定义和数据共享规范等，以确保业务部门和信息技术部门在沟通和合作中具有一致的理解和预期。这样的业务语言体系可以促进业务部门和信息技术部门之间的有效沟通，减少误解和摩擦，提高数字化转型的协同效率和成功率。

（1）工作思想：数字化转型需要一个创新思维和实践的平台，需要一支有创新能力的队伍，需要一个有创新意识的领导者。在数字化转型过程中，需要遵循创新思维，包括敢于思考、创造性思维、多角度思考等。此外，还需要倡导平等的背景、想法、技能和知识，支持开放、透明、互惠的合作关系，以此推动企业数字化转型。

（2）业务蓝图顶层设计：数字化转型需要具体的操作业务蓝图顶层设计，涵盖数字化转型的各个流程和环节。操作业务蓝图顶层设计应该包含战略规划、架构设计、业务全景图、指标体系、数据治理、新技术应用、标准规范等方面的内容。在实施数字化转型时，可以按照业务蓝图顶层设计逐一完成每个环节，确保数字化转型的有序进行。

（3）业务语言：数字化转型需要明确和统一的业务语言，在数字化转型的各个阶段维护一致。信息技术部门从技术赋能业务角度制定业务全景图的框架体系，业务部门主导制定详细业务全景图，对主营业务分类分级，各级部门应了解数字化转型的具体术语和流程，确保业务语言的一致性和规范性。同时，对于新流程、新技术应用，也应提供培训，以提高员工对数字化转型的认识和理解。

数字化转型需要企业员工的广泛参与，具有创新思维、明确的操作业务蓝图顶层设计和一致的业务语言，通过这些方法来实现数字化转型的成功实施，提高数字化转型的效率和经济效益，实现企业与时俱进的目标。

## 5. 数字化转型建设过程的规范化管理需要标准化依据

数字化转型工作规范化管理需要顶层设计、基础架构设计、平台设计等标准化依据，以保证数字化转型的顺利进行。具体来说，这些设计可以包括以下内容：

（1）顶层设计：在数字化转型进行之前，应该先进行顶层设计，制定数字化转型的战略和规划。顶层设计应该包括数字化转型的目标、调整组织结构和文化、制订数字化转型的时间表和计划等内容。

（2）基础架构设计：数字化转型需要一个完整的信息基础设施，因此需要进行基础架构设计，包括对硬件设备、软件应用、数据中心等方面的设计与规划，如云基础设施、大数据、物联网、人工智能等。

（3）平台设计：数字化转型需要一些支持平台和技术来实现数字化转型。平台设计的重点是实现数字化转型的需求与通道的掌握，如企业经营管理平台、企业生产运营平台、企业综合办公平台、企业基础设施平台、企业网络安全平台、移动应用平台等。

这些设计标准化依据的制定，可以帮助企业实现数字化转型的高质量实施。在标准化设计的基础上，企业可以更容易地制订数字化转型方案和实施计划，更有效地解决数字化转型中的问题和挑战。

## 6. 数字化转型需要落实业务主导顶层设计

信息技术部门从技术赋能业务角度制定业务全景图的框架体系，

业务部门主导业务蓝图顶层设计的完善工作，并按照业务全景图提出业务需求，完善业务切片，不断研究新业务单元。如果业务部门不能深度参与项目建设，会莫名其妙地发现项目进展不下去，或者缺一块业务，或者出现很多技术问题，系统建完之后应用不好、容易受到突发事件影响等问题。数字化转型需要落实业务主导，以确保数字化转型的方向与业务的发展战略一致。

首先，业务主导可以通过容器化、微服务和应用编排等技术来实现敏捷开发和同时推进数字化转型的速度。业务部门负责人可以帮助公司在数字化转型过程中迅速识别其最重要的业务战略，以确保数字化转型在支持业务战略的同时能够取得实质性的结果和经济效益。

其次，业务主导也是数字化转型中很关键的一部分，它能够促进数字化转型中各个业务之间的协同合作，促进数字化转型成果的有效实现。业务主导还可以通过各种数字应用程序接口和服务来支持数据的交换和共享，还可以有效解决数字化转型过程中的各种问题和挑战。

因此，在数字化转型中，业务主导应该是贯穿始终的，并与整个数字化转型计划相匹配，以确保业务策略与数字化转型的核心要素相吻合，实现数字化转型的利益和收益最大化。

## 三、业务蓝图顶层设计实现提质增效

### 1. 不同类型的企业数字化转型侧重点和业务指标不同

#### 1）制造型企业

制造型企业是指将原材料或部件经过加工、组装等工艺转化为成品的企业。这些企业主要从事物质产品的生产和制造，如汽车制造、电子产品制造、纺织品制造等。

制造型企业数字化转型的重点是通过应用先进的技术和数字化工具，实现生产过程自动化、智能化和灵活化。重点包括智能制造、数据驱动决策、数字化供应链管理和客户体验提升。智能制造利用物联网、大数据和人工智能等技术实现生产过程的智能化，提高生产效率、产品质量和灵活性。数据驱动决策利用数据分析和预测，帮助企业进行准确、快速的决策，优化生产计划和供应链协调。数字化供应链管理通过共享信息、协同设计和协同生产优化供应链，减少库存和交付时间，提高效率。客户体验提升利用数字化技术和数据分析，实现个性化定制、快速响应和优质服务，提高客户满意度。数字化转型将提升企业的竞争力，降低成本，增加市场份额，推动可持续发展。

制造型企业的数字化转型对于业务指标的提升有着重要的影响。

第一，生产效率是数字化转型的重要业务指标之一。通过数字化技术的应用，企业能够实现生产过程的自动化和智能化，提高生产效率，减少非价值增加的工作，实现更高效的生产能力和资源利用率。

第二，质量指标是数字化转型的关键业务指标之一。通过数字化的质量控制和监控系统，企业能够实时监测和分析生产过程中的质量参数，减少产品缺陷和质量问题，提高产品的一致性和质量稳定性，满足客户的需求和期望。

第三，供应链指标是数字化转型的重要业务指标之一。通过数字化平台和供应链管理系统，企业能够实现供应链的可视化和协同，提高供应链的效率和透明度，减少库存和交付时间，满足客户对产品的及时交付和灵活性要求。

第四，创新指标是数字化转型的关键业务指标之一。通过数字化技术和工具，企业能够加快产品创新和研发过程，缩短产品上市时间，提高产品的竞争力和市场占有率。

第五，客户指标是数字化转型的关键业务指标之一。通过数字化平台和数据分析，企业能够实现对客户需求和行为的深入理解，提供个性化的产品和服务，增强客户的满意度、忠诚度和口碑，推动业务增长和市场份额的提升。

**2）服务型企业**

服务型企业是指提供各种服务的企业。这些企业主要通过向消费者或其他企业提供非物质性的产品或专业服务来获得利润。服务业包括餐饮业、零售业、金融业、咨询业、医疗保健业、教育业等。

服务型企业数字化转型的重点在于利用数字技术和先进工具来优化服务流程、提升客户体验和提高运营效率，以增强企业的竞争力和可持续发展。重点包括客户关系管理、自动化服务流程和数据驱动决策。通过应用客户关系管理系统和大数据分析，服务型企业可以更好地理解客户需求、个性化服务和建立良好的客户关系，从而提升客户满意度和忠诚度。利用自助服务、机器人和自动化工具，服务型企业可以实现服务流程的自动化，提高服务效率和响应速度。通过采集、整合和分析大数据，服务型企业可以获得准确的市场趋势和客户反馈信息，从而做出基于数据的决策，优化业务运营和提升服务质量。通过数字化转型，服务型企业能够提升服务质量、提高运营效率，并提升企业的竞争力和可持续发展能力。

服务型企业的数字化转型对于业务指标的提升有着重要的影响。

第一，客户体验是数字化转型的关键业务指标之一。通过数字化技术的应用，企业能够提供更便捷、个性化的服务体验，包括在线预订、定制化服务、实时反馈等，提高客户满意度和忠诚度。

第二，营销效果是数字化转型的重要业务指标之一。通过数字化营销工具和平台，企业能够精准定位目标客户，进行定向营销和推广活动，提高市场曝光度和转化率，实现业务增长和市场份额的提升。

第三，运营效率是数字化转型的关键业务指标之一。通过数字化的运营管理系统和工具，企业能够实现业务流程的自动化和优化，提高效率，减少资源浪费和成本，实现更高效的运营管理和资源利用率。

第四，数据分析是数字化转型的重要业务指标之一。通过数字化平台和数据分析工具，企业能够实时收集和分析大量的客户数据和业务数据，深入了解市场需求和趋势，进行精细化运营和决策，提高业务的效率和竞争力。

第五，员工协作和沟通是数字化转型的关键业务指标之一。通过数字化协作工具和平台，企业能够实现员工之间的高效协作和沟通，提高工作效率和团队合作能力，推动业务的顺利进行和成果的实现。

**3）采矿型企业**

采矿型企业主要从事开采自然资源的活动，如石油和天然气开采、金属矿石开采等。

采矿型企业数字化转型的重点在于利用数字技术和智能工具来优化矿产资源开发、提高生产效率和安全管理，以增强企业的竞争力和可持续发展。重点包括智能化采矿、数据驱动决策和数字化安全管理。通过应用物联网、人工智能和大数据分析等技术，采矿型企业可以实现智能化采矿，提高矿产资源的开发效率和质量。通过采集、整合和分析采矿数据，企业可以做出准确的决策，优化生产计划、安全管理和资源利用，提高运营效率和降低成本。此外，数字化转型还包括应用先进技术来提升安全管理，包括无人机巡查、传感器监测和实时报警等，以保障员工安全和环境保护。通过数字化转型，采矿型企业能够实现资源的高效开发、提高安全管理水平，并为可持续发展打下坚实基础。

采矿型企业的数字化转型对于业务指标的提升有着重要的影响。

第一，生产效率是数字化转型的关键业务指标之一。通过数字化技术的应用，采矿型企业能够实现自动化、智能化的矿山生产和管理，提高生产效率，降低生产成本，优化资源利用。

第二，安全指标是数字化转型的重要业务指标之一。通过数字化监控和管理系统，企业能够实时监测矿山作业环境和操作人员的安全情况，及时发现和解决安全隐患，降低事故风险，保障员工的安全和健康。

第三，环境指标是数字化转型的关键业务指标之一。通过数字化监测和管理系统，企业能够实时监测矿山的环境参数，如空气质量、水质等，及时发现和解决环境问题，降低对周边环境的影响，实现可持续发展。

第四，供应链指标是数字化转型的关键业务指标之一。通过数字化供应链管理系统，企业能够优化矿石采购和物流管理，实现供应链的协同和可视化，降低库存和交付时间，提高供应链的效率和可靠性。

第五，数据分析是数字化转型的重要业务指标之一。通过数字化平台和数据分析工具，企业能够实时收集、分析矿山生产和运营数据，深入了解矿石品质和市场需求，进行精细化运营和决策，提高业务的效率和竞争力。

**4）建筑型企业**

建筑型企业从事建筑工程和土木工程等建筑活动，如房屋建筑、道路和桥梁建设等。

建筑型企业数字化转型的重点在于利用数字技术和先进工具来优化建筑项目管理、提高效率和质量控制，以增强企业的竞争力和可持续发展。重点包括 BIM 技术应用、数字化项目管理和数据驱动决策。通过应用建筑信息模型（BIM）技术，建筑型企业可以实现建筑设计、施工和运维全过程的数字化，提高协同合作和效率。数字化项目管理包括应用项目管理软件和云平台管理项目进度、资源分配和风险控制，提高项目效率和质量。通过采集、整合和分析项目数据，建筑企业可以做出数据驱动的决策，优化资源利用、合同管理和成本控制，提高运营效率和盈利能力。通过数字化转型，建筑型企业能够实现项目管理的协同化和精益化，提高建筑质量、降低成本，并为可持续发展和创新提供支持。

建筑型企业的数字化转型对于业务指标的提升有着重要的影响。

第一，项目管理是数字化转型的核心业务指标之一。通过数字化的项目管理系统，建筑企业能够实现项目计划、进度和资源的可视化和协同管理，提高项目的执行效率和质量，减少变更和延误的风险，确保项目按时完成。

第二，成本控制是数字化转型的重要业务指标之一。通过数字化技术的应用，建筑企业能够实时监测和分析项目的成本，包括人力、材料和设备等费用，控制成本的支出和预算，提高项目的经济效益和盈利能力。

第三，施工安全是数字化转型的关键业务指标之一。通过数字化监测和管理系统，企业能够实时监测施工现场的安全情况，预警和管理施工安全风险，提高施工人员的安全意识和操作规范，降低事故发生的概率。

第四，工艺创新是数字化转型的重要业务指标之一。通过数字化技术和建模工具，建筑企业能够实现工艺流程的优化和创新，提高建筑质量和效果，降低人力和资源的浪费，实现精细化的施工和客户满意度的提升。

第五，客户服务是数字化转型的关键业务指标之一。通过数字化平台和客户关系管理系统，企业能够实现客户需求的快速响应和个性化服务，提高客户满意度和口碑，增强客户关系和业务增长。

**5）技术和创新型企业**

技术和创新型企业主要依靠技术创新和研发来推动业务增长，包括科技公司、软件开发商及高科技制造业等。

技术和创新型企业数字化转型的重点在于利用数字技术和创新工具来推动技术创新和加速产品开发周期，从而提高企业的竞争力和创新能力。重点包括数字化研发和设计、敏捷开发和数据驱动创新。通过应用数字化工具和平台，技术和创新型企业可以实现研发和设计过程的数字化，提高交流和协同合作，加快产品开发和更新迭代的速度。敏捷开发方法将产品开发周期分为短期迭代、快速验证市场需求、迅速调整产品方向。通过采集、整合及分析市场和用户反馈数据，企业可以做出数据驱动的创新和决策，提高产品的市场适应性和用户体验。通过数字化转型，技术和创新型企业能够加速创新周期和产品上市时间，提高研发效率和成功率，实现持续创新，推动企业的可持续发展和增长。

技术和创新型企业的数字化转型对于业务指标的提升有着重要的影响。

第一，研发和创新能力是数字化转型的核心业务指标之一。通过数字化技术的应用，技术和创新型企业能够加速产品研发和创新过程，提高研发效率和成果转化率，推动技术领先地位的巩固和创新产品的推出。

第二，市场拓展是数字化转型的重要业务指标之一。通过数字化营销和销售工具，企业能够精准定位目标市场和客户，进行市场推广和拓展，提高市场占有率和销售额，实现业务增长和市场份额的提升。

第三，员工协作和沟通是数字化转型的关键业务指标之一。通过数字化协作工具和平台，企业能够实现员工之间的高效协作和沟通，促进知识共享和团队创新，提高工作效率和创新能力，推动企业的技术和创新发展。

第四，数据分析和智能决策是数字化转型的重要业务指标之一。通过数字化平台和数据分析工具，企业能够实时收集和分析大数据，深入了解市场趋势和客户需求，基于数据驱动进行智能决策，提高业务效果和竞争力。

第五，客户体验和服务质量是数字化转型的关键业务指标之一。通过数字化技术的应用，企业能够提供个性化、智能化的客户体验和服务，提高客户满意度和忠诚度，增强客户关系和业务增长。

**6）金融和保险型企业**

金融和保险型企业提供金融产品和服务，如银行、保险公司、证券公司等。

金融和保险型企业数字化转型的重点在于利用数字技术和先进工具来优化业务流程、提升客户体验和强化风险管理，以增强企业的竞争力和可持续发展。重点包括数字化客户服务、智能风控和数据驱动决策。通过应用数字化技术和人工智能，金融和保险型企业可以提供便捷、个性化的数字化客户服务，提高客户满意度和忠诚度。智能风控利用大数据分析和机器学习算法，实现风险评估、欺诈检测和反洗钱等领域的智能化处理，提高风险管理能力和业务安全性。通过采集、整合和分析大数据，金融和保险企业可以进行数据驱动的决策，优化产品设计、销售策略和风险管理，实现精确定价和个性化服务。数字化转型还可以加强业务流程的自动化和信息化，提高运营效率和成本控制。通过数字化转型，金融和保险型企业能够提升客户体验、提高风险管理水平，并推动企业的创新和可持续发展。

金融和保险型企业的数字化转型对于业务指标的提升具有重要的影响。

第一，客户体验是数字化转型的核心业务指标之一。通过数字化技术的应用，金融和保险型企业能够提供更便捷、个性化的金融服务和保险产品，包括在线开户、移动支付、智能投保等，提高客户满意度和忠诚度。

第二，风险管理是数字化转型的关键业务指标之一。通过数字化大数据分析和风险预测模型，企业能够实时监测和评估金融和保险风险，包括信用风险、市场风险等，提高风险管理的准确性和效率，降低风险带来的损失。

第三，运营效率是数字化转型的重要业务指标之一。通过数字化平台和自动化的操作流程，企业能够提高内部流程和业务的自动化程度，降低运营成本，提高效率，实现资源的优化配置和业务的快速响应。

第四，合规管理是数字化转型的关键业务指标之一。通过数字化合规管理系统，企业能够确保业务符合监管要求和合规标准，降低合规风险，提高合规管理的透明度和有效性，增强企业的信誉和稳定性。

第五，数据安全和防护是数字化转型的重要业务指标之一。随着数字化转型的加速，金融和保险企业面临着更高的网络安全威胁。通过数字化安全系统和防护措施，企业能够保护客户数据的安全，防止信息泄露和网络攻击，维护企业的声誉和信任。

**7）文化和创意型企业**

文化和创意型企业主要从事文化艺术、娱乐、设计、传媒等领域，如电影制作公司、广告代理公司、艺术品零售商等。

文化和创意型企业数字化转型的重点在于利用数字技术和创新工具来提升创作、传播和商业化的能力，以增强企业的创意实力和市场竞争力。重点包括数字化内容创作、数字化传播和数据驱动商业模式。通过应用数字化工具和平台，文化和创意型企业可以实现创作过程的数字化，采用虚拟现实、增强现实等技术来创造出丰富的内容和体验。数字化传播是利用社交媒体、在线平台和数字营销手段，扩大影响力和触达广大受众。通过采集、整合和分析用户数据，企业可以了解受众喜好和行为，进行精准定位和个性化推广，实现更有效的市场营销。数字化转型还可以嵌入商业化的思维，探索数字化商业模式、知识产权保护和收益分配等方面的创新。通过数字化转型，文化和创意型企业能够展现更多的创意和创新，拓宽市场渠道和商业机会，并实现可持续发展和成长。

文化和创意型企业的数字化转型对于业务指标的提升具有重要的影响。

第一，创意和创新能力是数字化转型的核心业务指标之一。通过数字化技术的应用，文化和创意型企业能够加速创意的产生和创新的实现，提高创意的质量和创新的效率，推动产业的发展和不断的艺术创造。

第二，市场拓展是数字化转型的重要业务指标之一。通过数字化媒体和营销策略，企业能够扩大自身的影响力和市场份额，推广文化和创意产品，实现市场的拓展和多元化的收益来源。

第三，知识产权保护是数字化转型的关键业务指标之一。通过数字化版权管理系统和技术，企业能够保护自身的知识产权，防止盗版和侵权行为，维护企业的声誉和权益。

第四，数字内容创作和传播是数字化转型的重要业务指标之一。通过数字化平台和工具，企业能够创作和传播丰富多样的数字内容，包括音乐、影视、游戏等，实现内容的个性化定制、全球化传播，拓展用户群体和市场份额。

第五，合作伙伴关系是数字化转型的关键业务指标之一。通过数字化平台和合作伙伴关系管理系统，企业能够与供应商、合作伙伴、艺术家等进行更加紧密的合作和协作，实现资源共享、创意合作和市场开拓。

### 2. 通过指标体系分解落实企业决策要求

业务蓝图顶层设计中指标体系的设立把决策要求转变成业务指标、技术指标、数据指标和运营指标。数字化转型指标体系是一种用于衡量和监控企业数字化转型进程和成果的指标框架，它帮助企业将数字化转型的目标和决策要求具体化，并提供了可衡量的指标来评估转型的进展和效果。

（1）确定关键决策要求：企业需要明确其数字化转型的关键决策要求。这些决策要求可能涉及不同方面，如业务流程改进、数字技术应用、数据驱动的决策等。通过与业务部门和相关者的共同讨论和协作，确定企业数字化转型的主要决策要求。

（2）划分关键领域或维度：根据关键决策要求，将决策内容划分为不同的领域或维度。这些领域或维度可以基于转型的不同方面，如业务流程、技术能力、组织和文化等。每个领域或维度代表了数字化转型的一个关键方面，需要衡量和监控。

（3）定义关键指标：对于每个领域或维度，企业需要定义一组关键指标来衡量和评估转型的进展和成果。这些指标应该与决策要求相关，并能够提供有关该领域或维度的实际情况和效果的信息。指标可以包括各种类型的数据，如业务指标、技术指标、数据指标等。

（4）明确指标的目标和标准：为了确保指标的有效性，企业需要为每个指标定义明确的目标和标准。目标是指在一定时间范围内，企业希望达到的指标数值或绩效水平。标准则是用于评估实际指标数据是否达到预期目标的依据。

（5）收集和分析指标数据：为了实施数字化转型指标体系，企业需要建立相应的数据收集和分析机制。这可能涉及数据采集、数据存储、数据分析和报告等方面的工作。通过收集和分析指标数据，企业可以及时了解数字化转型的进展和成果，并根据数据结果进行决策和调整。

（6）定期评估和改进指标体系：数字化转型是一个不断发展和改进的过程，因此企业需要定期评估和改进其指标体系。这可以包括与相关者的反馈和意见收集，与业务部门的沟通和协作，以及根据实际情况调整和优化指标的定义和标准。

通过分解和落实企业决策要求的数字化转型指标体系，企业可以更全面、系统地评估和监控数字化转型的进展和成果，并采取相应的措施和决策来推动转型的成功实施。

## 3. 业务蓝图顶层设计促进管理模式的升级

数字化转型业务蓝图是为了实现数字化转型而制订的行动计划，其中包括组织的目标、战略、规划和实施计划等。这些计划需要基于业务和技术的深度融合，围绕组织的核心价值和利益展开，并考虑到社会、环境和消费者等方面的因素。在顶层设计过程中，必须将业务、人员、技术和管理等因素紧密结合起来。例如，数字化转型能够促进管理模式从传统的“指令—执行”管理方式向“目标—授权—协作”管理方式的升级。数字化技术使得团队成员可以更加灵活地完成任务，而不需要进行过多的层级监督和汇报。同时，数字化转型的实施还能够激励团队成员更积极地参与业务创新，感受到成员的参与和贡献，同时也增强了战略制定的透明度和可信赖性。

数字化转型还可以推动管理人员从基于经验和主观判断的管理方式向基于数据和信息的管理方式的转变。数字化技术使得组织可以更快、更准确、更全面地了解市场变化和消费者需求的变化。这些数据和信息可以用来指导组织的战略决策、业务安排和资源配置，从而更好地满足客户需求和提高产品质量。

具体来说，数字化转型业务蓝图顶层设计在以下几个方面对管理模式产生了促进作用：

（1）数据驱动决策：数字化转型使得组织能够收集、存储和分析大量的数据。这些数据可以用于对业务进行深入分析和洞察，帮助管理者做出更加客观和准确的决策。数据驱动的决策模式使得管理者能够基于事实和趋势进行决策，减少主观因素的影响，提高管理决策的准确性和效率。

（2）过程优化和自动化：数字化转型可以帮助组织对业务流程进行优化和自动化。通过引入数字化工具和技术，可以简化繁琐的操作流程，提高工作效率，减少人工错误和重复劳动。通过自动化流程，管理者可以更好地管理资源和时间，提高工作质量和效率。

（3）实时监控和反馈：数字化转型使得组织能够实时监控和反馈业务运营情况。通过数字化监控系统，管理者可以实时获取关键指标和数据，及时发现问题和机会，并进行相应调整和改进。实时监控和反馈可以帮助管理者更好地了解业务状况，快速做出决策，并及时对业务模式进行调整和优化。

（4）全球协同和合作：数字化转型打破了地域限制，使得组织能够进行全球范围内的协同和合作。通过数字化工具和平台，不同地区的员工和合作伙伴可以实时共享信息、协同工作，加强沟通和合作。全球协同和合作可以帮助管理者更好地利用全球资源和智慧，推动创新和发展，拓展业务边界。

（5）创新和变革能力：数字化转型促进了创新和变革的能力。通过引入新的技术和方法，组织可以更加灵活地响应市场变化，探索新的商业模式和业务机会。数字化转型可以激发组织中的创新潜能，培养创新文化，推动管理模式的创新和变革。

## 4. 根据投入产出比确定数字化投资顺序和投资强度，达到事前算赢的目标

业务蓝图顶层设计的核心目的是为企业提供明确的业务规划和发展方向，使企业能够实现长期的可持续发展。根据投入产出比达到事前算赢的目标，需要通过以下几个步骤来实现：

（1）确定数字化转型的目标：企业需要明确自身的数字化转型目标，包括业务目标、财务目标和战略目标。这些目标需要明确具体的指标和时间表，以便后续的投入产出分析和评估。

（2）数字化转型投入分析：在制定业务蓝图之前，企业需要对企业的现状进行全面的投入分析，包括人员、物资、资金及技术投入等方面。企业需要仔细衡量每项投入与预期成果之间的关系，并评估各项投入所需的时间和费用。

（3）数字化转型产出分析：投入分析完成之后，企业需要对预期产出进行分析。这一步骤需要根据设立的目标和指标，明确各项产出的数量和品质，为后续的投入产出比分析提供基础。

（4）投入产出比分析：在完成投入和产出分析之后，企业需要计算每项投入与相应产出之间的投入产出比，以衡量各项投入对预期产出所带来的影响。企业需要综合考虑各种因素，如时间、费用和承担的风险等因素，并以此为基础制定最终的投入和产出策略。

（5）实施和评估：企业在实施数字化转型时需严格按照制定的投入和产出策略进行实施，并对其效果进行综合评估和监控。如果实施效果不如预期，则需要对策略进行调整和改进，以确保企业能够在竞争市场中取得长期的优势地位。

## 5. 企业开展业务蓝图顶层设计的好处

开展业务蓝图顶层设计能够使企业在业务的规划、执行、监督等多方面获得明显的好处，进而提高企业的竞争力、稳定性和可持续发展能力。

（1）确定业务战略和指标：业务蓝图顶层设计可以协助企业确定长期业务目标、指标和战略，并将其转化为可操作的行动计划。

（2）提高业务流程效率：通过业务蓝图顶层设计，企业可以优化业务流程，提高效率和生产力，同时降低成本。

（3）促进业务一体化：业务蓝图顶层设计可以促进不同部门、团队之间的协作和沟通，从而增强业务的一体化程度，改善企业内部合作与协调。

（4）确保信息系统匹配业务需求：业务蓝图顶层设计可以确保信息系统能够满足业务需求，并降低因信息系统与业务不匹配而带来的问题。

（5）帮助管理风险：业务蓝图顶层设计可以帮助企业识别和应对业务领域的风险问题，并提供有效的管理和控制措施。

（6）支持业务创新：业务蓝图顶层设计可以为企业提供新的思路和解决方案，推动业务创新和变革。

（7）减少重复投资：业务蓝图顶层设计可以避免不必要的重复投资和资源浪费，提高投资回报率。

# 四、业务蓝图顶层设计提升企业创新能力

## 1. 业务蓝图顶层设计培养业务部门的创新能力

业务蓝图是企业在未来一段时间内对需要实现的业务目标和发展方向进行规划和设计的重要工具，它通过对业务流程、系统、人员等方面的系统分析和规划，确定最优的实施方案，提高了业务部门的创新能力。

（1）推动数字化转型：业务蓝图通常通过分析当前业务状况及未来的发展趋势，确定数字化转型的方向和目标，从而推动企业向数字化转型方向发展。数字化转型可以帮助企业实现业务流程自动化和优化，推动业务创新和提高业务生产的效率。

（2）采用更加高效的工具和技术：业务蓝图识别了企业当前的痛点和问题，并根据业务需求和目标推荐合适的技术和工具，可以帮助业务部门了解和掌握更加高效的技术和工具，提高工作效率和业务创新能力。

（3）新技术的应用推广：通过业务蓝图的规划，企业可以发现和推广最新的技术，例如人工智能、大数据分析、区块链等，以提高业务部门的专业素养和技术水平，从而促进业务的创新和发展。

（4）加强业务部门与技术团队协作：业务蓝图的制定过程通常需要多个部门和角色的参与，加强了企业内部团队的协作和沟通，可以帮助业务部门了解其他团队的需求和问题，更好地在业务创新和技术解决方案方面提供支持。

业务蓝图顶层设计可以帮助企业识别和解决现有的问题，并推

动企业向更加数字化、智能化、创新型的方向发展，这使得业务部门能够具备更强的创新型思维和执行力，从而为企业的长期发展提供有力的支持。

## 2. 参与业务蓝图顶层设计可以提升内部支持队伍的能力

数字化转型过程中，组织内部支持队伍参与业务蓝图设计，可以提升内部支持队伍的多种能力。

第一，参与业务蓝图设计可以提升技术能力，包括对新技术和工具的了解和掌握能力、实战经验的积累和应用能力等。这将有助于提高团队的技术水平和专业度，在数字化转型过程中为企业提供更好的技术支持。

第二，参与业务蓝图设计可以增强团队的业务理解、业务把握和解决问题的能力。通过深入了解业务流程和业务需求，团队可以针对业务特点提供更加优质的服务和解决方案，提高团队的业务素养和表现能力。

第三，参与业务蓝图设计可以加强团队成员之间的沟通和协作能力。在业务蓝图设计过程中，团队成员需要充分沟通、相互协作，不断理顺团队工作流程和配合方式。这将有助于提高团队的协作效率和沟通能力，提高团队的整体表现。

第四，参与业务蓝图设计可以增强团队成员的创新和改进能力，促进团队实践与理论的结合。在业务蓝图设计过程中，团队成员需要根据实际业务需求和流程进行重新设计和优化，这将有助于培养团队成员的创新思维和改进能力，提高团队业务创新水平。

### 3. 业务蓝图顶层设计可以有效地降低数字化转型成本

通过业务蓝图顶层设计可以合理规划信息技术内部支持队伍的规模和数量，降低人员支持费用。创新能够为企业提供新的思维方式和解决问题的方法。

（1）采用新技术：新技术能够提高生产效率和质量，进而提高企业的效益，降低成本。例如，智能化生产设备可以通过数据分析和自动调节降低能耗，提高生产效率。在数字化转型过程中，采用新技术可以降低成本，提高效率。

（2）采用开源软件：开源软件可以降低企业的软件采购成本，进而降低数字化转型成本。开源软件社区提供了大量的免费软件，并且一些开源软件采用了协作开发模式，社区成员可以互相贡献代码和开发进度，进一步降低了企业的开发成本。

（3）内部创新：内部创新涉及重新设计业务模型、改进流程和思考如何更好地利用已有的数据等。内部创新可以帮助企业降低数字化转型成本，提高效率和质量。例如，通过流程再造或业务重组来消除低效流程，提高效率，进一步实现降低成本的效果。

（4）人工智能技术：采用人工智能可以在大数据等方面帮助企业做出更好的决策，同时降低企业的运营成本。例如，自动化客户服务可以通过自然语言处理和机器学习等技术，减少人工成本，提高服务质量。

（5）开放式创新：开放式创新是指在企业内部与外部伙伴分享合作及进行创造性合作，共创富强。采用开放式创新能够拓宽企业的技术和业务领域，降低数字化转型成本，并推动创新。

## 4. 业务蓝图顶层设计保证创新与低成本相互支撑

通过业务蓝图顶层设计培养高素质、复合型人才，可以大幅度降低企业创新成本。通过培养高素质、复合型人才，可以让他们更好地理解和实施业务蓝图，以实现企业的战略目标，这种战略导向的方法能够使企业的创新活动更加有针对性和有效性，降低因为方向不明导致的重复劳动和浪费；高素质、复合型人才通常具备跨学科的知识和技能，能够在多个领域进行协同工作和创新，这种综合能力使得创新团队更具弹性和灵活性，在创新过程中能够更好地应对各种挑战和变化，降低创新的风险和成本；高素质、复合型人才往往具备较强的创新思维和问题解决能力，他们具备不拘一格、开放思维、善于思考和探索的特点，能够在创新过程中提出新的观点和创意，这种创新思维的培养可以帮助企业在创新活动中提高效率，并降低因为思维固化和保守导致的创新成本。

科技创新和低成本战略并不冲突，实际上，通过科技创新可以实现低成本战略，同时也可以促进公司更好地发展。一方面，科技创新可以通过研发新技术或产品来提高生产效率，降低成本。例如，一些新技术可以自动化生产过程，减少人力成本，提升生产效率。此外，通过采用新材料和新工艺，可以节约成本。另一方面，采用低成本战略也可以促进科技创新。低成本战略的核心是专注于低价产品或服务，通过更有效率的方式降低成本，从而占领市场份额。这种低成本战略可以使公司更具有竞争力，从而投资于研发新技术和产品。

## 5. 创新是数字化时代企业及其信息部门主要发展目标

信息和数字化技术作为企业管理的重要工具和资源，在推动企业业务创新、提高管理效率、改进产品和服务等方面发挥着不可或缺的作用。对于企业的信息部门和信息技术内部支持队伍而言，创新则是其能够为企业创造更多商业价值和推动企业的长期发展的重要目标之一。以下是信息部门和信息技术内部支持队伍在创新方面所需要关注的几个方面：

（1）技术应用创新：企业内部的信息部门和信息技术支持团队需要持续关注最新技术和应用，并且要根据企业实际的业务需求，创新应用这些技术。通过技术的创新应用，可以提高企业信息化水平、降低成本、提升效率、改进服务等，为企业的业务发展、管理创新等方面提供有力的支持。

（2）业务流程创新：信息部门和信息技术内部支持团队需要了解和分析企业的业务流程，识别其中的痛点和问题，提出创新解决方案，推动业务流程的优化和改进，以提高企业的管理效率和响应速度。

（3）服务和支持的创新：企业的信息部门和信息技术内部支持团队需要提供高质量的技术服务和支持，通过创新的服务方式和流程，提高客户体验和满意度，降低客户流失率，从而提高客户忠诚度。

（4）团队合作创新：信息部门和信息技术内部支持团队需要保持团队合作精神，以团队协作的方式推进工作。通过分享和协作，内部支持团队可以共同探讨和解决企业信息化过程中的难题和问题，从而更好地促进创新。

创新是信息部门和信息技术内部支持队伍的主要工作目标之一，企业的信息部门和信息技术内部支持团队需要持续关注最新技术和应用，结合企业实际情况，提出创新解决方案，推动业务创新和发展，从而发挥更大的商业价值。

# 五、业务蓝图顶层设计关键锚点

## 1. 以支持业务发展为首要目标

在进行数字化转型的时候，首先是要确立转型的目标，确定企业数字化转型的路径和发展方向。尽管对于大多数企业来说，未来数字化转型都是“必修课”，但是在当前阶段，每个企业都面临着各自不同的发展问题，是否下决心进行数字化转型，以及在什么条件和什么时机下进行数字化转型，都应该由企业的领导考虑清楚、计划明白。

企业不应该为了数字化转型而数字化转型，要明白数字化转型这件事真正会给企业带来什么，最后要达到什么目的。只有这样，在转型的过程中才不会“跑偏”，才能真正“触及”转型的意义。

数字化转型的首要目标是支持业务发展，实现组织的战略和目标的实现，而不是单纯地为数字化而数字化。数字化技术应该被视为实现业务目标的一种重要手段，而不是目标本身。企业数字化转型业务蓝图的设计应该始终牢记这一点。

从业务层面来看，数字化转型应该旨在优化业务流程、提高生产效率、提高质量和服务等方面的绩效。此外，数字化转型还能够实现更好的客户和合作伙伴之间的联系和协作，以提高客户的满意度和业务利润。

从组织层面来看，数字化转型应该旨在优化组织结构和经营模式，提高组织的决策效率和响应能力，促进人员创新和发挥潜力。

数字化转型业务蓝图设计应该紧密围绕业务发展和组织目标展开，从而保证数字化转型的实施是有价值的，是有效的，并能够实现企业的战略和商业目标。

## 2. 找准业务需求是第一位的

数字化的起点是业务需求，有需求才有改变的动力。需求应该是由用户提出来的，也就是服务或产品面向的最终用户。通常情况下用户不会说他要什么，因此，数字化的挑战是不知道用户需要什么，这需要深入的需求分析。数字化转型项目不仅是开发一个信息系统和信息平台这么简单，信息系统和平台只是一个载体，所有的一切都要围绕业务开展。业务变了，系统的功能必须跟着变。

确保企业数字化转型业务蓝图设计找准业务需求是非常重要的，找准业务需求是企业数字化转型业务蓝图设计的第一位，这样企业才能在设计中避免浪费资源和精力，找准业务需求还可以帮助企业确定数字化转型的优先级和目标，从而确保数字化转型的实施成功。以下是一些可以帮助企业找准业务需求的方法和步骤：

（1）与相关者进行沟通和合作：与企业内部的各个部门、团队及外部的客户、供应商等相关者进行沟通和合作是非常重要的。通过与他们的对话和倾听，可以了解他们的需求、痛点、挑战和期望，从而找到数字化转型的关键需求。

（2）进行业务流程分析：对企业的业务流程进行分析和评估，可以帮助发现流程中的瓶颈、问题和机会。通过了解整个业务流程，可以确定可优化、自动化或数字化的环节，从而提高业务效率和质量。

（3）借鉴行业最佳实践：研究和借鉴行业内的最佳实践和成功案例，可以帮助企业了解业界的趋势和标准。通过对比和学习，可以发现企业在数字化转型方面的差距和机会，进而找到适用于自身业务的关键需求。

（4）数据分析和市场调研：对企业内部的数据进行分析和挖掘，

可以发现隐藏在数据背后的业务需求和趋势。同时，进行市场调研和竞争分析，可以了解市场和客户的需求和偏好，从而找到数字化转型的重点领域和关键需求。

（5）制定目标和指标：在找准业务需求的过程中，需要明确数字化转型的目标和指标。这些目标和指标应与企业的战略目标和愿景相一致，并能够量化和衡量。制定目标和指标可以帮助企业集中精力和资源，更好地找准业务需求。

## 3. 利用新技术增加业务价值

数字化转型可以利用新技术为企业增加业务价值，通过采用新技术，企业可以改进业务流程、提高工作效率、优化客户体验、开拓新业务模式等，从而实现业务价值的增长。

（1）自动化和智能化：新技术如人工智能、机器学习和自动化能够帮助企业自动完成重复性、繁琐的任务，减少人为错误和成本，并提高工作效率和准确性。通过自动化和智能化，企业能够更高效地处理数据、优化生产过程、提供个性化的客户服务等，从而增加业务价值。

（2）数据驱动决策：数字化转型可以帮助企业更好地收集、分析和利用数据来支持决策。新技术如大数据分析和数据可视化能够帮助企业挖掘潜在的商业洞察，洞察客户需求和市场趋势，从而做出更准确、基于数据的决策，提高业务的成功率和效益。

（3）客户体验优化：通过数字化转型，企业可以利用新技术改进客户体验。例如，通过移动应用程序、社交媒体和个性化推荐等技术，企业可以提供更方便、个性化的产品和服务，满足客户的需求，增强客户黏性，提高客户满意度和忠诚度，从而增加业务价值。

（4）开拓新业务模式：新技术的应用可以帮助企业开拓新的业务模式。例如，云计算和物联网技术可以支持企业提供基于订阅或按需的服务模式，从传统的产品销售模式转变为更灵活和个性化的服务模式，为企业带来更多的收入来源和增加业务价值的机会。

（5）创新和协作：数字化转型可以促进企业的创新和协作。通过新技术的应用，企业可以更好地和内部员工、外部合作伙伴和客户进行沟通、协作和创新。例如，远程协作工具、社交协作平台和虚拟现实技术可以帮助企业实现跨地域和跨部门的协作，共同推动创新和解决业务问题，增加业务价值。

数字化转型通过利用新技术可以为企业增加业务价值，包括提高工作效率、数据驱动决策、优化客户体验、开拓新业务模式，以及促进创新和协作。企业应积极探索和应用新技术，以加速数字化转型过程，并实现业务价值的提升。

## 4. 从业务目标出发反推业务蓝图顶层设计

企业数字化转型业务蓝图顶层设计的目的是将数字化转型计划转化为可操作的业务蓝图，以实现数字化转型的目标。要实现这一目标，企业应从业务目标出发，反推业务蓝图的顶层设计。

反向推导业务蓝图的顶层设计需要考虑到企业数字化转型计划的目标和战略，同时需要识别数字化转型的先决条件和关键决策。在这个过程中，企业应该具体考虑以下几个方面：

（1）确定数字化转型的目标和战略：企业应该明确数字化转型的目标和战略。例如，企业是要通过数字化转型来提高生产效率、降低成本、改进客户体验、拓展市场份额等。

（2）评估企业当前数字化水平：企业需要评估自己目前的数字化水平，并根据所评估的结果，确定要采取哪些行动来提高数字化水平。例如，是否需要采购新的数字化设备，或是优化现有的数字化工具。

（3）识别数字化转型的先决条件：企业应该识别数字化转型的先决条件。例如，是否需要优化组织架构、聘用更多的IT专业人员、建立更好的信息共享平台等。

（4）把业务目标转化为可实行的业务蓝图：在确定了数字化转型目标和战略后，企业应该把业务目标转化为可操作的业务蓝图，包括数字化系统的设计、实施方式等。

## 5. 坚持并发展自己的核心竞争力

企业数字化转型业务蓝图设计应该坚持并发展自己的核心竞争力，因为数字化转型并不是一个简单的信息化项目，而是一个复杂的组织变革过程。只有企业具备了自身核心竞争力，才能通过数字化转型来加强该竞争力。

企业的核心竞争力是其区别于其他企业的优势和特点，通常包括企业的技术、设计、产品、服务、品牌、市场和成本等方面。数字化转型应该在保持企业核心竞争力的基础上，通过优化各个业务环节，增强企业的竞争力。在数字化转型的过程中，企业应该重视以下几个方面：

（1）了解自身的核心竞争力：企业应该对自身的业务模式、市场定位、产品特点等进行深入的研究，了解其核心竞争力是什么，以确保数字化转型的目标和方向与核心竞争力相匹配。

（2）采用数字化技术来加强核心竞争力：企业应该采用数字化

技术来加强其核心竞争力。例如，采用大数据技术来分析用户行为，优化产品设计和服务模式，采用 AI 技术来提高客户服务质量等。

（3）培育数字化人才：企业应该培育具有数字化转型能力的人才团队，让他们发挥出最大的作用，以帮助企业优化业务流程、提高效率、提高客户满意度等。

（4）核心业务数字化：企业应该重点关注核心业务领域的数字化转型。例如，企业的生产流程、供应链管理等，这些都是核心业务环节，对企业的运营效率和客户满意度有着重要的影响。

## 6. 企业变革是渐进的

在数字化转型中，要实事求是，每个企业的情况都是不一样的，因为企业的行业、规模、市场竞争格局都是不一样的，转型不是生搬硬套的事情。在实践中，大企业和小企业的数字化转型思路不一样，传统企业和创新企业的数字化转型思路也不一样。

企业变革是渐进的，这意味着企业变化是一个循序渐进的过程，会在一段时间内逐步发生。企业变革通常需要一定的时间来完成，因此需要按照一定的计划和步骤来实施。企业变革可能涉及众多方面，包括组织结构、流程、文化、技术和人员等。企业变革的渐进性主要表现在以下几个方面：

（1）目标明确和确定性强：企业变革必须明确、具体和确定性强，以确保企业变革实施的方向和目标清晰明确。企业需要通过对目标的分析和确定，在变革过程中不断修正和完善目标，从而不断推进企业变革过程。

（2）所有员工的参与：企业变革需要所有员工的积极参与，因为所有员工对于变革都有自己的理解和反馈。企业需要通过组织动员、培训和沟通等方式来促进员工的参与，从而推动企业变革。

（3）透明度和有效性：企业变革必须保证透明度和有效性，意味着所有相关方都可以获得变革过程的信息、进度和结果，并且变革的效果必须能够被显著地量化和衡量。

（4）反馈和调整：企业变革是一个不断反馈和调整的过程，这意味着企业需要识别和解决在变革过程中出现的问题和挑战。企业需要建立反馈机制和跨功能的团队，以制订适当的调整计划，并在尽可能短的时间内加以实施。

## 7. 与业务部门达成一致再开始变革

企业领导者下定决心要进行数字化转型时，通常会做一件非常重要的事情，就是在公司层面进行思想宣传，目的是让大家都知道数字化转型这件事。企业“一把手”作为领头人，不仅要自己懂转型的核心思路，还得让企业里的所有人都明白怎么回事，这样才能把自己的想法转化为企业整体的执行力有效落实下去。

数字化转型和员工的工作内容息息相关，哪怕员工不是转型的核心推动者或建设者，也会是转型中和转型后受到各方面影响的相关者。企业里所有员工的思想、工作内容、工作方式，包括绩效考核，或多或少地都会发生变化。因此，企业的数字化转型目标需要所有人都认真地了解和学习。

数字化转型依赖于深刻的认知，虽然领导层可以达到相当的“认知”水平，但是由于企业员工所处的岗位不同，所在部门的利益角度不同，很难做到思想同步。既然很多事情自己想不明白，就需要不停地交流学习，循序渐进地提高认知水平。

如果主管领导只同一线普通员工讨论抽象的名词概念，而不考虑员工的理解能力、思维立场、认知水平和交流语境，则会使大家感到云里雾里，摸不着头脑，结果就是大家听个热闹，事情该怎么做还是怎么做。转型最后也就成了空谈，完全没法落地推动。

企业数字化转型业务蓝图设计过程中，与业务部门达成一致非常重要，因为业务部门是企业数字化转型过程中最重要的参与者之一。没有业务部门的支持和配合，数字化转型无法成功实施。下面是达成一致的几个重要步骤：

（1）审查现有业务流程：企业数字化转型业务蓝图设计需要对现有的业务流程进行全面审查和分析。企业需要与业务部门密切合作，共同研究现有业务流程，以确定哪些环节可以借助数字化技术来实现优化和提高效率。

（2）沟通并收集意见：企业需要与业务部门进行充分沟通，了解业务部门的需求和意见。企业可以通过组织业务部门的研讨会、座谈会等活动，以收集更多有益信息。

（3）制订数字化转型计划：企业与业务部门需要制订数字化转型计划，以确保数字化转型项目的实现与业务部门的需求相匹配。数字化转型计划需要明确阐述数字化转型的目标、预计效果、实施步骤、时间计划、预算等细节，确保业务部门对计划的理解和支持。

（4）持续沟通和调整：企业和业务部门需要进行持续的沟通和调整，以确保数字化转型计划在实施过程中不断适应市场变化、技术革新和内部需求的变化。

（5）测试和上线：数字化转型计划需要进行全面的测试和验证，确保数字化转型方案的质量和可行性。同时，企业需要与业务部门开展充分培训和协作，以使数字化转型项目得以顺利上线和完美运行。

## 8. 变革的时机很重要，事件驱动

进行数字化转型，时机很重要。把握住了时机，恰逢其时，事半功倍；错过了时机，不仅陷入泥潭，还可能得花费几十倍甚至上百倍的力气来“补课”。

一是行业格局发生巨大变化。很多企业通过数字化转型或与生俱来的数字化形态，已经取得了巨大的市场竞争优势。例如，电商平台的崛起，对传统的线下商超或便利店形成了降维打击，让更多的销售发生在线上的交易渠道。这种方式，很可能会“倒逼”传统零售行业企业进行数字化转型，以缩小与携带着强大数字基因的竞争者之间的差距。

二是传统的业务模型已经出现了增长极限。行业内部竞争激烈，企业正在寻求新的利润增长点，并研究如何开发新的业务蓝海。

三是企业的运营活动低效，面临生产力的升级和改造。例如，对于部分地区的患者来说，医疗资源缺乏，医院线下服务有效覆盖的患者群体可能比较少。患者排队问题、挂不到号问题、医患之间信息不对称问题、患者健康管理问题、疑难杂症诊疗问题、事故责任划分问题、远程治疗需求问题、人员与手术室调度问题等，都需要得到有效的解决。目前，很多医院正在寻求增加医院运营线上化、自动化及智能化程度的数字化解决方案。

四是市场上出现了比较成熟的新技术，成为业务升级改造的催化剂。深度学习算法、云计算、5G、AR、VR、自动驾驶，前沿技术层出不穷。不同业务场景与这些技术有机结合，就会衍生出许多新的发展机会。

把握时机，其实就是说企业的数字化转型工作要在正确的时间开展，该做的时候要果断做，不该做的时候也别盲目做。有些行业外在的数字化条件当前还不成熟，比如技术成熟度达不到，市场教育程度不高，没有太多可以参考的成功范例，甚至是行业的准则规范还不健全。

## 9. 人的因素是数字化转型成败的关键

数字化转型工作需要具体的人员来执行，企业需要专门组建核心队伍来推动数字化转型事业，企业需要寻找能够出色地完成转型工作的人才，这些人才一方面需要对数字化转型项目达成思想上的共识，保证任务协作顺利畅通；另一方面需要具备必要的职业素养，在具体方案落地实施上发挥出足够的专业能力。

人的因素确实是数字化转型成败的关键因素之一。数字化转型需要企业从传统的管理方式和思维方式转变为数字化的管理模式和思维模式。因此，员工对数字化转型的认知、态度和能力都会对数字化转型带来重要影响。以下是几个关键点：

（1）意识觉醒：企业需要通过各种渠道，向员工传达数字化转型的意义和目标，增强员工的数字化转型意识。

（2）培训提升：企业需要对员工经常进行数字化相关知识、技能、工具的培训和提升，使员工了解数字化技术的应用和影响，并掌握数字化应用工具的使用方法。

（3）领导承担责任：数字化转型需要企业主管层积极承担领导责任，推进数字化转型，组织和推广数字化项目，并为数字化转型提供足够的资源支持。

（4）员工参与：企业需要在数字化转型的过程中，把员工主动参与的意识和作用发挥到极致，让员工在数字化转型中发挥创造和创意的力量。

（5）文化建设：数字化转型需要企业建立开放、创新、拥抱变化的企业文化，促进员工和领导对变化的接受和支持。

数字化转型需要企业从人的因素方面积极进行工作，打造一个全员意识和参与度高的数字化转型团队，从而实现数字化转型意义和价值的最大化。

## 10. 数字化场景的设计方法

数字化场景的设计方法通常可以分为以下几个步骤：

（1）业务需求分析：在数字化场景的设计中，需要对目标用户进行深入的研究，了解他们的需求、行为、习惯、态度及目标，从而明确数字化场景的设计方向。

（2）场景分析：根据用户研究结果，设计师需要理清数字化场景的所有元素和关系，包括周边环境、用户的行为和互动流程、可能出现的问题和解决方法等。

（3）原型设计：在数字化场景设计的过程中，需要进行原型设计，即快速构建一个模拟系统原型，以达到从根本上了解用户期望的目的，能够有效地评估各种设计和想法。

（4）用户体验测试：原型设计完成后，需要进行用户体验测试，了解用户对场景的理解、反应和反馈，从而不断改进数字化场景的设计方案。

（5）设计迭代：根据用户体验测试的结果和用户反馈，不断调整和优化数字化场景的设计，进行迭代，提高数字化场景的交互性、易用性和用户体验。

数字化场景的设计需要紧密依靠业务及用户需求和体验，通过深入研究和细致的设计迭代，最终实现数字化场景设计的满意度和适应度。

## 11. 尽快形成数据链闭环应用

企业一般都已建成了一些成形的业务系统，这些业务系统通常比较垂直、单一，业务逻辑比较清晰，在系统和数据管理方面，由于规模和复杂性的原因，暂时还没遇到瓶颈。有些企业因为业务本身已经实现了线上化，或者本身就是在从事互联网相关的行业，因此可能已经积累了一定规模的、有价值的业务数据。对于这些企业来说，当务之急就是把这些有价值的数据积累起来，通过精准的业务模式设计，“跑通”从数据到业务再到数据的良性数据闭环，从而迅速实现数据自动化应用。

数字化转型建设中，数据的价值愈发凸显，形成数据闭环可以让企业充分挖掘数据价值，快速获得商业价值。以下是数字化转型建设尽快形成数据闭环的几个步骤：

（1）确立数据层面的理念和战略：在数字化转型建设中，企业需要明确数据层面的战略和理念，包括数据采集、管理、分析、应用等方面的内容，从而为数据闭环的形成奠定坚实基础。

（2）将各个业务单元的数据进行整合：企业需要将各个业务单元的数据进行整合，打破数据孤岛，使各项业务活动能够形成相互依存的链条，实现数据共享。

（3）建立数据管理平台：企业需要建立数据管理平台，通过数据管理平台实现数据的整合、管理、分析和应用等功能，同时也可以保障数据的安全性、可靠性和可用性。

（4）实现数据应用自动化：企业需要借助人工智能技术实现数据应用的自动化，如数据分析、挖掘、预测等方面的应用实现智能化、自动化。

（5）持续迭代优化：在数据闭环的实现过程中，企业需要不断进行数据回顾和优化，根据数据反馈不断调整和优化数据闭环的设计和运作流程，使其更好地适应企业的实际情况。

通过上述步骤，企业可以尽快形成数据闭环，实现数据的全面应用和价值挖掘，提升企业的竞争力和业务创新潜力。

## 12. 快速发展线上业务

快速实现业务环节的线上化，这不仅是在线支付，真正的数字化是充分利用商户端的消费记录数据，对用户的行为特征进行分析，自动地挖掘用户需求，然后在恰当的时间提供恰当的产品，以促成更多高利润的交易。

通过整合有价值和高质量的数据资源，可以帮助企业发现更多的业务机会。要快速发展线上业务，数字化转型业务蓝图设计需要考虑以下几个方面：

（1）重新设计业务流程：数字化转型的第一步是重新设计业务流程，转向线上业务应用，包括线上销售、线上客服和线上支付等环节。重新设计业务流程需要根据线上业务的特点，优化流程，提高效率和用户体验。

（2）搭建强大的电商平台：通过搭建强大的电商平台，可以快速发展线上业务。电商平台需要提供各种产品和服务，并支持在线交易、售后服务等功能，通过打造品牌，引导用户进行消费。

（3）实现数字化营销：实现数字化营销能够帮助企业迅速发展线上业务。数字化营销需要根据用户需求，制订精准的营销计划，包括品牌宣传、社交媒体营销和搜索引擎优化等方面，提高品牌知名度和用户黏性。

（4）加强用户体验：在线上业务中，用户体验至关重要。企业需要关注用户需求，提供良好的用户界面和交互体验，通过技术手段和数据分析，不断优化用户体验，提高用户满意度和忠诚度。

（5）将线上业务与线下业务相结合：数字化转型不仅仅是线上业务，也需要将线上业务与线下业务相结合，形成闭环。通过将线上客户导入到线下门店购物、服务，提高用户的黏性和忠诚度。

# 第三篇

# 业务蓝图顶层设计方法论

企业业务蓝图顶层设计初步构建了一套业务语言体系的概念模型，促进主营业务与信息技术融合；业务蓝图顶层设计完善了一个业务、技术和运营三位一体的指标体系，支持立项决策和可行性研究报告审批；业务蓝图顶层设计明确了一条编写可行性研究报告的路径，指导所属企业快速、高质量编写可行性研究报告。

业务蓝图顶层设计围绕数字化转型建设，全面打造工业互联网平台，促进产业链智能运营、供应链流程创造、价值链资源优化的数字经济规模化发展。

（1）业务蓝图顶层设计推动企业信息技术总体规划的落地实施。业务蓝图顶层设计对数字化转型的场景、数据和基础设施进行一体化顶层设计，通过指标体系的建设对数字化转型项目进行指导、审查、进度跟踪和效果评价，推动信息技术总体规划的落地实施。

（2）业务蓝图顶层设计将国家和企业的政策法规、标准规范及管理规定落实到项目建设的各个环节。企业可以组织专家对国家、行业和企业下发的政策法规、标准规范及管理规定进行集中研读，并将其中的发展思路、政策导向、关键要求、标准规范等相关内容融合体现到业务蓝图顶层设计中，以保证项目立项、可行性研究报告编写、评审和实施过程中工作思路的正确性。

（3）业务蓝图顶层设计分解落实业务主导的具体内容。深入分析业务发展需求及数字化应用现状，将业务主导的具体形式和内容分解落实到数字化转型顶层设计、研发创新、项目建设和运营服务的全过程，突出标准化、规范化和模板化建设，创新推动主营业务与数字技术深度融合、协同建设转型场景，助力企业高质量发展。

（4）业务蓝图顶层设计按照数字化客观发展规律，定位企业数字化转型路径和建设顺序。在信息化的基础上，随着移动互联网和物联网的飞速发展，企业进入数字化时代。数字化分为业务数据获取、数据模型建设和智能辅助决策三个阶段，每一项新技术的应用成熟都需要大量实践检验。业务蓝图顶层设计要求企业遵循数字化发展规律，先开展业务数据获取阶段的信息化补强工程，实现业务数据的有效获取，具备条件后再开展第二阶段业务模型设计和数据模型建设工作。

（5）业务蓝图顶层设计规范“平台＋应用＋运营”的项目建设模式。开展企业经营管理、生产运营、基础设施三大平台顶层设计，实现总体架构、业务架构、技术架构、数据架构、应用架构的规范统一，企业内所属单位数字化转型配套项目遵循业务蓝图顶层设计采用“平台＋应用＋运营”模式进行建设，改变过去“以产品为对象、长期建设、一次性交付”的方式，提升业务需求快速响应能力和智能化应用水平，实现业务敏捷上线。

（6）业务蓝图顶层设计总结数字化转型试点经验和应用场景，制定模板统一推广应用。企业对各业务领域数字转型试点成果进行总结，将业务领域划分、数字化转型试点成果等先进经验、标准和应用场景做成模板供其他单位进行借鉴和参考，完善后续数字化转型试点方案。

# 一、业务全景图

业务全景图是指对企业或组织的全部业务过程进行视觉化展示的图表，它可以帮助企业或组织更好地了解和识别业务流程，从而优化和管理业务流程。业务全景图通常包含业务流程的各个环节、业务领域、业务切片、业务指标，以及工序、流程、信息流、物流、资金流等内容。

业务全景图是从数字化、信息化的视角将企业业务从横向、纵向切片，用数字化的角度将业务场景具体化、规范化、标准化，形成统一的模板。针对业务部门提出信息技术人员不懂业务的疑问，构建信息技术人员的业务能力。以业务切片为基础，加强信息部门与业务部门的沟通。通过主营业务全景图，解决业务与技术双方对边界理解不同的问题，达成对业务边界方面的共识。当选择外部厂商的产品和服务时，可将该产品和服务与主营业务全景图比对，理清思路，看清楚厂商提供的功能是否符合企业主营业务的需要。

## 1. 信息部门组织制定业务全景图的框架

数字化转型需要大量管理模式创新和技术变革，需要专业人员根据信息和自动化技术发展情况，对企业主营业务进行数字化角度的分类和整理，所以需要企业的信息部门组织内部支持队伍，结合业务人员一起分析企业主营业务的现状、展望、流程和应用场景，制定业务全景图的框架和标准，为后续多个业务部门和不同层级的业务单位主导完善业务全景图提供一个框架标准，实现跨部门、跨专业、跨层级的统筹协调，为业务数字化奠定统一集成、共享应用的基础。

信息部门组织信息技术内部支持队伍深入学习和领会企业的发展规划，以价值创造为核心与业务部门深度融合，以业务在操作、管理、决策三个层面上的需求为导向突出业务主导地位，从数字技术驱动管理变革的角度提出业务全景化、标准化和模块化初步建议，与业务部门一起在数字化转型实践中不断丰富和完善数字化转型建设方案。

第一步：学习业务，领悟业务需求，建立对口支持组织架构。

第二步：从技术赋能的视角提出业务全景化、标准化和模块化初步建议，供业务部门完善。

第三步：根据指标体系优化数字化转型建设方案，为业务主导实现管理变革打好基础。

业务全景图的制作需要对企业的业务过程进行全面深入的了解和把握，理清业务流程、梳理业务数据、了解业务规则和业务需求等，然后采用多种工具实现可视化展示。业务全景图的制作需要考虑以下几个方面：

（1）业务流程：业务全景图应该反映企业或组织的全部业务流程，包括业务流程的起点、终点、中间节点、业务流程的依赖关系和逻辑顺序等。

（2）业务信息流：业务全景图应该包含涉及的业务信息流，即业务流程中需要传递的数据和信息，包括输入和输出，业务信息的来源、处理、存储和传递过程等。

（3）业务价值流：业务全景图应该从价值流的角度展示业务流程，即业务流程如何创造企业或组织的价值。

（4）业务部门和资源：业务流程需要的资源和业务部门应该被清晰地标识出来，包括人员、设备、资金等。

业务全景图能够帮助企业或组织更清晰地认识和管理自身的业务流程，同时也在业务流程的改进和优化方面提供了有力的支持。

## 2. 建设业务与信息技术部门都能理解和对话的业务语言体系

大型企业的组织架构包括集团总部、下属二级单位和三级单位等结构，需要分层建设各级单位的业务全景图。在这种大型企业，业务全景图包括企业整体的业务全景图、总部机关各部门的业务全景图、下属二级和三级单位的业务全景图等几个层次。企业各部门和单位可以结合指标体系对各自的业务全景图进行分析，研究数字化转型的进展和下一步工作计划。

全面梳理企业主营业务，摸清家底，搞清楚业务类别、业务规模、业务流程、业务工序、业务资产等基本情况，整理成业务领域和一至三级业务。根据产品或服务的不同，将业务划分为不同的类别，例如制造业、零售业、金融服务等。根据企业的规模和经营范围，确定业务的规模大小和数量，便于排出数字化转型优先级。对每一个业务类别进行详细的流程分析，包括从采购、生产、销售到售后等各个环节的流程。在生产业务中，根据产品的不同，将生产工艺划分为不同的工序，根据业务的特点，确定业务所需的各种资源和资产，包括人力资源、设备设施、技术资产等。

根据每个领域业务特点，总结该领域生产经营现状、自动化基础情况、信息化情况及哪些业务适合数字化。

**示例 1：制造业领域**

——自动化情况：制造业在生产过程中已经实现了较高程度的自动化，包括自动化生产线、机器人操控、自动化仓储等。

——信息化情况：企业已经应用的信息化系统，如 ERP 系统、生产计划系统、质量管理系统等，用于生产管理、质量控制和供应链管理等方面。

——适合数字化的业务：在制造业中，适合数字化的业务包括生产计划和排程、供应链协同、质量管理、设备维修和保养等。

**示例 2：零售业领域**

——自动化情况：零售业已经在很大程度上实现了自动化，包括自动收银系统、自动化仓储和物流系统等。

——信息化情况：企业已经应用的信息化系统，如 POS 系统、供应链管理系统、客户关系管理系统等，用于销售管理、库存管理和客户关系管理等方面。

——适合数字化的业务：在零售业中，适合数字化的业务包括供应链管理、销售数据分析、客户关系管理、电子支付和电子商务等。

**示例 3：金融服务领域**

——自动化情况：金融服务已经较早实现了自动化，在业务流程中广泛应用自动化系统，如 ATM 机、网上银行、手机银行等。

——信息化情况：企业已经实现的核心银行系统、客户管理系统、风险管理系统等，用于业务处理、客户管理和风险控制等方面。

——适合数字化的业务：在金融服务领域，适合数字化的业务包括移动支付、在线借贷、智能投资和风险评估等。

以上仅为示例，实际情况可能因行业和企业而异。在进行数字化转型时，企业需要根据自身情况和业务特点，选择适合数字化的关键业务进行优先推进，以提升业务效率和竞争力。

细分一至三级业务，建立业务切片模型库，支持业务场景灵活组合。

对企业各领域的业务进行全面的分析和分类，理清业务之间的关联和依赖关系。根据业务复杂程度和核心重要性，将业务分为不同的级别。可以将一级业务定义为核心业务，二级业务为支持核心业务的子业务，三级业务为更细分的具体业务。

根据对业务的划分，将每个级别的业务进行切片，即将其拆解为具体的业务模块或场景。每个业务模块或场景应包含相关的流程、功能、数据和接口等元素。建立一个业务切片模型库，将每个业务切片进行标准化的建模和设计，以便后续的灵活组合和配置。

在业务场景组合和配置时，根据实际业务需求和场景，从业务切片模型库中选择相应的业务切片进行组合和配置。可以根据不同的业务需求，选择合适的一级业务，再根据具体的业务场景，组合二级和三级业务切片。通过灵活的配置和组合，实现不同业务场景的快速搭建和调整。

根据业务切片模型库的定义，开发相应的技术支持和集成平台或工具。这些平台或工具可以包括业务流程管理系统、配置平台、接口开发框架等。通过这些技术支持和集成，实现业务切片的灵活组合和配置。

在实际应用过程中，根据反馈和需求变化，对业务全景图进行迭代和优化。根据业务的变化和新的需求，更新业务切片模型库，新增或调整业务切片，以适应不断变化的业务环境。

通过业务全景图和一至三级主营业务的建设，可以了解企业业务的全貌和业务之间的逻辑关系。信息技术人员根据自己的工作目标，提前了解涉及领域的业务，更有针对性地设计信息系统的功能模块，为主营业务提供更精准的服务。业务部门也可以通过业务切片提出更精确的业务需求，明确信息系统底层功能范围和集成范围，缩短开发周期，降低投入成本。

## 3. 通过业务全景图了解数字化整体进展

通过在业务全景图上叠加进展的方式，可以展示企业数字化转型的整体完成情况，包括已完成的部分和待完成的部分。通过一张图，让企业广大员工都了解数字化的进展，便于宣传和推广数字化。以下是展示企业数字化转型整体完成情况的步骤：

（1）确定展示的内容：确定要在业务全景图中展示的指标，包括业务流程、数字化应用、数据流动、系统集成等进展情况。

（2）设计业务全景图的展示形式：根据收集的数据，设计业务全景图不同的展示方式。可以使用流程图、结构图、数据流图、系统图等形式来展示不同的方面。

（3）表达数字化转型完成情况：在业务全景图中使用不同的视觉元素，如颜色、标识符等，来表示已完成的部分和待完成的部分。已完成的部分可以使用绿色或其他醒目的颜色来表示，待完成的部分可以使用黄色或其他显眼的颜色来表示。

（4）提供详细信息：在业务全景图旁边或下方，提供关于每个部分的详细信息，包括已完成的工作、进行中的工作及计划的工作。在每个业务领域的数字化转型业务全景图中使用不同的视觉元素来表示进展情况。例如，使用颜色、进度条、百分比等来表示已完成的项目和实施进度。

（5）更新和分享：定期更新业务全景图，并与相关方分享。这有助于展示数字化转型的整体完成情况，增加透明度和沟通效果。

## 4. 通过业务全景图向决策层展示数字化转型的效果

通过在业务全景图上叠加指标的方式，展示企业数字化转型的实施效果，提供对整个企业数字化转型成果的直观了解。以下是展示企业数字化转型实施效果的步骤：

（1）确定展示业务指标：确定要在业务全景图中展示的业务指标和成果。这可能包括业务绩效指标、数字化应用的效果、数据处理和分析结果等。

（2）基于收集的数据，设计业务全景图来展示数字化转型的实施效果。可以使用图表、指标仪表盘、可视化报告等形式来表达不同方面的效果。

（3）用视觉元素表示效果：在业务全景图中使用不同的视觉元素，如颜色、图标、进度条等，来表示数字化转型的实施效果。例如，可以使用绿色表示达到预期目标，红色表示需要进一步改进的领域。

（4）提供详细信息：在业务全景图旁边或下方，提供关于每个指标和成果的详细信息，包括具体的数值、趋势分析、时间范围等。这样可以让观众更加深入地了解数字化转型的实施效果。

（5）定期更新和分享：持续更新业务全景图，并与相关方分享。定期更新可以展示数字化转型的持续进展，分享给相关方有助于提高透明度和沟通效果。

## 5. 业务全景图的应用

业务全景图可以记录业务的整体概况、流程、数据流动、组织结构等信息。它提供了一个集中展示和记录业务信息的平台，使企业能够全面了解和掌握业务的现状和发展趋势。

业务全景图可以起到记录、分析和辅助决策的作用。以下是对业务全景图的应用方式：

（1）通过业务全景图对数字化进展的分析，促进企业总部和基层、业务部门和信息部门、决策层和操作层协同推进数字化转型。

（2）通过业务全景图对工序前后顺序的逻辑描述，对业务场景实施顺序进行排序。

（3）通过业务全景图对数字化覆盖范围的描述找出数据链的断点，补齐数据链的采集断点和数据流动链条。

（4）通过对业务全景图的分析，企业可以深入理解业务的关键环节、瓶颈和机遇，通过业务流程分析、数据分析等手段，可以发现业务中存在的问题，并进行优化和改进。

（5）业务全景图可以为决策提供数据支持和参考依据。企业可以基于业务全景图进行数据分析和业务模拟，评估不同决策方案的风险和效果，帮助决策者做出合理的决策。

（6）业务全景图可以促进不同部门和团队之间的沟通与协同。通过共享业务全景图，不同部门和团队可以了解和协调彼此的工作，加强信息交流和协同合作，提高工作效率和业务质量。

业务全景图是一个重要的记录、分析和决策工具，可以帮助企业全面了解业务情况，识别问题和机遇，支持决策和推动业务发展。通过有效地利用业务全景图，企业可以实现更高效的业务管理和数字化转型。

## 二、业务切片

业务切片（Business Slice）是将复杂的业务领域分解为较小的领域的一种方法，每一个较小的领域称为一个业务切片。业务切片需要保证其业务完整性，即一个业务切片应该涵盖一个完整的业务流程，在处理业务时，不需要涉及其他业务切片。在业务全景图中，业务切片一般对应三级业务。

业务切片可以更好地解决业务数字化和大规模软件开发过程中的复杂性问题。一个业务场景或软件系统大多数时候是由不同的业务要求和功能模块组成，因此，对于实施和开发而言，各自负责其中一个业务切片可以更加容易理解业务边界和处理软件接口。同时在一个业务切片内，实施、开发、测试和部署也更加高效、可控。业务切片的使用也可以使得业务场景和软件项目更具有扩展性和灵活性。在业务场景和软件产品的早期阶段，通过拆分业务切片来实现敏捷开发，可以快速定义 MVP（最小可行服务和产品），并在测试应用反馈时快速适应和改进。

### 1. 业务切片的种类

业务切片是对一项业务、业务流程或软件开发进行拆分、分解，将其划分为多个小块或小步骤，从而更好地进行管控、优化和集成的过程。常见的业务切片方式包括以下几种：

（1）层级关系切片：将业务按照从上到下、从整体到细节的层级关系进行拆分，例如将一个大型业务流程划分为多个小流程或子任务。

（2）功能切片：将业务按照其功能模块进行拆分，例如将电商业务划分为商品展示、购物车、订单处理、支付等功能模块。

（3）时间节点切片：将业务按照其时间节点进行拆分，例如将新闻编辑业务划分为采编、修改、审核、发布等时间节点。

（4）场景切片：将业务按照其场景特点进行拆分，例如将在线咨询业务划分为登录、提问、回答、结束等场景。

通过业务切片，可以将复杂而繁琐的大型业务流程拆分为多个小块，每个小块都可以进行独立的管控和优化，从而提高业务的执行效率和服务质量。此外，业务切片也为业务的集成和跨部门合作带来了便利。

## 2. 业务切片与业务应用场景对应关系

不同的业务切片组合成业务应用场景，要利用信息技术实现并丰富完善业务切片，以支持不同切片组合成的不同业务应用场景，可以考虑以下几点：

（1）模块化设计和开发：将每个业务切片进行模块化设计和开发，确保每个切片都可以独立运行和扩展。采用标准化的接口和数据格式，以方便各个切片之间的集成和组合。

（2）微服务架构：采用微服务架构来实现业务切片的独立部署和运行。每个业务切片可以作为一个独立的服务，以实现高度的灵活性和可伸缩性。通过服务注册与发现机制，将不同的切片组合成业务应用场景。

（3）API 接口和数据交互：为每个业务切片定义清晰的 API 接口和数据交互方式，以实现切片之间的通信和数据共享。通过统一的接口规范，可以方便地将不同的切片组装在一起，形成完整的业务应用场景。

（4）配置和组合的平台：创建一个配置和组合的平台，使非技术人员也能够通过简单的操作来组合和配置不同的业务切片。该平台可以提供可视化的界面，帮助用户选择和组合不同的切片，以实现灵活的业务应用场景搭建。

（5）数据管理和一致性：确保不同业务切片之间的数据一致性和管理。可以采用统一的数据标准和数据访问规范，以保证数据在不同切片之间的正确性和可靠性。同时，建立数据治理机制，对数据进行有效的管理和控制。

## 3. 业务切片与数据资源目录对应关系

在业务切片的基础上，对照数据资源目录，完善业务领域内对应层级的数据标准。不同层级的数据标准可能对应多个业务切片。可以采取以下步骤来完善业务领域内的数据标准：

（1）审查数据资源目录：仔细审查数据资源目录，了解已有的数据资源和相关元数据信息。数据资源目录可以包括数据表、字段定义、数据字典、数据模型等。通过审查数据资源目录，可以了解已有的数据标准和潜在的完善需求。

（2）识别数据标准需求：结合业务切片的要求和现有数据资源的情况，识别业务领域内的数据标准需求。这些需求可以包括数据命名规范、数据类型定义、数据格式要求、数据约束条件等。

（3）制定数据标准规范：根据数据标准需求，制定具体的数据标准规范。数据标准规范可以包括以下方面：命名规范（如表名、字段名的命名规则）、数据类型定义（如整数、字符串、日期等的定义）、数据格式要求（如日期格式、货币格式等）、数据约束条件（如唯一性约束、外键约束等）等。

（4）更新数据资源目录：根据制定的数据标准规范，更新数据资源目录中的相关信息。对于已有的数据表和字段，进行审查和更新，确保其符合数据标准规范。对于新增的数据表和字段，进行适当的命名和定义，遵循数据标准规范。

## 4. 业务切片减少各系统之间的重复建设

在项目立项和可行性研究报告审批过程中，对业务切片进行查重审核，避免重复建设。在项目迭代升级审批过程中，对业务切片增补进行审核，避免反复建设。

通过对各领域业务进行切片，可以明确业务模块的实现颗粒度，并减少各系统之间的重复建设。

在可行性研究报告编制过程中利用业务切片，确定每个业务领域中需要实现的业务模块，业务模块可以是一个独立的功能单元，例如订单管理、库存管理、客户管理等。对于每个业务模块，确定其具体的实现颗粒度，这样可以确保业务模块的实现不会过于庞大，同时也不会过于细小，避免重复建设和低效的开发。在设计和实现业务模块时，采用组件化的思路，并鼓励复用已有的组件和功能，这样可以避免不同系统之间重复开发相同的功能模块，提高开发效率，降低开发成本。

在制定架构设计和技术规范时利用业务切片，考虑到业务模块的复用和组件化，确保各系统之间的数据和功能的一致性和互操作性。这样可以减少系统之间的重复建设，优化系统的整体架构。在实施过程中，要加强各业务领域和系统之间的沟通和协作，共享业务模块的设计和开发经验，避免重复工作，提高开发效率。

通过明确业务切片涉及的功能模块，减少各系统之间的重复建设，可以提高系统的整体效率和灵活性。同时，也可以降低系统开发和维护的成本，推动数字化转型的顺利实施。

## 5. 明确各领域业务切片管理单位

积极探索和落实“业务切片域长”负责制，在每个业务领域明确业务切片主管部门和负责人，对相关领域业务分类标准、数字化模型设计等工作进行整体规划和动态管理，并通过数字化建设新模式、新机制促进数字化转型新发展，真正实现管理模式变革和业务模式创新。

在明确各领域业务切片时，可以考虑设立业务切片管理单位或人员，负责协调和管理业务切片的实施。以下是一些可能的建议：

（1）业务切片管理团队：设立专门的业务切片管理团队，由具有业务和技术背景的人员组成。该团队可以负责业务切片的规划、实施和协调工作，确保各领域业务切片的顺利推进。

（2）业务切片负责人：在每个业务领域设立业务切片负责人，负责该业务领域的切片管理和协调工作。业务切片负责人可以是该领域的业务专家，具备对业务流程和需求的深入理解，同时也需要具备一定的项目和团队管理能力。

（3）项目管理办公室（PMO）：在企业中设立项目管理办公室或相关机构，作为业务切片的管理和协调机构。PMO 可以提供项目管理方法和工具支持，监督业务切片的进展和管理，确保各领域的业务切片按计划实施。

（4）业务切片工作组：在每个业务领域内设立业务切片工作组，

由相关业务和技术人员组成。该工作组可以负责业务切片的细化和具体实施，协调各个业务模块的开发和集成工作。

（5）跨部门协作机制：建立跨部门的协作机制，包括业务部门、信息技术部门和项目团队之间的沟通和协作机制。通过定期的会议、沟通和合作，促进不同部门之间的协同工作，确保业务切片的顺利实施和整合。

通过设立业务切片管理单位或人员，可以加强对各领域业务切片的管理和协调，提高数字化转型的整体效率和效果。这些单位或人员可以负责细化业务切片、监督实施进展、协调跨部门工作，确保业务切片方案的顺利实施和推进。

## 6. 业务切片的灵活运用

以下是业务切片的九种应用方式：

（1）应用业务切片可以更灵活地生成模板，更容易在不同单位经过对业务切片的重组来实现快速推广。

通过重组业务切片模板的方法，实现灵活的模板生成和推广。不同单位可以选择适合自己业务的业务切片，并进行定制，从而更容易地推广和应用统一模板。这种方法可以提高工作效率，实现业务流程的一致性和标准化，并减少重复工作和误操作。

（2）应用业务切片在采购厂商产品和服务的时候可以进行裁剪，不必要的功能可以不采购，降低采购费用。

应用业务切片的方法可以帮助企业在采购厂商产品和服务时更加精确地满足业务需求，同时降低采购费用。通过裁减不必要的功能，可以避免不必要的成本，并集中精力和资源在核心的、有价值的功能上。这样可以提高采购效率，降低采购成本，并增加采购的灵活性和定制性。

（3）应用业务切片降低可行性研究报告编写的难度，更容易估算可行性研究报告的费用，更容易讲清楚可行性研究报告实施的必要性和效益。

应用业务切片可以将可行性研究报告的内容分解为多个业务切片，每个业务切片包含特定的业务功能和要素。通过对每个业务切片进行分析和研究，可以降低整体报告的复杂度。同时，每个业务切片相对独立，可以单独处理和研究，减少了研究报告编写的难度和工作量。

通过业务切片的方式，可以更容易地估算可行性研究报告的费用。每个业务切片可以被视为一个独立的任务或模块，可以根据具体的业务切片数量和复杂程度来估算报告的编写和实施成本。通过将报告分解为多个业务切片，可以细化估算，更准确地确定所需资源和预算。

应用业务切片的方法可以更好地讲清楚可行性研究报告的实施必要性和效益。通过分解和分析每个业务切片，可以清晰地展示每个功能和要素的重要性和价值。同时，通过将可行性研究报告的实施必要性和效益与业务切片相对应，可以让相关人员更容易理解和接受报告的内容和建议。

（4）应用业务切片更容易根据实施的效果对业务场景进行排序，优先实施效果好的业务场景。

首先，将业务场景划分为不同的业务切片。每个业务切片代表一个特定的业务功能或需求，可以根据业务切片的独立性和相互依赖性进行划分。划分业务场景为业务切片可以更容易地对不同场景进行评估和比较。

其次，对实施效果进行评估，对每个业务切片进行实施效果评估。实施效果可以包括业务指标的改进、效率的提高、用户反馈等。通过对每个业务切片的实施效果进行评估，可以客观地了解不同场景的效果好坏。

最后，对业务场景进行排序。根据实施效果的评估结果，对业务场景进行排序。将效果好的业务场景优先排序，以确保在资源有限的情况下，优先实施效果好的业务场景。这样可以最大限度地提升整体业务的效益和价值。

（5）应用业务切片可以更好地优化业务流程，对不同领域的业务场景进行重组，可以创新业务、升级业务模式、构建业务生态。

业务流程优化：通过将业务场景划分为业务切片，可以对整个业务流程进行优化。每个业务切片代表一个特定的业务功能或需求，可以从流程角度进行优化。通过重新组织和优化业务切片的顺序和流程，可以提升整体业务流程的效率和质量。

业务场景重组：通过业务切片的方式，可以对不同领域的业务场景进行重新组合和整合。将不同领域的业务切片进行组合，可以形成新的业务场景和服务模式。通过跨领域的创新和整合，可以拓展业务的边界，提供更多元化和综合化的解决方案。

业务创新：应用业务切片的方法可以为企业带来业务创新的机会。通过重新组织业务切片，可能会发现新的业务需求和机会。根据不同的业务切片组合，可以提供新的产品或服务，满足市场的不同需求，创造新的商业价值。

业务模式升级：通过对业务切片的重新组合和整合，可以帮助企业升级业务模式。新的业务切片组合可能会引发业务模式的变革，例如引入新的技术、开展创新的营销策略、建立新的合作伙伴关系等。通过业务切片的重新组合，企业可以实现从传统业务模式到创新业务模式的转变。

业务生态构建：应用业务切片的方法可以为企业构建更完备和健康的业务生态系统。通过业务场景的重组和整合，不同的业务切片可以相互补充和支持，形成良好的业务生态。例如，通过建立合作伙伴关系、构建生态平台、推动跨界合作等方式，可以实现业务生态的持续发展和创新。

（6）应用业务切片可以在不同单位之间横向比较，促进数字化快速建设，减少企业内部不同单位之间的不平衡。

通过将不同单位的业务切片进行对比，可以了解各单位的业务情况、数字化建设程度等方面的差异。这种横向比较可以提供参考和借鉴，促进不同单位之间的学习和改进。每个单位可以根据自身的业务切片进行有针对性的数字化转型，加快数字化建设的速度和效果。通过横向比较，可以了解不同单位的业务差异，找到差距所在，并进行改进和提升。通过数字化快速建设，可以加速不同单位的业务发展，减少不平衡现象。通过应用业务切片的方法，可以为不同单位或部门提供统一的标准和流程。每个业务切片都可以制定相应的标准和流程，以确保不同单位之间的业务一致性和协调性。通过统一的标准和流程，可以减少不同单位之间的摩擦和误解，实现更好的协同和合作。

（7）应用业务切片可以很好地支持主营业务的发展，强化优势地位，让主营业务优势得到更大程度的赋能和提升。

通过应用业务切片的方法，企业可以更好地理解和分析其主营业务的各个组成部分。将主营业务切分为不同的业务切片，可以更清晰地识别主要的价值点和核心竞争力。这有助于发掘和强化主营业务的优势，使其在市场上获得更大的竞争优势。

通过细分业务切片，企业可以更加专注于主营业务的重点领域。每个业务切片可以独立分析和优化，以满足市场需求和客户要求。通过对主营业务的重点领域进行有针对性的优化，可以提高产品或服务的质量和竞争力，进一步强化主营业务的优势地位。

应用业务切片的方法可以促进业务的创新和升级。通过对业务切片进行分析和评估，企业可以发现优化和改进的机会，从而引入新的业务模式或业务流程。这种创新和升级可以增加主营业务的价值和市场竞争力，为企业提供持续的业务增长和发展。

应用业务切片可以帮助企业构建更强大的业务生态系统。通过将主营业务切片与其他相关业务进行连接和整合，可以形成更完整和协同的业务生态系统。这种生态系统的构建可以通过合作、联合创新和资源共享等方式，为主营业务提供更多的支持和赋能，进一步提升业务的竞争力和增长潜力。

（8）应用业务切片可以用模块化、标准化的思想建设业务应用场景，反复提升流程标准化水平，建设开放共享兼容的业务场景支持环境，减少人为需求变化的干扰。

应用业务切片可以将复杂的业务场景拆分为多个独立的模块。每个模块可以代表一个特定的业务流程或功能。通过模块化建设，可以实现业务的解耦和灵活性，便于快速搭建和调整业务场景。模块化的思想还可以促进重复利用和共享，提高开发效率和资源利用率。

应用业务切片可以推动业务流程的标准化。每个业务切片都可以定义明确的输入、输出和执行步骤，建立标准的操作规范和流程。通过标准化流程，可以降低错误和风险，提高工作效率和质量。标准化的流程还有助于业务场景的复用和扩展，减少重复劳动和重做。

应用业务切片的建设可以倡导开放、共享和兼容的业务场景支持环境。每个业务切片可以作为一个独立的组件，可以被其他业务场景或系统引用和调用。通过开放共享的方式，不同的业务场景可以相互交互和组合，形成更复杂和功能丰富的业务解决方案。兼容性的设计可以确保业务场景的互通和兼容，降低集成和迁移的成本。

通过应用业务切片的方法，将业务场景切片化并标准化，可以减少人为需求变化对整体业务的干扰。当需求变更发生时，只需要调整相应的业务切片，而不需要对整个业务场景进行全面修改。这种灵活性和敏捷性可以有效应对需求变化带来的挑战，提高业务交付的稳定性和可靠性。

通过应用业务切片的思想和方法，可以建设模块化、标准化的业务应用场景。这种思想和方法有助于提高业务的灵活性、效率和质量，同时降低开发和维护的复杂度。建立开放共享兼容的业务场景支持环境，可以促进业务场景的复用和集成，提高整体的业务价值和竞争力。

（9）应用业务切片可以让项目有边界，让软件功能开发能更容易地核算，让模块可选择。

通过应用业务切片，可以将整个项目按功能或业务需求进行切分，每个切片代表一个特定的功能或业务模块。这样，每个切片都有明确的边界和范围，可以更好地理解和管理项目。定义项目边界有助于明确项目的目标和范围，并使团队能够更有针对性地进行开发和交付。

应用业务切片可以使软件功能开发更容易核算。由于每个切片都代表一个独立的功能或模块，可以更好地估算每个切片的开发工作量和资源需求。这样，可以更准确地预测项目的开发成本和时间，并更有效地进行项目管理和资源分配。对软件功能开发进行核算有助于提高开发效率和项目的可控性。

应用业务切片使模块可选择。每个切片都代表一个独立的功能或业务模块，可以根据需求和优先级选择性地进行开发和集成。这种模块化的设计使团队能够更加灵活地响应变化和需求调整。模块可选择还有助于提高开发效率和质量，因为可以在开发过程中逐步验证和测试每个模块，降低整体风险。

## 三、数字化模型

当企业基本完成数字自动采集后进入数字化转型的第二阶段数据建模阶段，第二阶段重点工作是开展企业数字化模型建设。

数字化模型可以通过自动化和智能化技术，优化业务流程、减少人为错误和重复工作，提高生产效率和运营效益。通过数字化模型，企业可以更好地管理和监控各个环节，实现资源的合理配置和利用，提升企业的整体竞争力。

数字化模型可以帮助企业优化资源的使用，减少浪费和不必要的成本支出。通过自动化和智能化的数据分析，企业可以实时获取准确的数据，进行有效的决策和调整，降低运营成本、生产成本和管理成本。

数字化模型可以为企业提供丰富的数据和信息支持，帮助企业进行准确的业务分析和预测，提供决策依据和创新思路。通过数字化模型，企业可以深入了解市场需求、客户行为和竞争对手的动态，及时调整策略和产品，抓住市场机遇。

数字化模型可以加强企业的数据安全和网络安全防护能力，保护企业的核心业务和重要信息不受恶意攻击和数据泄露的威胁。通过数字化模型，企业可以建立完善的安全机制和控制措施，实现对数据和系统的全面监控和保护。

数字化模型可以帮助企业拓展业务领域，提供更多的服务和产品，创造新的商业机会和增长点。通过数字化模型，企业可以借助互联网和数字技术，实现线上线下的融合，开拓新的市场和客户群体。

建设数字化模型对企业而言是一种战略性的举措，可以提升企业的运营效率、降低成本、支持决策和创新、增强安全性和可靠性，同时也能够拓展业务和创造新机会，使企业在数字经济时代保持竞争力和持续发展。

## 1. 数字化模型定义

数字化模型是企业在数字化转型过程中所采用的一种实现框架和方法论的算法程序或信息系统，从业务领域、对象类型、专业工具、业务流程、逻辑算法等五个基础维度出发，整合数据建立统一的、标准的、记有业务源头信息的数据字典，通过将业务模型实例化，基于输入、输出、算法、工具和流程等数据要素，形成包括业务主题和数据体的输出结果，并构建通用于同一业务的数据实体模型，实现从业务域到数据资产域的转换，为业务实现提供一个数字化和信息化的结果。

企业数字化模型将大量工业技术原理、行业知识、基础工艺、模型工具等规则化、软件化、模块化，并封装为可重复使用的组件，用于指导企业在数字时代运营和管理的各个方面。它基于信息技术的发展和应用，以数据为基础，借助数字化工具和平台，将企业的各项业务活动和业务流程转化为数字化形式，并通过数据分析和智能技术来驱动和优化企业的运营和决策。

企业数字化模型通常包括以下几个核心组成部分：

（1）数据化：企业数字化模型将企业的各项业务活动和业务流程进行数据化处理，将其量化和衡量化。通过数据采集、存储和处理，企业能够实时获取和分析各个环节的数据，了解业务状况和趋势，为决策提供数据支持。

（2）自动化：企业数字化模型通过自动化技术，实现业务流程的自动化和智能化。通过流程自动化、机器学习、人工智能等技术，企业能够提高效率、降低成本，并提供更好的服务和体验。

（3）整合化：企业数字化模型通过整合企业内外的数据和资源，实现业务流程的整合化和互联化。通过建立统一的数据平台和业务集成平台，企业能够实现不同部门和业务之间的协同工作和信息共享，提高工作效率和决策质量。

（4）分析化：企业数字化模型通过数据分析和智能技术，为企业提供决策支持和洞察。通过数据挖掘、预测分析、智能推荐等技术，企业能够发现潜在的商业机会，优化业务流程，并做出更好的决策。

（5）可视化：企业数字化模型通过数据可视化技术，将复杂的数据和分析结果以图表、仪表盘等形式展示出来，使决策者能够直观地理解数据和洞察。通过可视化，企业能够更好地监控和管理业务，并及时调整策略和行动。

（6）智能化：企业数字化模型强调持续改进和创新。通过 AI 等技术对数字化模型不断优化和迭代，能够不断提升模型的效率和准确度。

有些企业已经建设了上万个数字化模型，每年有四千个模型产生，有两千个模型被淘汰。企业数字化模型并不是一个固定不变的框架，它需要根据企业的实际情况和目标进行定制和调整。每个企业的数字化模型都应该基于企业的战略和需求，考虑到企业的行业特点和现有的技术和资源。只有在实际运用中能够实现效果并持续优化和创新，才能真正发挥数字化模型的价值。

## 2. 构建数字化模型助力管理岗位沉淀管理思想

数字化模型让每个员工参与数字化转型建设，管理岗位的员工以表格 / 表单、图形 / 图像、文件 / 文档的形式，积累业务经验并提出管理岗的业务模型、管理流程和输出形式。信息技术人员利用信息化手段将业务模型、数据、算法建设成数据模型，实现表格 / 表单、图形 / 图像、文件 / 文档的自动生产和展示，减少重复录入，促进管理岗位数字化转型。

数字化模型建设可以实现管理岗的人员变动不影响信息系统的建设和应用，系统的推广不因各单位业务不同而做大规模的改造。管理岗位业务人员只需要用低代码平台做业务重置，就可以方便地获取和展示自己所需要的数据。管理岗位提出业务模型，可以让技术人员清晰地了解业务的需求，敏捷开发快速上线。

数字化模型的构建方法，从业务、对象、专业、过程、工作等领域出发，建立统一的、标准的、记有业务源头信息的数据字典，通过将业务模型实例化，形成数字化模型，并构建通用于同一业务的数据实体模型，实现从业务域到数据资产域的转换，为业务中台建设奠定基础。

通过数字化模型建设，可以将管理思想沉淀为自动化数据报表和信息报告，从而避免信息系统的反复建设。建设流程如下：

（1）确定数据需求：确定管理岗位所需的数据报表和信息报告，与相关管理岗位进行沟通，了解他们对数据和报告的要求和期望。

（2）构建数据模型：基于确定的数据需求，构建数据模型。数据模型可以是基于数据库或数据仓库的结构化数据模型，也可以是基于数据流程或业务流程的概念模型。

（3）数据采集和处理：根据数据模型，采集和处理相关数据。可以通过企业的信息系统、数据仓库或第三方工具来实现数据的采集、清洗和整理。

（4）设计自动化报表：基于数据模型和处理好的数据，设计自动化的数据报表和信息报告。可以使用可视化工具或报表生成工具来设计和生成报表，同时提供灵活的报表参数和筛选功能。

（5）自动化任务调度：设置自动化任务调度，定期或根据需求生成报表和报告。可以使用定时任务或工作流程管理工具来调度报表的生成和分发。

（6）用户自定义报表：为管理岗位提供自定义报表功能，使他们能够根据个性化需求灵活地生成和查看报表。可以为报表设计界面，提供报表模板和可定制的报表参数。

（7）持续改进和优化：根据管理岗位的反馈和需求，持续改进和优化数据模型、报表和报告的设计。通过定期的用户反馈和沟通，不断优化自动化报表的功能和性能。

管理岗位可以根据自身需求使用自动化报表和报告，实现数据的可视化和分析，支持决策和管理工作的高效进行。同时，基于数字化模型构建的业务模型可以更好地适应管理需求的变化，具有灵活性和可扩展性。

## 3. 数字化模型从建设和使用角度分类

企业数字化模型从建设和使用角度可以划分成业务模型、分析模型和应用模型三大类。

（1）业务模型是业务部门主导，从经营管理、生产运行角度提出的记录、分析和控制企业管理任务的模型体系，包括财务模型、岗位评估模型、人力资源评估模型、科研模型、风险评估模型、生产管理模型、监督模型、经营管理模型、会员数据化运营分析模型、商品数据化运营分析模型、流量数据化运营模型、内容数据化运营模型、价值链评估模型、碳排放模型等。

（2）分析模型是信息技术部门主导，从数据数学算法分析处理的角度编写的解释数据之间逻辑关系，搭建逻辑算法，得出逻辑结果的模型体系，包括元数据模型、计算模型、效益测算模型、事件分析模型、留存模型、事件流模型、用户分群模型、用户细查模型、分布模型、归因分析模型、逻辑树模型、营销模型、用户行为模型等。

（3）应用模型是数字化转型应用部门主导，从数字化转型场景应用的角度，以控制方式描述场景的流程、功能、应用效果的模型体系，包括业务领域数据架构模型、数据记录模型、数据控制模型、工艺模型、工序模型、数字孪生模型、自动化操作模型、物流仓储模型等。

## 4. 数字化模型从支持对象角度分类

数字化模型可以从支持对象的层次进行分类，支持并赋能决策、管理和生产运行。以下是几种常见的数字化模型支持层次分类：

（1）数据采集与存储层：在数字化模型中，数据采集与存储层是最基础的层次。它包括数据的收集、存储和管理，以及建立数据仓库、数据湖等基础设施。在这个层次上，企业需要确定数据的需求和来源，采集和整理数据，并将其存储在可靠和安全的数据源中。

（2）数据分析与挖掘层：是在采集和存储的基础上进行进一步处理和分析数据的层次。在这个层次上，企业可以运用数据分析和挖掘技术，如数据清洗、数据建模、机器学习、预测分析等，来发现数据中的潜在模式和规律，提取有价值的信息和洞察。

（3）决策支持与智能化层：是在数据分析的基础上，将数据应用于决策和优化的层次。在这个层次上，企业可以利用数据分析的结果和洞察，为决策提供支持，并应用智能技术来自动化和优化业务流程。例如，利用机器学习算法建立预测模型，为企业的生产计划和供应链管理提供决策支持。

（4）用户体验与个性化层：是在决策支持的基础上，将数据应用于提供个性化的产品和服务的层次。在这个层次上，企业可以利用数据分析和个性化推荐技术，为客户提供个性化的产品和服务，并改善用户体验。例如，在电子商务领域，基于用户的历史购买记录和偏好，推荐相关的产品和促销活动。

（5）创新与业务转型层：是在前面层次的基础上，将数字化能力应用于创新和业务转型的层次。在这个层次上，企业可以利用数据分析和智能技术，探索和开发新的商业模式和业务机会，实现业务的创新和转型。例如，结合物联网和大数据分析技术，将传统产品转化为互联网智能产品。

这些层次是数字化模型在支持企业数字化转型和业务发展过程中的不同阶段和要素。企业可以根据自身的发展需求和目标，逐步建立和完善这些层次的能力和应用。每个层次都需要综合考虑技术、组织和业务等方面的因素，并根据实际情况进行定制和调整。

## 5. 数字化模型其他分类方法

数字化模型可以有多种不同的分类，以下是几种常见的分类方式：

（1）业务模型和技术模型：按照模型的应用领域和目标，可以将数字化模型分为业务模型和技术模型。业务模型主要关注企业的业务流程和价值链，以实现业务过程的数字化改造和增值为主要目标，例如工业模型包括研发仿真模型、业务流程模型、行业机理模型等；技术模型则关注于应用信息技术和数字化工具，如云计算、大数据、人工智能等，以提升企业的运营效率和创新能力。

（2）组织级模型和领域级模型：按照模型的适用范围，可以将数字化模型分为组织级模型和领域级模型。组织级模型适用于整个企业组织，可以包括企业的整体运营、资源管理、供应链等方面；领域级模型则着重于特定领域或业务流程的数字化，如销售管理、客户关系管理、生产计划等。

（3）数据驱动模型和模型驱动模型：按照模型的核心驱动力，可以将数字化模型分为数据驱动模型和模型驱动模型。数据驱动模型以数据为核心，通过数据采集、分析和挖掘，实现对企业运营和决策的指导和优化；模型驱动模型则以算法和模型为核心，通过建立和应用各种模型和算法，实现对业务流程和决策的优化和自动化。

（4）客户导向模型和供应链导向模型：按照模型的关注重点，可以将数字化模型分为客户导向模型和供应链导向模型。客户导向模型关注于企业与客户的互动和价值创造，通过数字化和个性化服务，实现对客户需求的理解和满足；供应链导向模型则关注于企业与供应链环节的协同和优化，通过数字化和智能化技术，实现供应链的可视化、协同和优化。

（5）单一部门模型和跨部门模型：按照模型的范围和影响，可以将数字化模型分为单一部门模型和跨部门模型。单一部门模型适用于某个具体部门或业务领域，例如财务管理、人力资源管理等；跨部门模型则涵盖多个部门或业务领域，如全面的企业资源规划系统（ERP）。

这些分类方式只是为了更好地理解数字化模型的不同特点和应用场景，并不是相互独立的，实际应用中数字化模型可能涵盖多个分类的特点。在实际应用中，企业可根据自身情况选择适合的数字化模型，结合实际情况进行定制和调整，以实现企业的数字化转型和业务发展。

## 6. 数字化模型将数据分析作为核心

数据分析在数字化转型过程中扮演着重要的角色。通过对大量数据的收集、整理、分析和挖掘，数字化模型能够从数据中提取有价值的信息和洞察，帮助企业做出更明智的决策和规划。以下是数字化模型将数据分析作为核心的几个方面：

（1）数据驱动决策：数字化模型的核心理念是将数据作为决策的基础。通过收集和分析大量的数据，模型可以帮助企业了解客户需求、市场趋势、竞争对手和内部业务情况等重要信息，从而支持决策过程。

（2）挖掘隐藏模式：通过数据分析，数字化模型可以揭示数据中的隐藏模式和趋势。通过分析数据之间的关系和变化，模型可以发现变化趋势、关联性和影响因素，这有助于企业了解事物的本质和规律，并做出相应的调整和优化。

（3）预测和优化：基于数据的分析，数字化模型可以进行预测和优化。模型可以通过历史数据和趋势进行未来的预测，帮助企业做出预测性决策。此外，模型还可以通过数据分析找到优化的点，提供改进和增长的方向。

（4）客户洞察和个性化：数字化模型可以通过数据分析来获取对客户的深入洞察。通过分析客户的行为、喜好和反馈等数据，模型可以帮助企业了解客户需求和行为模式，以便提供个性化的产品和服务。

（5）效率和效果评估：数字化模型可以通过数据分析来评估企业的效率和效果。通过监测和分析关键的业务指标和绩效指标，模型可以帮助企业识别潜在的问题和机会，制订相应的改进措施，并评估其效果。

数字化模型将数据分析作为核心是为了从数据中获取有价值的信息和洞察，支持决策和业务发展。数据分析可以帮助企业提高效率、优化决策、提供个性化服务、洞察客户需求和行为模式，以及评估企业的效果和绩效。

## 7. 构建各业务领域数字化模型

数据模型建设是价值创造和技术赋能的核心，构建生产领域无人值守数据记录和控制模型、管理领域自动化数据展示和分析模型、辅助决策领域人工智能模型，是未来数字化转型重点任务之一。

数据模型建设确实是数字化转型中的关键任务之一，它可以为企业创造价值并赋予技术能力。以下是对每个领域的一些详细说明：

（1）生产领域的无人值守数据记录和控制模型：通过构建数据模型，将生产现场的各个环节相关数据进行记录和监控。通过自动化数据采集和分析，可以实现生产过程的无人值守，提高生产效率和质量。例如，利用传感器和物联网技术实时采集生产设备的运行数据，并通过数据模型分析异常情况、优化生产计划等。

（2）管理领域的自动化数据展示和分析模型：通过构建数据模型，将企业内部各类数据进行集中管理和展示。通过自动化的数据处理和可视化工具，可以实现对企业运营、销售、采购等方面的数据进行实时监控和分析。这将帮助管理层更好地了解企业运营情况，做出准确的决策。

（3）辅助决策领域的人工智能模型：通过构建人工智能模型，利用机器学习和数据挖掘技术，将大量的数据进行分析和模式识别，帮助决策者做出更准确、有针对性的决策。例如，利用自然语言处理技术自动分析海量文本数据，结合数据模型和业务规则，提供决策支持和智能推荐。

通过建设上述模型，企业可以实现生产过程的自动化和无人值守，提高运营效率和质量；实现管理数据的集中化和可视化，提升决策效果；利用人工智能技术进行数据分析和决策支持，实现智能化决策。这些模型的建设将为企业带来更高的效益、更好的竞争优势，并推动数字化转型的进一步发展。

## 8. 数字化模型建设使用的信息技术

研究分析哪些新技术适合本领域业务的数字化模型，如何帮助业务建设数字化模型非常重要。

组织信息技术内部支持队伍研究数字化转型成功案例和新技术，分析适合本领域业务的新技术和应用场景，例如：

（1）物联网（IoT）技术：物联网技术可以连接和互联各种设备、传感器和物品，通过实时数据采集和分析，帮助监控和管理业务流程。对于制造业领域，可以实现设备状态监控和预测性维护；对于零售业领域，可以实现库存管理和智能物流；对于金融服务领域，可以实现智能支付和风险监测。

（2）大数据和分析技术：大数据技术可以处理和分析大量的结构化和非结构化数据，帮助企业深入了解客户需求、市场趋势和业务运营状况。通过数据挖掘和机器学习算法，可以提取有价值的信息和洞察，优化业务流程和决策。例如，在制造业中，可以通过大数据分析来改善生产效率和质量控制；在零售业中，可以通过分析数据来进行个性化营销和需求预测；在金融服务领域，可以通过大数据技术来进行风险评估和反欺诈分析。

（3）人工智能（AI）技术：人工智能技术可以模拟和扩展人类智能，实现自动化和智能化的业务处理。在制造业领域，可以应用机器视觉和机器人技术来实现自动化生产和质量检测；在零售业领域，可以应用智能推荐和虚拟助手来提升客户体验和个性化服务；在金融服务领域，可以应用自然语言处理和机器学习算法来进行客户服务和风险控制。

（4）云计算和边缘计算技术：云计算和边缘计算技术可以提供

弹性的计算和存储资源，帮助企业快速构建和扩展数字化业务平台。在制造业领域，可以通过云计算来实现工艺模拟和共享数据分析；在零售业领域，可以借助云计算来构建跨渠道销售和数据分析平台；在金融服务领域，可以利用云计算和边缘计算来提供安全可靠的金融交易和数据存储。

（5）数字孪生（Digital Twin）：数字孪生是一种将物理实体与数字模型进行实时同步的技术。它通过采集、传输和整合实时数据，并利用数据模型和算法进行分析和预测，以模拟和优化物理实体的状态、行为和性能。数字孪生技术可以帮助企业建立对物理实体的精确描述和监控，实现远程监控、智能维护和预测分析等功能，提升运营效率和资源利用率。

（6）元宇宙（Metaverse）：元宇宙是一个基于虚拟现实技术和互联网的虚拟世界，它以数字化的方式呈现和模拟现实世界的各种信息和场景。企业可以利用元宇宙构建虚拟的工作环境或商业平台，实现跨地域、跨时间的协同工作和交流。通过元宇宙，企业可以提供更加沉浸式和个性化的产品和服务，拓展营销渠道和客户群体，并与合作伙伴进行更紧密的互动和合作。

（7）WEB3.0：WEB3.0是指下一代互联网的演进形态，它基于分布式账本技术（如区块链）、去中心化的数据存储和处理等技术，为用户提供更加安全、私密、自治的在线交互和数据交换。在数字化模型建设中，WEB3.0可被应用于构建去中心化的数据共享和管理平台，实现数据的可信共享和隐私保护。

（8）大模型（GPT-3）：大模型指规模庞大、参数众多的神经网络模型，如OpenAI的GPT-3（Generative Pre-trained Transformer 3）。大模型通过在海量数据上进行预训练，可以实现强大的语言理解和生成能力。在数字化模型建设中，大模型可被应用于自然语言处理、文本生成、智能对话等领域，提供更智能、自然的交互体验。

（9）图神经网络（Graph Neural Networks，GNN）：图神经网络是一种专门用于处理图结构数据的神经网络模型。在数字化模型建设中，图神经网络可被用于分析和挖掘复杂的关系网络，帮助企业理解海量的关系数据，发现隐藏的模式和规律。它在社交网络分析、推荐系统、风控和欺诈检测等领域有广泛的应用。

（10）自动机器学习（AutoML）：自动机器学习是一种利用自动化技术来简化和加速机器学习模型开发和部署的方法。它通过自动调参、自动特征工程、自动模型选择等技术，可以帮助企业快速构建和优化机器学习模型。在数字化模型建设中，自动机器学习可以提高模型的效率和准确性，降低开发和部署的门槛。

（11）虚拟现实技术（VR）：虚拟现实技术可以创造一种虚拟的环境和场景，让用户沉浸其中。在数字化模型建设中，可以使用虚拟现实技术来可视化模型的结果和交互，提供更加直观、可视化的体验。例如，在产品设计和建模中，使用虚拟现实技术可以让用户以三维空间的方式自由浏览和修改设计模型。

（12）增强现实技术（AR）：增强现实技术是指将虚拟的元素叠加到现实世界中，通过手机、平板电脑或AR眼镜等设备展示给用户。在数字化模型建设中，可以使用增强现实技术来将模型的结果与真实世界进行融合，实现更加沉浸式的交互和可视化效果。例如，在建筑设计和施工中，使用增强现实技术可以将设计模型叠加到实际建筑场景中，帮助施工人员进行指导和协作。

（13）区块链技术：区块链是一种去中心化的分布式账本技术，可以记录和验证交易和数据的完整性。在数字化模型建设中，可以使用区块链来确保模型的可信性和完整性，减少数据篡改和不可信来源的风险。同时，区块链也可以提供智能合约、身份认证和数据隐私保护等功能，帮助构建更加安全和可信的数字模型系统。

（14）智能合约：智能合约是一种以代码形式编写的自动化合约，可以在区块链上执行和验证。在数字化模型建设中，可以使用智能合约来定义和执行模型的规则和逻辑，实现自动化的合约执行和交互。智能合约具有自动化、不可篡改和可验证的特点，可以确保各方之间的协同工作和可信交互。

对数字化转型新技术的研究和分析是一个漫长、复杂和艰巨的任务，新技术不仅要支持主营业务快速发展，而且要低成本建设。高科技不是高成本的代名词，如果一项新技术不能降低企业整体成本、提高整体效率，那么这项技术就需要完善和改进，直到满足高质量、低成本的要求才适合大规模推广。

## 9. 企业经营管理数据模型

企业经营管理数据模型是用于管理和分析企业经营管理相关信息的模型。它帮助企业有效地组织和管理经营数据，以支持决策、业务监控和业绩评估等活动。以下是一些常见的企业经营管理数据模型的组成部分：

（1）销售数据模型：用于管理和分析企业的销售数据，包括销售额、销售数量、销售渠道、销售地区等。它可以帮助企业了解销售情况，并进行销售预测和销售策略制定。

（2）财务数据模型：用于管理和分析企业的财务数据，包括收入、成本、利润、现金流量等。它可以支持企业的财务监控、财务分析和财务报表的生成。

（3）供应链数据模型：用于管理和分析企业的供应链数据，包括供应商、采购、库存、物流等。它可以帮助企业优化供应链运作，提升供应链效率和减少成本。

（4）客户关系数据模型：用于管理和分析企业与客户之间的关系数据，包括客户信息、客户需求、客户反馈等。它可以帮助企业了解客户需求，并进行客户关系管理和市场营销策略制定。

（5）人力资源数据模型：用于管理和分析企业的人力资源数据，包括员工信息、组织结构、绩效管理等。

（6）市场数据模型：用于管理和分析市场环境和竞争对手数据，包括市场规模、市场份额、竞争分析等。它可以帮助企业了解市场动态，制定市场战略和竞争策略。

（7）项目管理数据模型：用于管理和分析企业的项目数据，包括项目计划、进度、资源分配等。它可以支持企业的项目管理和项目绩效评估。

这些组成部分构成了企业经营管理数据模型的基本框架。企业可以根据自身需求和经营管理的特点，进一步扩展和定制这些模型，以满足特定的业务需求和经营管理目标。

## 10. 企业生产运行数据模型

企业生产运行数据模型是用于管理和分析企业生产运行相关数据的模型。它提供了一个结构化的框架，用于组织和存储与企业生产运行相关的数据，并为生产管理和优化提供重要的信息支持。以下是一些常见的企业生产运行数据模型的组成部分：

（1）设备和工艺数据模型：包括企业使用的设备信息，如设备编号、设备类型、工作状态等，以及与生产工艺相关的数据，如工艺参数、工艺流程等。它可以帮助企业进行设备管理和生产工艺控制。

（2）生产计划和排程模型：用于管理和分析企业的生产计划和排程数据，包括生产订单、生产任务、交付日期等。它可以支持企业的生产计划制订和生产进度管理。

（3）物料和库存数据模型：用于管理和分析企业的物料和库存数据，包括物料清单、库存量、库存周转率等。它可以帮助企业进行物料采购和库存管理，以避免库存过剩或缺货。

（4）生产质量数据模型：用于管理和分析企业的生产质量数据，包括产品缺陷率、不合格品数量等。它可以帮助企业实施质量控制和质量改进措施。

（5）运行效率和能耗数据模型：用于管理和分析企业的生产运行效率和能耗数据，如生产产量、能耗指标等。它可以帮助企业优化生产运行和能源利用效率。

（6）工人绩效数据模型：用于管理和分析企业生产工人的绩效数据，包括工时、生产效率等。它可以帮助企业评估工人绩效并进行工资和奖励计算。

（7）生产运行监控模型：用于实时监控和分析企业的生产运行情况，包括设备运行状态、生产进度等。它可以帮助企业及时发现和解决生产异常情况。

## 11. 企业财务数据模型

企业财务数据模型是专门用于管理和分析企业财务数据的模型。它可以帮助企业记录、分析和报告财务信息，以支持决策和财务分析。

### 1）财务数据模型分类

以下是一些常见的企业财务数据模型：

（1）会计模型：会计模型是最基本和核心的财务数据模型，用于记录和跟踪企业的财务交易。它包括多个关键的财务表，如资产负债表、利润表和现金流量表等。会计模型以会计准则为基础，按照一定的规则和原则，将企业的财务事务记录在不同的账户中，以提供对企业财务状况和业绩的全面了解。

（2）成本模型：用于计算和分析企业产品或服务的成本情况。它包括成本元素、成本中心和成本分配等关键要素，以确定产品或服务的生产成本。成本模型可以帮助企业了解各个环节的成本情况，优化成本结构和控制成本。

（3）预算模型：用于规划和管理企业的财务预算。它包括预算计划、预算控制和预算分析等关键内容，以确定企业在一定时期内的财务目标和资源分配。预算模型可以帮助企业制定合理的预算目标，进行预算执行和实际结果对比分析，以及进行预算调整和预测。

（4）财务比率模型：用于评估和分析企业的财务绩效。它通过计算和分析一系列财务比率，如偿债能力、盈利能力、运营效率和市场评价等指标，来评估企业的财务状况和经营绩效。财务比率模型可以帮助企业了解其财务表现，并与同行业和同类型企业进行比较。

（5）风险模型：用于评估和管理企业面临的财务风险。它包括风险识别、风险评估和风险应对等关键内容，以确定企业的风险暴露和应对策略。风险模型可以帮助企业预测和量化财务风险，并采取相应的风险管理措施。

**2）财务模型的功能**

财务模型根据用途不同，分为多种类型，但通常都具备以下两项功能：

（1）预测与分析：从全寿命周期角度，帮助预测分析投资项目的财务状况及风险，并找到影响投资项目价值的关键驱动因素，同时形成最优化投资组合方案。

（2）监控与反馈：对投资项目进行持续的跟踪，通过不断修正驱动因素和假设条件，使对投资项目的分析、预测与评估更贴近于实际情况。

**3）财务模型特点**

一个好的财务模型应该具备以下特点：

（1）系统而高效的计算分析。

（2）灵活而准确的输入处理或逻辑变动功能。

（3）自动检查功能，能自动提示某些常见错误或异常结果。

（4）界面友好而简洁，可阅读性强。

**4）财务模型结构**

搭建财务模型应遵循模块化设计的原则，把模型分成相对独立的功能模块，每个模块内再区分为不同的独立区域。典型财务模型的功能模块主要由以下四个部分组成：

（1）输入模块：该模块全面纳入了对项目收益产生影响的各项参数并对其进行分类，实现了输入参数的高度归集。使用者可任意调整不同假设条件（例如投资计划、工程造价、融资方案等），并对不同条件和参数进行自由组合。

（2）模拟运算模块：该模块是财务模型的核心，是指将输入模块中归集的各种假设参数通过计算公式和程序将价值创造过程在各个表单中进行量化计算，并按不同财务科目大类进一步编制财务分析报表。主要包含财务报表和辅助测算表两部分内容。

（3）输出模块：该模块是汇总及展示包括主要假设条件、方案选择、财务指标等在内的主要信息。该部分应直观明了，方便审阅、分析和汇报。

（4）辅助模块：主要分为检查模块和过渡计算模块。其中，检查模块通常会在各表单和全模型两个层级上进行设定。各表单内主要是检查逻辑关系的准确性，全模型层级是检查关键指标结果是否合理。过渡计算模块主要是将一些特殊变量在项目期间的各个时间点上的具体取值列示出来，便于计算引用，如各年度实际运营天数、各时间点所对应价格标准等。

出色的财务模型可以帮助投资者有效地使用数据和信息，系统、深入且规范地分析问题，支持投资者进行科学的投资决策。

## 12. 企业人力资源数据模型

企业人力资源数据模型是用于管理和分析企业人力资源相关数据的模型。它提供了一个结构化的框架，用于组织和存储人力资源数据，并为企业的人力资源管理提供重要的信息支持。以下是一些常见的企业人力资源数据模型的组成部分：

（1）员工基本信息模型：包括员工的基本信息，如员工姓名、员工编号、入职日期、离职日期、岗位等。它用于记录和管理员工的个人资料和雇佣信息。

（2）组织结构模型：用于表示企业的组织结构，包括部门、分支机构、团队等。它可以帮助企业了解和管理各个部门和团队的人员组成和关系。

（3）职位信息模型：描述了企业内部各个职位的详细信息，如职位名称、职责、要求、薪资等。它可以支持企业制定合适的人才招聘和职位匹配策略。

（4）员工培训与发展模型：包括员工的培训和发展计划、培训课程、培训成果等信息。它帮助企业跟踪和管理员工的培训进程，提高员工的能力和技能水平。

（5）绩效管理模型：用于记录和管理员工的绩效评估结果、目标设定、奖励等信息。它可以帮助企业评估员工的工作表现，识别高绩效员工和制订绩效改进计划。

（6）福利与离职管理模型：这个模型涵盖员工福利计划、福利申请、福利发放情况，以及员工离职流程和离职原因等信息。它帮助企业管理和跟踪员工的福利待遇和离职情况。

（7）人才招聘模型：包括招聘需求、招聘渠道、候选人信息等。它帮助企业进行有效的人才招聘，找到适合岗位的人才。

合理的人力资源数据模型可以为企业提供人才储备、人才流动、人才培养等方面的支持，从而提高企业的创新能力和核心竞争力。通过科学的人力资源数据模型的规划，可以避免人力资源浪费、人员重复和招聘成本等问题，从而降低企业的人力资源成本，可以帮助企业预测未来的人力资源需求和供给情况，避免人才稀缺或人才过剩的情况，从而促进企业的可持续发展。

以下是企业人力资源数据模型建设的实践方法：

（1）确定研究范围和问题。在进行人力资源规划模型时，需要明确研究的范围和问题，例如企业战略目标、业务发展计划、人力资源结构、职业技能需求等。

（2）收集和处理数据。在收集和处理数据时，需要注意数据的准确性、可靠性和完整性，可以使用各种工具和方法，如问卷调查、访谈、专家评估、数据挖掘等。

（3）建立预测模型。在建立预测模型时，需要根据实际情况选择适当的模型，如线性规划模型、多元回归模型、层次分析法等，同时需要对模型进行检验和优化，确保预测结果的准确性和可靠性。

（4）制订人力资源规划方案。在制订人力资源规划方案时，需要根据预测结果和实际情况，制订合理的人力资源招聘、培养、激励和管理计划，并制订相应的实施计划和监控评估机制。

## 四、业务场景

业务场景是企业利用信息技术和数据来支持和改进其业务过程，以实现更高效、灵活和创新的运营模式。数字化转型通过业务场景将传统业务模式和流程通过数字技术和创新进行改造和优化，以提升企业的竞争力和效率。

业务场景通过数字化技术和数据分析，改善客户在购买、使用和与企业互动的全过程体验。例如，通过建立智能客服系统、移动应用和在线自助平台等，提供个性化、便捷的客户服务和支持。

业务场景利用物联网、大数据和区块链等技术，实现供应链各环节的协同和可追溯性，提高供应链的效率和可靠性。例如，通过物联网传感器实时监测和跟踪物流情况，使用区块链技术确保供应链信息的安全和透明。

业务场景利用数据分析、人工智能和机器学习等技术，进行数据驱动的决策和业务预测。通过对大量数据的收集、存储和分析，提供准确的业务洞察，支持决策和未来趋势预测。

业务场景应用物联网、机器人和自动化设备等技术，实现生产过程的自动化和智能化。例如，通过工业物联网连接和监控设备，自动收集和分析生产数据，实现生产过程的优化和智能化控制。

业务场景通过数字技术的创新和应用，开拓新的业务模式和市场机会。例如，通过云计算、区块链和人工智能等技术，构建数字化平台和生态系统，实现资源共享、新产品开发和创新合作。

通过定义清晰的业务场景，组织可以更好地理解数字化转型的目标和需求，并制订相应的战略和计划，以实现业务的增长和创新。

## 1. 业务场景分类

每个企业的数字化转型业务场景有所不同，需要根据实际情况进行定制化的设计和实施。数字化转型业务场景可以按照不同的维度进行分类，以下是几个常见的分类方式。

（1）按功能维度分类：

①客户体验优化：包括在线购物、个性化推荐、智能客服等场景，旨在提升客户满意度和忠诚度。

②生产流程优化：包括智能制造、物联网监控、自动化设备等场景，旨在提高生产效率和质量。

③数据驱动的决策：包括数据分析、预测模型、实时监控等场景，旨在支持决策和业务优化。

④供应链管理：包括供应链可追溯性、仓储物流优化、供应链协同等场景，旨在提高供应链的效率和可靠性。

⑤新业务模式创新：包括共享经济、数字平台建设、数字化创新合作等场景，旨在拓展新的商业机会和市场份额。

（2）按行业领域分类：

①零售与电商：包括线上线下融合、智能购物体验、供应链优化等场景。

②制造与工业：包括智能制造、物联网监控、数字化仿真等场景。

③金融与保险：包括数字化支付、智能风控、保险科技等场景。

④医疗与健康：包括远程医疗、医疗大数据分析、智能医疗设备等场景。

⑤教育与培训：包括在线教育、个性化学习、虚拟实境技术等场景。

⑥物流与运输：包括智能物流、无人驾驶、智能仓储等场景。

（3）按技术驱动分类：

①云计算与大数据：包括云服务、弹性计算、大数据分析等技术的应用。

②物联网与传感器：包括智能设备连接、实时数据采集等技术的应用。

③人工智能与机器学习：包括自动化决策、智能推荐、自然语言处理等技术的应用。

④区块链与加密技术：包括安全数据交换、数字身份认证等技术的应用。

⑤虚拟现实与增强现实：包括虚拟仿真、沉浸式体验等技术的应用。

在具体实施数字化转型时，企业可以根据自身的需求和条件，选择适合的分类方式和相关场景进行深入探索和应用。

## 2. 规范业务场景设计

从业务全景化、标准化、模块化入手，利用业务切片规范业务场景设计，支持数字化转型项目方案编制，建设真正可推广、可复用的应用场景，减少信息化重复投资、反复建设和信息孤岛，提升数字化转型效果。

（1）业务全景化：通过业务全景图，深入了解和分析企业自身的业务，将业务模块和流程进行全景化的展示和记录。这包括业务的整体概况、流程、组织结构、数据流动等方面的内容。通过业务全景化，可以形成对业务的全面认知和把握。

（2）标准化：通过业务切片在业务全景化的基础上，对业务进行标准化的规范和设计。这包括统一业务流程、数据标准、接口规范等方面的标准化措施。通过标准化，可以提高业务的一致性、可维护性和互操作性。

（3）模块化：将业务需求划分为模块化的组件和功能，使其能够独立存在和复用。通过将业务切片成可独立开发、部署和运行的模块，可以实现业务的快速定制和灵活组合，减少信息化的重复投资和反复建设。

（4）模板标准化：在实施数字化转型项目时，重点关注构建可推广和可复用的应用场景，对场景应用的模板化进行标准化。这意味着在设计和开发应用场景时，考虑到不同部门、不同业务的需求，提供通用的功能和接口，以满足更广泛的业务应用。

（5）技术标准化：制定和执行技术标准，确保技术选择和实施方式的一致性。这有助于减少技术集成和维护的复杂性，提高系统的可靠性和可维护性。将技术功能和组件拆解成可重用和可替换的模块，使得数字化转型项目可以基于模块化的方式设计和开发。这有助于降低技术开发的成本和风险，并提高技术的可扩展性和适应性。

## 3. 通过试点建设标准化模板

整理业务场景，将试点企业已经完成的数字化转型场景整理形成标准化模板。收集已完成的数字化转型场景，这些场景可以包括企业内部的业务流程优化、生产方式改进、供应链管理优化、数据分析和决策支持等方面。对收集到的数字化转型场景进行归纳总结，提取出每个场景的要点和关键步骤。将这些要点和步骤进行规范化和标准化，以便可以在其他企业中进行应用和推广。

根据归纳总结的场景要点和步骤，制定标准化模板。该模板应包括场景描述、关键步骤、所需技术工具和资源、实施方法和时间计划等信息。确保模板的清晰、易于理解和操作。将制定的标准化模板应用到其他企业中，验证其适用性和有效性。通过实际应用和反馈，不断修订和改进模板，使其更符合实际情况和不同企业的需求。

将修订后的标准化模板进行推广和培训，让更多的企业可以借鉴和应用这些数字化转型场景。可以通过举办培训班、发布技术文档和案例分享等方式，向企业传授使用模板的方法和技巧。建立一个持续优化和更新的机制，不断收集和整理新的数字化转型场景，并更新标准化模板。随着技术和业务的发展，不断优化和更新模板，确保其与时俱进。

通过整理和标准化试点企业已经完成的数字化转型场景，可以促进数字化转型经验的复用和共享，提高数字化转型的效率和质量。同时，也可以为其他企业提供一个参考和指导，帮助它们更好地进行数字化转型。

## 4. 业务场景实现统一共享和集成应用

各业务领域按照数字化转型顶层设计模板要求完成总体架构、业务架构、技术架构、数据架构和应用架构设计，并在数字化转型过程中持续进行调整和优化。

（1）总体架构设计是整个数字化转型的顶层设计，它涵盖了企业的战略目标、业务需求和技术能力，以及数字化转型的路线图和计划。总体架构设计需要考虑企业的组织结构、业务流程、信息流程和决策流程的整合和优化。

（2）业务架构设计关注业务过程和价值链的优化和整合。它包括了解各个业务环节的输入、处理和输出，明确业务活动的顺序和依赖关系。业务架构设计需要考虑业务流程的自动化、流程的标准化和优化，以及业务规则和策略的制定。

（3）技术架构设计关注数字化转型所需的技术基础设施和应用系统。它包括硬件、软件、网络、数据库等方面的设计和规划。技术架构设计需要考虑安全性、可靠性、可扩展性和性能等因素，确保技术基础设施能够满足业务需求。

（4）数据架构设计关注数据的采集、存储、处理和分析。它涉及数据模型、数据仓库、数据集成和数据分析技术的选择和设计。数据架构设计需要考虑数据的一致性、可用性、安全性和有效性，以及数据质量和数据治理的规划和管理。

（5）应用架构设计关注数字化转型所需的应用系统和应用程序的设计和开发。它包括用户界面、业务逻辑、数据处理和集成等方面的设计。应用架构设计需要考虑系统的易用性、可维护性、可扩展性和互操作性，以支持业务流程的自动化和优化。

在数字化转型过程中，架构设计不是一次性完成的，而是需要不断调整和优化的。随着业务需求的变化和技术的发展，不断进行架构设计的评估和调整，确保数字化转型的顶层设计能够持续满足业务需求和技术要求。这将帮助企业实现数字化转型的目标，提高业务的效率和竞争力。

## 5. 数字化转型项目方案对业务场景的要求

在项目可行性研究报告编制阶段，需补充完善本业务领域或本单位业务切片，说明项目实施场景覆盖业务切片的范围及相关数字化转型业务指标变化情况，为项目效益测算和领导决策提供依据。

（1）识别业务切片：根据企业的业务领域和组织结构，识别关键的业务切片。这可以是业务流程的不同环节或是不同业务单元的职责范围。

（2）了解业务切片的现状：对每个业务切片进行现状分析，了解当前的业务流程、数据管理方式、系统应用情况等。收集和整理与业务切片相关的数据和信息。

（3）确定项目实施场景：根据项目的目标和范围，确定项目实施场景覆盖的业务切片。这涉及业务切片的边界、涉及的流程和数据，以及与其他业务切片的关系。

（4）分析业务指标的变化情况：对于涉及的每个业务切片，分析数字化转型所带来的业务指标的变化情况。这可能包括效率的提高、成本的降低、准确性的提升、客户满意度的提升等方面的变化。

（5）进行项目效益测算：基于业务指标的变化情况，进行项目效益测算。考虑项目的成本、收益和风险等方面，计算项目的投资回报率（ROI）、净现值（NPV）等指标。

（6）提供领导决策依据：将业务切片的完善和项目效益测算的结果整理成可理解和可使用的文档或报告，提供给领导层进行决策。这些依据可以帮助领导层在项目可行性研究阶段评估项目的战略意义和效益潜力，并做出是否继续推进项目的决策。

## 6. 数字化转型项目详细设计对业务场景的要求

在项目详细设计阶段，确保完善项目各类数据标准，划分数字化模型，并设计可复制、可推广、可借鉴和可操作性的数据模型和功能模块，是非常重要的一步。

（1）数据标准完善：根据业务需求和行业标准，对项目所涉及的各类数据进行标准化。这包括数据格式、命名规范、数据质量要求、数据安全性要求等方面。确保数据标准的一致性和可用性，以支持数据共享和应用的能力提升。

（2）数字化模型划分：根据业务流程和需求，对数字化模型进行划分和组织。将复杂的业务流程拆解成模块化的数字化模型，确保每个模型都能独立运行和扩展。确保数字化模型的一致性和可重复性，以支持可复制和可推广的能力。

（3）设计可复制的数字化模型：基于业务需求和数据标准，设计可复制的数据模型。这包括数据实体、关系、属性、约束等方面的设计。将数字化模型设计为可重复使用和可扩展的形式，以支持不同业务场景的应用和共享。

（4）设计可推广的功能模块：将业务功能拆解成可推广的模块，设计通用的功能模块和接口。确保功能模块的可复用性和可替换性，以支持不同业务场景的配置和定制。

（5）提升共享应用能力：通过设计和实现数据共享和应用集成的机制，提升共享应用的能力。这可以包括数据集成接口、开放API、数据共享平台等方面的设计。确保数据的安全性和隐私性，同时提供易用和灵活的共享能力。

通过完善项目各类数据标准，划分数字化模型，并设计可复制、可推广、可借鉴和可操作性的数据模型和功能模块，可以提升共享应用的能力，并确保项目的可持续发展和扩展性。这将有助于减少重复开发和维护的工作，提高数字化转型的效率和效果。同时，这也为其他类似业务领域或其他单位的数字化转型提供了可借鉴和借用的模型和经验。

## 7. 业务中台统一业务场景建设思路

基于业务切片和数据标准，在云平台 PaaS 层中构建相关业务领域中台服务能力，形成可复用的业务组件、数据模型和功能模块，支持业务场景灵活定制，减少数字化转型过程中业务流程不断优化所带来的重复建设工作，提高应用需求响应能力。以下是一些关键的步骤和要点：

（1）定义业务中台的范围和目标：根据业务切片和数据标准，确定业务中台的范围和目标。考虑业务流程的关键环节和数据需求，确定中台的核心功能和服务。

（2）构建业务组件和数据模型：基于业务切片和数据标准，构建可复用的业务组件和数据模型。这可以包括通用的业务逻辑、数据处理模块、数据集成接口等。确保业务组件和数据模型的可扩展性和灵活性，以应对不同的业务场景和需求。

（3）设计中台服务能力：定义并设计中台服务能力，包括业务流程管理、数据管理、权限管理、集成能力等方面。这些服务能力可以以 PaaS 服务的形式提供，以支持业务场景的灵活定制和快速开发。

（4）实现中台服务能力：基于云平台的技术和工具，实现业务中台的服务能力。这可能涉及开发和集成相关的业务组件和数据模型，以及开发相应的 API 和接口。

（5）提供灵活定制的业务场景：基于中台服务能力，提供灵活定制的业务场景。这可以包括业务流程的配置、数据模型的扩展、界面的定制等。确保业务场景的适应性和可维护性，以满足不断优化的业务需求。

同时，这也能够提高系统的灵活性和可维护性，为未来业务的变化和扩展提供基础。

## 8. 典型业务场景设计步骤

### 1）数字化营销推广场景设计

开展数字化营销推广场景设计时，可以按照以下步骤进行顶层设计：

（1）确定目标受众：明确数字化营销推广的目标受众，例如潜在客户、现有客户等。了解目标受众的特点、需求和行为，以便设计相应的营销推广策略。

（2）确定业务目标：根据企业的营销目标和数字化转型策略，明确数字化营销推广的业务目标，如增加品牌知名度、提高销售转化率、增加客户参与度等。

（3）确定推广渠道：确定数字化营销推广的渠道，如社交媒体、搜索引擎、电子邮件、短信营销等。根据目标受众的特点和行为选择合适的渠道。

（4）设计用户体验：设计优秀的用户体验，包括网站、应用程序、广告页面等。确保用户界面简洁、直观，易于导航和使用，以提高用户参与度和转化率。

（5）制定内容营销策略：根据目标受众的需求和行为，制定内容营销策略。为目标受众提供有价值的内容，如文章、视频、博客等，以吸引和留住目标受众。

（6）进行数据分析与优化：在数字化营销推广过程中，进行数据分析和优化。

通过分析用户行为和数据指标，评估营销效果，优化营销策略和推广活动。

（1）整合营销自动化工具：利用营销自动化工具，实现数字化营销推广的自动化和智能化，如邮件营销工具、社交媒体管理工具、数据分析工具等，提高营销效率和效果。

（2）建立跟踪与评估机制：建立数字化营销推广的跟踪与评估机制，监控营销效果和ROI。根据评估结果，及时调整营销策略和推广活动。

**2）数字化采购场景设计**

开展数字化采购场景设计时，可以按照以下步骤进行顶层设计：

（1）确定采购目标：明确数字化采购的目标，例如降低采购成本、提高采购效率、优化供应链管理等。确保数字化采购场景设计与业务目标相一致。

（2）确定采购流程：分析当前的采购流程，包括采购需求生成、供应商选择、采购订单管理等。理解每个环节的需求和问题，以便在数字化转型中进行优化和改进。

（3）选择数字化工具和平台：根据需求和目标，选择适合的数字化采购工具和平台。这可能包括电子采购系统、供应链管理软件、在线招标平台等。确保选取的工具和平台能够满足业务需求，并具备可扩展性和可定制性。

（4）整合供应商和系统接口：与关键供应商和内部系统进行接口整合，实现信息的自动化交换和数据的实时更新。确保数字化采购场景与供应商和其他系统的协同工作。

（5）设计采购数据分析与决策支持：建立采购数据分析和决策支持系统，以便根据数据指标进行采购决策。使用数据分析技术和工具，优化供应商选择、采购成本控制等关键决策。

（6）实施电子化采购文件管理：建立电子化采购文件管理系统，以便实现采购文件的电子化、存储和检索。确保采购文件的安全性和可追溯性，提高工作效率和合规性。

（7）建立供应商评估和绩效管理机制：建立供应商评估和绩效管理机制，根据关键绩效指标对供应商进行评估和奖惩。通过数字化采购场景提供数据支持，确保供应商的质量和服务水平。

（8）引入人工智能技术和自动化流程：在数字化采购场景中引入人工智能技术和自动化流程，如自动化审批、智能推荐供应商等。提高采购流程的效率和准确性。

**3）数字化供应链场景设计**

数字化供应链场景设计可以根据组织的需求和目标制定，以下是一些常见的数字化供应链场景设计示例：

（1）实时供应链监控：

——利用物联网和传感器技术，实时监测供应链各个节点的物流、温度、湿度等参数，并通过云平台实时收集、存储和分析数据。

——基于收集到的数据，建立预警系统和智能报表，及时发现和解决潜在的供应链问题，并优化运输和存储环节。

（2）物流跟踪和可追溯性：

——使用物联网和区块链技术，对货物进行实时追踪和记录，确保货物在供应链中的可追溯性和真实性。

——通过区块链技术，留下不可篡改的记录，确保供应链信息的安全和透明，消除数据造假和欺诈问题。

（3）自动化仓储和配送：

——引入机器人和自动化设备，实现仓库的自动化操作，包括自动存储和取货、装载和拣选等。

——利用智能算法和优化模型，实现自动化配送路径规划和调度，提高配送效率和准确性。

（4）供应链协同和合作：

——建立数字化平台，实现供应链各方的实时协同合作和信息共享，优化供应链各环节的协同效率。

——运用物联网和大数据技术，对供应链中的供应商和合作伙伴进行评估和监控，提高供应链可靠性和绩效。

（5）数据驱动的供应链决策：

——建立数据分析平台和预测模型，通过对供应链的历史数据和实时数据进行分析和挖掘，提供供应链决策的依据和优化方案。

——运用机器学习和人工智能技术，对供应链中的需求、库存、交通等进行预测和优化，实现自动化的供应链决策。

（6）供应链金融和支付：

——引入数字货币和智能合约技术，实现供应链金融的数字化和自动化，加快供应链资金流动和支付效率。

——建立供应链金融平台，提供供应链融资、结算和风险管理等服务，增加供应链各方的信任和合作。

### 4）数字化生产制造场景设计

数字化生产制造场景设计可以根据组织的需求和目标进行设计，以下是一些常见的数字化生产制造场景设计示例：

（1）智能工厂和物联网连接：

——将传感器和物联网技术应用于生产设备和工序中，实现设备的连接和实时数据监测。

——实时收集设备运行状况、生产数据和质量指标，通过云平台进行数据分析和监控，提高生产效率和质量。

（2）数字化生产计划和排程：

——建立数字化生产计划和排程系统，利用数据分析和优化算法，实现生产资源的合理调配和产能的最大化。

——基于实时生产数据和需求变化，动态调整生产计划和排程，提高生产响应速度和灵活性。

（3）智能制造和机器人自动化：

——引入智能机器人和自动化设备，实现生产线的机器人化和自动化操作。

——利用机器学习和视觉识别技术，实现机器人的自主学习和智能决策，提高生产灵活性和自动化程度。

（4）数据驱动的质量管理：

——利用传感器和数据分析技术，实时监测产品质量和生产过程中的质量指标。

——建立数据驱动的质量管理系统，利用数据分析和模型预测，提前发现潜在质量问题并采取相应措施。

（5）物联网供应链协同：

——建立与供应链系统的物联网连接，实现与供应商和合作伙伴的实时数据交换和协同合作。

——利用物联网技术，实现物料和零部件的追溯和管理，提高供应链的可靠性和效率。

（6）虚拟实境技术支持：

——利用虚拟实境技术，实现产品设计和制造过程的可视化和模拟。

——基于虚拟实境，进行产品的 3D 建模和装配仿真，提前发现设计和制造中的问题，减少成本和风险。

（7）加强安全和安全性管理：

——应用数字化技术和安全传感器，实现生产环境和设备的安全监测和管理。

——通过数据分析和模型预测，提前发现潜在安全风险并采取措施，确保生产过程的安全性和可靠性。

## 五、数字化转型指标体系

数字化转型指标体系是企业对数字化转型过程中的关键业务、信息技术、数据和运营指标进行量化和评估的指标。它能够帮助企业管理者了解数字化转型的进程和效果，对数字化转型过程的风险和潜在问题进行评估和监控，以便更好地制定数字化转型策略和规划。

数字化转型指标体系的建立需要考虑企业数字化转型的实际情况和需求。

### 1. 业务指标

业务指标体系是指按照一定规则和方法，对企业的业务活动进行分类、量化、评估和监控的指标体系。它是评价企业业务活动表现和成果的重要手段。业务指标体系的目的是帮助企业管理者掌握各个业务领域的发展情况和趋势，从而及时发现问题、制定对策、改进业务流程并提高企业的价值。

业务指标体系的建立需要考虑业务的性质、目标、规模、范围和所处的环境等因素。在建立业务指标体系时需要坚持目标导向、绩效评估、可操作性、可比较性、可追溯性等原则。

（1）目标导向：业务指标体系应该按照企业的战略目标和经营方针设计，确保每个指标都能够支持企业或组织的战略和目标。

（2）绩效评估：业务指标体系应该涵盖企业业务活动的各个方面，并能够评估企业或组织的业务表现和绩效。

（3）可操作性：业务指标体系应该具有可操作性，即企业应该能够通过改变业务流程、资源配置等手段来改善业务指标表现。

（4）可比性：业务指标体系应该具有可比性，即不同业务领域的指标应该具有可比性，可以进行跨部门、跨行业和跨地域的比较。

（5）可追溯性：业务指标体系应该具有可追溯性，即企业应该能够追溯每个指标的来源、计算方法和数据来源。

数字化转型业务指标体系是关键的数据指标，旨在最大化数字化转型效果和价值，帮助企业实现长期可持续发展和竞争力。根据经验，归纳总结了以下十个方面的数字化转型定量指标和定性指标：

（1）业务发展。创新业务，建设完整数据链支持主营业务的革新，快速实践新业务模式，持续形成新商业输出。

定量指标包括：业务切片数字化覆盖率、作业队伍数字化覆盖率、生产单元数字化覆盖率等。

定性指标包括：调整业务模式，形成线上闭环审批工作模式情况描述；创新业务功能，核心报表自动生成、线上审核、共享共用情况描述；优化工序和工艺情况等。

（2）管理变革。促进企业流程再造，改变企业生产模式、研发模式、管理模式和决策支持模式，加强科学管理、精细管理，降低内部沟通和管理成本，通过管理创新激发企业内在潜力，达到提质增效的目的，推动企业高质量发展迈上新台阶。

定量指标包括：业务流程线上率、无人值守率、组织机构压减率等。

定性指标包括：流程再造和优化，构建两级公司重点领域统一监控、预警、调度的智能运营体系，解决两级专业协同、信息共享不充分问题，提升两级单位调度指挥与管理决策能力情况描述；压缩层级，优化专业公司和地区公司的组织架构，推行管理扁平化，合理设置各管理层级的职能部门，减少机构重叠和职能交叉情况描述；改变作业模式，推进业务流程线上管理，实现重点作业环节信息采集汇总，多维指标数据自动汇算填报、编制、上报、审批、下达、执行跟踪的双向闭环通道情况描述等。

（3）资源共享。提高软件、硬件、流程、数据等共享程度，促进企业实现财务、人力资源、信息、法律等平台化共享。

定量指标包括：工业软件共享率、硬件资源共享率、计算资源容器化率、云化实施情况、云原生比例、数据入湖率等。

定性指标包括：数据共享，关键业务场景数据的分类分级共享情况描述；专业云服务共享，构建上游四类业务中台，部分业务由中台支撑，具备大数据分析计算和装配式构建业务应用的能力情况描述等。

（4）质量提升。促进现场操作的标准化和规范化、服务的精准化。

定量指标包括：提高产量、数据自动采集率、凭证自动生产率等。

定性指标包括：数据服务生成率，技术人员完成部分步骤数据生成情况描述；数据入湖标准化，入湖流程、标准及工具初步标准化情况描述；用户自助情况，自助配置简单数据质控、评估场景情况描述；微服务治理水平，实现技术标准化情况描述；数据治理要求达标情况描述等。

（5）降低成本。生产精准供料，精准采购、精准物流和库存，电子销售、线上销售、精准营销、统筹数字销售策略等，打造产、供、销数字化，大幅度降低成本。

定量指标包括：节能降费、无纸化率、降低数据获取成本等。

定性指标包括：业务单元成本变化，企业储运生产集中统一调度指挥情况描述等。

（6）提高效率。全生命周期数字化管理，提高生产、管理、研发效率，保证前后端协同一体，减少变更和返工，提高生产、管理和决策效率。

定量指标包括：劳动生产率提高比例、报表自动生成率、前后方协同决策效率提升、应用装配式构建率、业务模型数量等。

定性指标包括：研发提速情况；模型迭代更新速度，节点网格模型更新能力情况描述等。

（7）保障安全。生产作业过程虚拟和现实动态联动、全程数据支持，设备、工艺、QHSE、视频全过程施工协同监管，变革传统安全操作模式，提高生产安全监控、提前预警和应急处置能力。

定量指标包括：风险预警率、异常自动诊断率、业务差错率等。

定性指标包括：提前预警情况描述；高风险管控情况描述；异常情况远程处置，构建远程异常处理机制情况描述等。

（8）队伍建设。集中业务培养专家，生产与研发统一平台，后线变前线，专家聚集做方案、诊断故障和远程指挥，缩短获取数据的时间，提高研究成果验证的速度，使得专家研究与生产结合更加紧密，快速培养适合企业生产、管理和决策支持的专家。

定量指标包括：前后方专家协同率、专家比例变化、数字化员工比例等。

定性指标包括：业务人员培训，具备切实解决数字化转型问题的能力情况描述等。

（9）优化岗位。操作岗位数字化全覆盖、管理岗位和决策支持岗位部分覆盖，减少重复录入和人工录入，避免大量重复性、机械性的事务工作占据岗位，减少管理层级。

定量指标包括：覆盖操作岗位、减少用工数量等。

定性指标包括：电子巡检情况描述；智能生产调度情况等。

（10）培育生态。不断优化支撑主营业务的生态环境，利用数字化能力对接优势企业，布局产业生态，发挥平台经济规模效应，树立竞争优势。

定量指标包括：数字化交付率等。

定性指标包括：对合作伙伴管理，每个关键技术领域合作伙伴选择情况描述；内外协同，合作伙伴能进行辅助性的开发工作情况描述；甲乙方协同情况描述等。

## 2. 技术指标

信息技术指标体系是指对企业的信息技术应用和发展情况进行度量和评价的指标体系。它能够帮助企业管理者了解信息技术应用和发展的现状、趋势和问题，为信息技术决策和规划提供有效的依据。

技术指标从企业统一技术架构的六个层次，从上到下进行分类：

（1）展示层。数字化技术指标体系中的展示层指标主要衡量数字化转型对用户体验和界面设计的影响，包括应用响应时间、系统代码自主可控率、数据模型数量、业务单元数量、界面友好度、应用自动化率等。以下是一些常见的展示层指标：

①用户界面易用性指标：
——平均学习时间：衡量用户学习和掌握系统界面的时间。
——任务成功率：衡量用户在界面上完成任务的成功率。
——错误率：衡量用户在使用界面时出现错误的频率。

②用户界面效率指标：
——操作速度：衡量用户在界面上完成任务所需的时间。
——界面导航效率：衡量用户在界面上进行导航和跳转的速度和准确性。

③用户界面满意度指标：
——用户满意度调查：通过用户反馈和调查问卷评估用户对界面设计的满意度。

——使用意愿：衡量用户是否愿意继续使用和推荐界面。

④响应速度指标：

——系统响应时间：衡量用户发出请求后系统给出响应的时间。

——页面加载时间：衡量页面加载所需的时间。

（2）应用层。数字化技术指标体系中的应用层指标主要衡量数字化转型对业务应用和业务流程的影响，包括接口数量、整合系统数量、子系统数量、场景数量、流程数量、功能模块（算法）数量、用户界面优化、用户满意度等。以下是一些常见的应用层指标：

①业务流程效率指标：

——流程自动化率：衡量业务流程中自动化环节的比例，反映数字化转型对业务流程的自动化程度。

——平均处理时间：衡量完成一个业务流程所需的平均时间，反映数字化转型对流程效率的影响。

——业务处理准确率：衡量业务处理的准确性，反映数字化转型对业务流程的影响。

②业务应用可用性指标：

——系统可靠性：衡量业务应用系统的稳定性和可靠性，包括系统的可用时间、故障率等。

——系统响应时间：衡量业务应用系统对用户请求的响应速度。

——系统可扩展性：衡量业务应用系统能够满足不断增长的业务需求并支持扩展的能力。

③业务数据质量指标：

——数据准确性：衡量业务数据的准确性和完整性。

——数据可访问性：衡量业务数据的访问和查询的便捷程度。

——数据安全性：衡量业务数据的保密性和防护能力。

④业务创新指标：

——新产品/服务推出速度：衡量数字化转型对新产品/服务推出的速度和效率。

——创新合作伙伴数量：衡量数字化转型对创新合作伙伴的增加程度。

——创新业务模式数量：衡量数字化转型对创新业务模式的引入和实施情况。

（3）数据层。数字化转型离不开清晰的数据技术支持，包括数据库类别和数量、数据保密级别、数据资源目录、数据资产目录、数据标准等。例如，数据采集可以用数据源数和数据采集速度来衡量，数据存储可以用容量、速度和数据可靠性来衡量，数据分析可以用数据仪表盘、数据挖掘和机器学习算法来衡量。数字化技术指标体系中的数据层指标主要衡量数字化转型对数据管理和数据驱动决策的影响。以下是一些常见的数据层指标：

①数据质量指标：

——数据准确性：衡量数据的准确性和完整性。

——数据一致性：衡量不同数据源之间的数据一致性和匹配程度。

——数据完整性：衡量数据是否完整，是否存在重复、缺失或错误。

②数据安全指标：

——数据备份和恢复能力：衡量数据备份和恢复的能力及效率。

——数据访问权限控制：衡量数据访问权限管理的粒度和安全性。

——数据加密和脱敏：衡量对敏感数据的加密和脱敏程度。

③数据可访问性指标：

——数据查询效率：衡量数据查询的速度和响应时间。

——数据集成能力：衡量不同数据源之间数据集成的能力和效率。

——数据共享和协作：衡量数据共享和协作的便利程度和效果。

④数据驱动决策指标：

——数据可视化能力：衡量数据以可视化形式呈现的能力和效果。

——数据分析和挖掘能力：衡量对数据进行分析和挖掘的能力和效果。

——数据驱动的决策效果：衡量数据驱动决策的效果和业绩提升情况。

（4）平台层。数字化技术指标体系中的平台层指标主要衡量数字化转型中所采用的技术平台和基础设施的效能及影响，包括云平台类型、需要资源（计算资源、存储资源和网络资源）、需要 IaaS 服务类别、需要 PaaS 服务类别、新技术应用情况等。以下是一些常见的平台层指标：

①技术平台可靠性指标：

——平台可用时间：衡量技术平台的可用时间和稳定性。

——故障率：衡量技术平台发生故障的频率和影响。

②技术平台性能指标：

——平台响应时间：衡量技术平台对用户请求的响应速度。

——处理能力：衡量技术平台支持的并发用户数和数据处理能力。

③技术平台安全指标：

——安全性：衡量技术平台的安全性能，包括防火墙、入侵检测等安全措施。

——数据隐私保护：衡量技术平台对用户数据的隐私保护措施。

④技术平台可扩展性指标：

——扩展性：衡量技术平台支持业务增长和用户增加的能力。

——弹性：衡量技术平台在业务压力增加时的适应能力。

（5）边缘层。数字化技术指标体系中的边缘层指标主要衡量数字化转型中边缘计算和边缘设备的效能和影响。边缘计算是指将计算能力和数据处理能力推进数据源和终端设备，实现更低延迟、更高效的数据处理，包括需要带宽、专网类别、传输协议、网络安全级别等。以下是一些常见的边缘层指标：

①边缘设备可靠性指标：
——可用时间：衡量边缘设备的可用时间和稳定性。
——故障率：衡量边缘设备发生故障的频率和影响。

②边缘数据安全指标：
——数据加密和隐私保护：衡量边缘设备对数据的安全保护措施，包括数据加密、隐私保护等。
——数据传输安全性：衡量边缘计算节点与云端数据中心之间数据传输的安全性。

③边缘网络效能指标：
——网络延迟：衡量边缘计算节点与终端设备之间的网络延迟。
——带宽利用率：衡量边缘计算节点与云端数据中心之间的带宽利用效率。

（6）设备和设施层。物联网和区块链技术的发展和应用可以促进数字化转型的全面升级，包括物联网设备数量和连接稳定性、区块链架构的可靠性和安全性等方面的指标。例如，物联网设备可以用接入设备数量、设备密度和连接质量来衡量；区块链架构可以用区块链存储量、交易量和链的完整性来衡量。以下是一些常见的物联网层指标：

①连接性指标：

——物联网设备连接数量：衡量物联网中连接的设备数量。

——连接稳定性：衡量物联网设备连接的可靠性和稳定性。

②数据传输指标：

——数据传输速率：衡量物联网设备之间数据传输的速率和带宽。

——数据处理延迟：衡量物联网设备处理数据所需的延迟时间。

③远程监控和控制指标：

——远程监控能力：衡量物联网中对设备进行远程监控的能力和效果。

——远程控制能力：衡量物联网中对设备进行远程控制的能力和效果。

④数据安全和隐私指标：

——数据加密和隐私保护：衡量物联网对数据的加密和隐私保护措施。

——设备身份验证：衡量物联网中对设备身份进行验证的机制。

技术指标举例说明见表 1。

**表 1　技术指标举例说明**

| 序号 | 类别 | 定量指标分析 | 定性指标分析 |
|---|---|---|---|
| 1 | 展示层 | 应用响应时间：<br>系统代码国产化率：<br>数据模型数量：<br>业务单元数量： | 界面友好度<br>应用自动化率<br>无纸化率 |
| 2 | 应用层 | 接口数量：<br>整合系统数量：<br>子系统数量：<br>场景数量：<br>流程数量：<br>功能模块（算法）数量： | 用户界面优化<br>用户满意度 |

续表

| 序号 | 类别 | 定量指标分析 | 定性指标分析 |
| --- | --- | --- | --- |
| 3 | 数据层 | 数据库类别和数量：<br>数据保密级别： | 数据资源目录<br>数据资产目录<br>数据标准 |
| 4 | 平台层 | 云平台类型：<br>需要计算资源、存储资源和网络资源：<br>需要 IaaS 服务类别：<br>需要 PaaS 服务类别： | 新技术应用情况 |
| 5 | 边缘层 | 需要带宽： | 专网类别<br>传输协议<br>网络安全级别 |
| 6 | 设备和设施层 | 数据自动采集率：<br>传感器类别和数量： | 设备设施国产化率 |

## 3. 数据指标

由于数字化转型依赖于数据的采集、存储、分析和应用，可以定义一些与数据相关的指标，如数据质量、数据整合能力、数据分析能力等。这些指标可以衡量企业在数据驱动决策和创新方面的能力。数字化转型数据指标体系是衡量企业数字化转型数据效果的关键数据指标体系，它可以反映数字化转型过程中数据应用和利用的能力和效果。以下是数字化转型数据指标体系的几个常见的指标：

（1）数据组织管理。数字化数据指标体系中的数据组织管理指标主要衡量数字化转型中对数据组织和管理的影响和效果。以下是一些常见的数据组织管理指标：

①数据管理岗位数量：

——各业务领域数据长、数据专家、数据目录管理等数据标准管理岗位落实情况；各业务数据采集、数据审核、数据管理员等数据操作岗位数量。

——数据管理组织健全：企业数据管理的组织机构是否健全，企业要求管理体系落地执行情况；或者项目数据工作安排与数据管理组织的匹配度。

——数据管理制度完备：企业或项目是否遵照要求编制相关领域的数据管理细则等制度。

②数据架构指标：

——数据模型的规范性：衡量数据模型的规范性和适应性。

——数据库设计的规范性：衡量数据库设计的规范性和合理性。

③数据分类和标准化指标：

——数据分类的准确性：衡量数据分类的准确性和合理性。

——数据标准化程度：衡量数据标准化的程度和效果。

④数据集成和存储指标：

——数据集成的效率：衡量数据集成的速度和效率。

——数据存储的可扩展性：衡量数据存储系统的可扩展性和容量管理能力。

⑤元数据管理指标：

——元数据完整性：衡量元数据的完整性和准确性。

——元数据可发现性：衡量元数据的可发现程度和使用便利性。

这些指标可以帮助评估数字化转型中对数据组织和管理的影响及效果，从而优化数据架构、提高数据集成效率、统一数据分类和标准化。具体的指标选择和定义应根据具体业务和数据特点进行调整和优化。同时，数据组织管理指标的监测和评估可以通过数据模型评审、数据分类准确性评估、元数据管理系统的评估等方法来获取数据并进行分析。

（2）数据架构管控。数字化数据指标体系中的数据架构管控指标主要衡量数字化转型中数据架构的管理和控制的效果及影响。数据架构是指对数据进行组织和结构化的框架，包括数据模型、数据存储、数据流程等。以下是一些常见的数据架构管控指标：

①数据源纳管率：

——数据湖管理工具管理的数据源数量 / 企业总体或项目涉及数据源数量。

——专业数据库数量：企业管理的专业数据库按照物理实例统计数。

——数据模型数量：包括生产运营数据模型、管理数据模型和决策数据模型、专业领域标准模型等的总数。

——资源目录完整度：按照专业公司资源目录的 L1-L4 的内容，各企业完成资源目录节点管理元数据维护数 / 总节点数；项目则根据其涉及的范围进行检测。

——架构遵循：企业或者项目的数据架构与企业要求的是否匹配。

——数据源头的唯一性：企业数据采集的源头是否唯一；项目新增的数据采集是否符合源头唯一性要求。

——资源目录落实：企业是否基于专业公司资源目录进行落实和分解。

②数据模型管理指标：

——数据模型的规范性和一致性：衡量数据模型的规范性和不同数据模型之间的一致性。

——数据模型变更管理：衡量数据模型的变更管理流程和效果。

③数据存储管理指标：

——数据库设计的规范性和优化程度：衡量数据库设计的规范

性和性能优化程度。

——数据库版本管理和变更控制：衡量数据库版本管理和变更控制的实施情况。

④数据流程管理指标：

——数据采集和传输管控：衡量数据采集和传输过程中的管控措施和效果。

——数据清洗和转换管控：衡量数据清洗和转换过程中的管控措施和效果。

⑤元数据管理指标：

——元数据准确性和完整性：衡量元数据的准确性和完整性。

——元数据发现和利用情况：衡量元数据的发现和利用程度。

这些指标可以帮助评估数字化转型中对数据架构的管理和控制的效果和影响，进而优化数据模型管理、数据存储管理、数据流程管理和元数据管理。同时，数据架构管控指标的监测和评估可以通过数据模型审核、数据库优化评估、数据流程管控效果评估及元数据管理系统的调研等方法来获取数据并进行分析。

（3）数据质量。数字化数据指标体系中的数据质量指标主要衡量数字化转型中数据的准确性、一致性、完整性和可信度等方面的质量。以下是一些常见的数据质量指标：

①主数据发布率：

——企业标准化实体在数据服务地图发布数量/企业实际实体数量。

——物联网数据接入率：企业物联网采集时序数据入湖展现的点位数/企业建设总点位数。

——业务数据入湖链路完整度：企业数据服务地图可观测入湖数据类别/企业资源目录涉及应入湖数据类别数。

——入湖数据量：企业按照分类入湖管理的数据量统计情况。

——数据建模情况：企业围绕业务活动相关的数据记录、分析和控制建立的数据模型数量。

——数据质量综合评估得分：企业按照专业公司制定的数据质量评估模型，从数据的及时性、完整性、准确性综合测算的分值。

——数据资产目录建立：企业是否按照专业公司及企业要求建立数据资产目录。

②数据准确性指标：

——数据错误率：衡量数据中错误数据的百分比或数量。

——数据验证通过率：衡量数据通过验证的比例或数量。

③数据一致性指标：

——数据一致性检查：衡量数据在不同数据源之间的一致性。

——数据冗余度：衡量数据中的重复和冗余程度。

④数据完整性指标：

——数据缺失率：衡量数据缺失的比例或数量。

——数据完整性检查：衡量数据在不同数据源之间的完整性。

⑤数据可信度指标：

——数据来源可信度：衡量数据来源的可信度和可靠性。

——数据异常率：衡量数据中异常数据的比例或数量。

这些指标可以帮助评估数字化转型中数据质量的情况，发现并改进数据质量问题，确保数据的精确性、可靠性和适用性。同时，数据质量指标的监测和评估可以通过数据清洗和校验流程、数据质量度量指标的定义和监测、数据异常检测等方法来获取数据并进行分析。

（4）数据共享应用。数字化数据指标体系中的数据共享应用指标主要衡量数字化转型中数据共享的应用和效果。数据共享是指不同部门、团队或组织之间共享数据的过程，以增加信息流动的效率和准确性。以下是一些常见的数据共享应用指标：

①数据服务健康度：企业数据服务地图发布服务的调用通过率和响应效率综合得分。

——数据服务访问数：企业日均数据服务访问次数和年度访问次数统计。

——数据资产上架率：企业数据资产目录中完整上架的数据资产对象数量/企业总数据资产对象量。

——业务应用数据获取率：企业业务应用系统从数据湖取数据的类别/业务应用系统需求的总数据类别。

——数据共享情况：企业是否基于数据服务地图开展数据共享应用。

②数据共享范围指标：

——共享数据的范围：衡量共享数据的广度和深度。

——共享数据的覆盖率：衡量共享数据的覆盖范围和涵盖的业务部门或团队。

③数据共享效率指标：

——数据共享的速度和响应时间：衡量数据共享的快速性和响应效率。

——共享数据的可用性：衡量共享数据的实时性和可访问性。

④数据共享价值指标：

——共享数据的价值创造：衡量共享数据对业务决策和价值创造的影响。

——数据共享的商业效益：衡量数据共享对业务效益和成果的影响。

⑤数据共享安全和隐私指标：

——共享数据的安全保护：衡量共享数据的安全性和隐私保护

措施。

——共享数据的合规性：衡量共享数据符合相关法规和合规要求的程度。

这些指标可以帮助评估数字化转型中数据共享的应用和效果，从而衡量数据共享对业务决策和价值创造的影响。具体的指标选择和定义应根据具体业务和数据共享应用场景进行调整和优化。同时，数据共享应用指标的监测和评估可以通过数据共享速度和可用性的监控、数据共享价值评估和商业效益分析、数据安全和隐私合规性的评估等方法来获取数据并进行分析。

数据指标举例说明见表 2。

**表 2 数据指标举例说明**

| 序号 | 类别 | 定量指标分析 | 定性指标分析 |
|---|---|---|---|
| 1 | 组织数据管理 | 数据管理岗位数量：各业务领域数据长、数据专家、数据目录管理等数据标准管理岗位落实情况；各业务数据采集、数据审核、数据管理员等数据操作岗位数量 | 数据管理组织健全：企业数据管理的组织机构是否健全，企业要求管理体系落地执行情况；或者项目数据工作安排与数据管理组织的匹配度。<br>数据管理制度完备：企业或项目是否遵照要求编制相关领域的数据管理细则等制度 |

续表

| 序号 | 类别 | 定量指标分析 | 定性指标分析 |
| --- | --- | --- | --- |
| 2 | 数据架构管控 | 数据源纳管率：数据湖管理工具管理的数据源数量/企业总体或项目涉及数据源数量。<br>专业数据库数量：企业管理的专业数据库按照物理实例统计数。<br>数据模型数量：包括生产运营数据模型、管理数据模型和决策数据模型、专业领域标准模型等的总数。<br>资源目录完整度：按照专业公司资源目录的 L1—L4 的内容，各企业完成资源目录节点管理元数据维护数/总节点数；项目则根据其涉及的范围进行检测 | 架构遵循：企业或者项目的数据架构与企业要求的是否匹配。<br>数据源头的唯一性：企业数据采集的源头是否唯一；项目新增的数据采集是否符合源头唯一性要求。<br>资源目录落实：企业是否基于专业公司资源目录进行落实和分解 |

续表

| 序号 | 类别 | 定量指标分析 | 定性指标分析 |
|---|---|---|---|
| 3 | 数据入湖与质量 | 主数据发布率：企业标准化实体在数据服务地图发布数量/企业实际实体数量。<br>物联网数据接入率：企业物联网采集时序数据入湖展现的点位数/企业建设总点位数。<br>业务数据入湖链路完整度：企业数据服务地图可观测入湖数据类别/企业资源目录涉及应入湖数据类别数。<br>入湖数据量：企业按照分类入湖管理的数据量统计情况。<br>数据建模情况：企业围绕业务活动相关的数据记录、分析和控制建立的数据模型数量。<br>数据质量综合评估得分：企业按照专业公司制定的数据质量评估模型，从数据的及时性、完整性、准确性综合测算的分值 | 数据资产目录建立：企业是否按照专业公司及指南要求建立数据资产目录 |

续表

| 序号 | 类别 | 定量指标分析 | 定性指标分析 |
| --- | --- | --- | --- |
| 4 | 数据共享应用 | 数据服务健康度：企业数据服务地图发布服务的调用通过率和响应效率综合得分。<br>数据服务访问数：企业日均数据服务访问次数和年度访问次数统计。<br>数据资产上架率：企业数据资产目录中完整上架的数据资产对象数量/企业总数据资产对象量。<br>业务应用数据获取率：企业业务应用系统从数据湖取数据的类别/业务应用系统需求的总数据类别 | 数据共享情况：企业是否基于数据服务地图开展数据共享应用 |

## 4. 运营指标

数字化转型运营指标体系是衡量企业数字化转型运营效果的关键数据指标体系，它可以反映数字化转型过程中业务流程和运营路径的升级和改善。以下是数字化转型运营指标体系的几个常见的指标：

（1）应用方面。在数字化转型的运营指标设计中，应用方面的指标设计非常重要，可以帮助组织评估数字化应用的效果和价值。以下是一些常见的应用方面的指标设计示例：

①应用使用率：

——应用使用率指标可以衡量员工对数字化应用的使用程度和频率。

——可以统计登录次数、活跃用户数、平均使用时长等指标来评估应用的受欢迎程度和普及度。

②效率提升：

——通过数字化应用，可以实现工作流程的自动化、信息的实时共享和协同办公等，提升工作效率。

——可以衡量工作流程处理时间的减少、平均处理事务量的增加等指标来评估数字化应用在提高运营效率方面的效果。

③错误率的降低：

——数字化应用的自动化和标准化特性可以降低人为错误的发生率。

——可以衡量错误率的减少、纠错时间的缩短等指标来评估数字化应用在减少错误和提高质量方面的效果。

④员工满意度：

——数字化应用的易用性、功能性和稳定性对员工的工作体验和满意度有重要影响。

——可以通过员工满意度调查、反馈和评分等指标来评估数字化应用的用户体验和员工满意度。

⑤业务增长：

——数字化应用可以提供更好的数据分析和决策支持，帮助组织发现商机、优化流程和提升客户体验等。

——可以衡量数字化应用对销售额增长、市场份额提升、客户满意度提高等指标的影响来评估其对业务增长的贡献。

⑥数据安全：

——数字化应用的数据安全性对组织的运营和声誉具有重要影响。

——可以衡量数据泄露事件的数量、数据备份和恢复速度等指标来评估数字化应用在数据安全方面的效果。

（2）优化方面。在数字化转型的运营指标设计中，优化设计方面的指标设计可以帮助组织评估和改进数字化应用的设计效果和用户体验。以下是一些常见的优化设计方面的指标设计示例：

①用户界面友好度：

——评估数字化应用的用户界面设计是否符合用户习惯和期望，是否易于理解和操作。

——可以通过用户界面评分和用户反馈等指标来评估用户界面友好度。

②响应时间：

——评估数字化应用的响应速度和性能，包括页面加载时间、数据查询时间等。

——可以通过性能测试和用户反馈等指标来评估数字化应用的响应时间。

③系统稳定性：

——评估数字化应用的稳定性和可靠性，包括系统崩溃率、系统故障处理时间等。

——可以通过故障报告和用户反馈等指标来评估数字化应用的系统稳定性。

④用户体验：

——评估数字化应用的用户体验是否满足用户需求和期望，包括操作流程的简洁性、信息的可读性等。

——可以通过用户体验调查、用户满意度评估等指标来评估数字化应用的用户体验。

⑤可访问性：

——评估数字化应用的可访问性，包括对残障人士和特殊群体的可用性和友好性。

——可以通过可访问性测试和用户反馈等指标来评估数字化应用的可访问性。

⑥反馈和改进：

——评估数字化应用的反馈机制和改进过程，包括用户反馈的收集和处理、改进措施的实施等。

——可以通过用户反馈处理时间、改进措施的实施率等指标来评估数字化应用的反馈和改进情况。

（3）网络安全方面。在数字化转型的运营指标设计中，网络安全方面的指标设计非常重要，可以帮助组织评估和监控网络安全的状况，保护组织的数据和系统免受潜在威胁。以下是一些常见的网络安全方面的指标设计示例：

①安全事件数量和趋势：

——评估网络安全事件的数量、类型和变化趋势，包括恶意软件、黑客攻击、数据泄露等。

——可以通过安全事件记录和报告等指标来评估网络安全事件的发生情况。

②安全漏洞修复时间：

——评估安全漏洞被发现后的修复时间，包括漏洞检测、漏洞分析和漏洞修复的整个流程。

——可以通过漏洞修复时间监测和统计等指标来评估安全漏洞修复效率。

③访问控制管理：

——评估对应用系统和敏感数据的访问控制管理情况，包括账号权限管理、密码策略、多因素认证等。

——可以通过访问控制策略合规性评估、异常访问检测和访问日志分析等指标来评估访问控制管理的有效性。

④数据备份和恢复：

——评估数据备份和恢复策略的可行性和有效性，包括备份频率、备份恢复时间等。

——可以通过备份作业的执行情况、恢复测试的结果和恢复时间监测等指标来评估数据备份和恢复的能力。

⑤安全意识培训：

——评估组织内部员工的安全意识和安全培训情况，包括对网络安全的认知和安全操作的遵守程度。

——可以通过员工培训记录、安全认知调查和安全行为测评等指标来评估安全意识培训的效果。

（4）管理效率方面。在数字化转型的运营指标设计中，运维管理方面的指标设计非常重要，可以帮助组织评估和监控运维管理的状况，确保数字化应用的稳定运行和高效管理。以下是一些常见的运维管理方面的指标设计示例：

①系统可用率：

——评估数字化应用的系统可用性和稳定性，包括系统故障时间、系统重启时间等。

——可以通过系统监控和故障记录等指标来评估系统可用率。

②问题响应和解决时间：

——评估运维团队对系统问题的响应速度和解决时间，包括问题的诊断、跟踪和解决的整个流程。

——可以通过问题管理系统或工单系统记录响应和解决时间等指标来评估问题处理的效率。

③变更管理：

——评估数字化应用的变更管理流程和控制，包括变更计划、测试和部署的整个过程。

——可以通过变更管理记录、变更成功率和变更回退率等指标来评估变更管理的效果。

④容量规划和性能管理：

——评估数字化应用的容量规划和性能管理情况，包括服务器资源利用率、应用性能指标等。

——可以通过容量规划报告和性能监控指标等来评估容量规划和性能管理的结果。

⑤自动化和自动化比例：

——评估运维管理中的自动化程度，包括自动化工具和脚本的使用比例、自动化任务的执行率等。

——可以通过自动化比例和自动化任务统计等指标评估自动化的程度和效果。

⑥服务水平协议合规性：

——评估数字化应用的服务水平协议（SLA）的合规性，包括是否按照 SLA 要求提供服务、是否达到 SLA 约定的指标等。

——可以通过 SLA 报告和用户反馈等指标来评估 SLA 合规性。

（5）数据方面。在数字化转型的运营指标设计中，数据管理方面的指标设计非常关键，可以帮助组织评估和监控数据管理的状况，确保数据的安全、质量和有效性。以下是一些常见的数据管理方面的指标设计示例：

①数据完整性：

——评估数据的完整性程度，包括数据的缺失、错误和重复等情况。

——可以通过数据验证和清洗等指标来评估数据的完整性，并记录数据清洗的次数和效果。

②数据准确性：

——评估数据的准确性和可信度，包括数据的精度、一致性和真实性等。

——可以通过数据比对、验证和核实等指标来评估数据的准确性，并记录数据修正的次数和效果。

③数据安全和隐私：

——评估数据的安全性和隐私保护情况，包括数据加密、访问控制和数据备份等。

——可以通过数据安全策略合规性评估、数据访问日志和数据备份监测等指标来评估数据的安全和隐私保护措施。

④数据可用性：

——评估数据的可用性和可访问性，包括数据的存储和备份、数据访问和数据恢复等。

——可以通过数据存储和备份监控、数据访问日志和数据恢复测试等指标来评估数据的可用性和可访问性。

⑤数据治理和数据质量管理：

——评估数据治理和数据质量管理的情况，包括数据定义、数据标准、数据质量度量等。

——可以通过数据治理框架和数据质量评估指标等来评估数据

治理和数据质量管理的效果。

⑥数据备份和恢复：

——评估数据备份和恢复策略的可行性和有效性。

——可以通过备份作业的执行情况、恢复测试的结果和恢复时间监测等指标来评估数据备份和恢复的能力。

（6）设备运行方面。在数字化转型的运营指标设计中，设备运行方面的指标设计非常关键，可以帮助组织评估和监控设备的运行状况和性能，确保数字化应用的稳定运行和高效管理。以下是一些常见的设备运行方面的指标设计示例：

① 设备可用性：

——评估设备的可用性和稳定性，包括设备的故障时间、可用时间和重启时间等。

——可以通过设备监控和故障记录等指标来评估设备的可用性。

②设备故障率：

——评估设备的故障程度和故障发生频率，包括设备故障的次数和持续时间等。

——可以通过设备故障记录和故障维修时间等指标来评估设备的故障率。

③设备维修时间：

——评估设备故障的维修时间和故障处理效率，包括设备维修的平均时间和维修返工率等。

——可以通过设备维修记录和维修时间统计等指标来评估设备的维修时间。

④设备能耗：

——评估设备的能耗和能源利用效率，包括设备的电力消耗、能源效率和能源成本等。

——可以通过设备能耗监测和能源利用统计等指标来评估设备的能耗情况。

⑤设备性能：

——评估设备的性能和效能，包括设备的响应时间、处理速度和数据传输速率等。

——可以通过设备性能测试和性能监测等指标来评估设备的性能。

⑥设备维护：

——评估设备的维护管理和维护计划的执行情况，包括设备维护任务的完成率和维护成本等。

——可以通过设备维护记录和维护费用统计等指标来评估设备的维护管理情况。

运营指标举例说明见表3。

**表3　运营指标举例**

| 序号 | 类别 | 定量指标分析 | 定性指标分析 |
|---|---|---|---|
| 1 | 应用方面 | 系统可用率：<br>纳管系统和进程数量：<br>帮助热线服务数量：<br>系统变更数量：<br>账号数：<br>登录数量： | 用户满意度情况说明 |
| 2 | 优化方面 | 优化进程数量：<br>提高效率： | 小版本升级：<br>优化进程：<br>系统调优： |
| 3 | 网络安全方面 | 打补丁数量：<br>日志提交数量： | 安全事件： |

续表

| 序号 | 类别 | 定量指标分析 | 定性指标分析 |
|---|---|---|---|
| 4 | 管理效率方面 | 运维岗位类型和数量: | 运维任务完成情况: |
| 5 | 数据方面 | 增长量:<br>数据调用量:<br>归档量: | 数据质量: |
| 6 | 设备运行方面 | 纳管设备类别和数量:<br>CPU 平均利用率:<br>CPU 峰值:<br>存储利用率:<br>带宽利用率: | 设备使用年限情况说明<br>设备保修期情况说明 |

## 5. 指标分析和应用

数字化指标体系的业务、技术、数据和运营四种指标可以用来向决策层汇报数字化转型的进展情况，可以用来制订未来几年企业数字化转型的具体实施计划，可以用来指导数字化转型项目可行性研究报告的编写，可以用来计算数字化转型的投入产出及进行效益分析。数字化转型指标的选择和应用不是越多越好，而是要有代表性、有预见性、有围绕业务解决难题的攻关性，一般情况一个项目主要业务指标不超过五个为好。

（1）通过数字化转型指标了解数字化转型现状。

通过对数字化转型指标的收集和分析，可以了解企业的数字化转型现状，并对数字化转型的成效进行评估。例如：评估数字化转型项目的进展，包括项目的开展情况、进度和完成情况等，了解企业整体情况；评估数字化转型相关的投资和预算的使用情况，包括投资金额、资金来源和使用效果等，了解数字化转型投资和预算的使用情况；评估数据的准确性、完整性和一致性等，确保数字化转型所使用的数据具有高质量和可靠性；评估组织进行数据分析和洞察的能力，包括分析工具和技术的使用情况、人员能力和分析结果的应用情况等，了解数据分析能力；评估业务流程的自动化程度，包括自动化的比例、自动化流程的效率和准确性等，了解业务流程自动化率；评估数字化转型对关键业务指标的改进效果，包括效率提升、成本节约和客户满意度等方面，了解业务指标改进情况；评估数字化转型所依赖的技术基础设施的可用性和稳定性，包括网络、云服务、数据库等，了解基础设施可用性，评估组织对数字化转型的接受程度和文化成熟度，包括组织的领导力、员工参与度和变革意识等，了解数字化转型文化成熟度。

（2）通过数字化转型指标对未来几年的发展进行指标规划。

通过数字化转型指标规划未来几年的发展可以帮助组织明确目标、追踪进展、评估成效，并指导数字化转型的决策和行动。以下是一些指标规划的步骤和建议：

①确定未来几年的目标：根据组织的战略规划和业务需求，明确未来几年数字化转型的目标和愿景。这些目标可以包括业务增长、成本节约、客户满意度等方面。

②分解目标为具体指标：将整体目标分解为具体的指标，确保每个指标都与数字化转型的目标密切相关。指标可以根据不同层次进行规划，包括整体业务层面、业务流程层面和技术基础设施层面等。

③设定指标的目标值：根据当前的数字化转型现状、行业标准和组织的实际情况，为每个指标设定具体的目标值。目标值应该具有挑战性但合理可达，能够激励组织向目标努力。

④确定指标的监测和数据采集方式：确定每个指标的监测频率和数据采集方式，确保能够及时获得指标相关的数据。可以利用数据采集系统、监测工具，以及与业务系统的集成来实现数据的自动化采集和监测。

⑤建立指标的分析和报告机制：建立规范的指标分析和报告机制，确保能够根据指标的变化情况进行及时分析和汇报。指标报告应该包括趋势分析、比较分析和关键结果的解释等。

⑥根据指标的反馈进行调整和优化：根据指标的监测和分析结果，及时调整数字化转型的策略和行动，优化业务流程和技术基础设施。持续反馈和改进可以帮助确保指标规划的有效性和可持续性。

⑦定期评估指标的成效：定期评估每个指标的达成情况和成效，通过对比目标值和实际值的差距，了解数字化转型的进展情况，并做出相应的调整和优化。

（3）通过数字化转型指标完善可行性研究报告的内容提高可行性研究报告编写质量。

①确定关键指标：根据数字化转型项目的特点和目标，确定关键指标来评估可行性。这些指标应该能够量化数字化转型的效果、收益和风险。

②结合数据进行定量评估：基于收集到的数据和指标，进行定量评估，量化数字化转型的可行性和潜在收益。比如计算投资回报率、成本效益分析、业务增长率等。

③结合质性评估提供完整视角：除了定量评估，也应结合质性评估，通过调研、访谈等方式收集和分析相关信息。质性评估可以提供更深入的理解和全面的视角。

④描述和解读指标结果：在报告中描述和解读所得到的指标结果。解释指标的意义和背后的含义，分析结果的影响因素，以及结果对数字化转型决策的启示。

⑤考量时间因素：对于长期数字化转型项目，考虑时间因素的影响。对指标结果进行趋势分析，评估长期效果和持续改进的潜力。

⑥讨论风险和挑战：在报告中讨论数字化转型所面临的风险和挑战，以及如何通过指标分析来管理和降低这些风险。

⑦提出结论和建议：基于指标分析和评估，提出明确的结论和建议。结论应该基于数据和分析结果，并且具有可操作性和实施性。

（4）通过数字化转型指标进行效益分析确定项目投资。

通过数字化转型指标进行效益分析，可以帮助投资者全面评估项目的预期收益和投资风险，为投资决策提供依据和支持。这些分析可以帮助企业确定最佳的数字化转型策略，并实现可持续的业务增长和竞争优势。以下是一些方法和步骤：

①选择合适的指标：根据数字化转型项目的性质和投资目标，选择合适的指标来评估项目的效益。常用的指标包括投资回报率(ROI)、净现值 (NPV)、内部收益率 (IRR)、成本效益比 (CER) 等。

②收集数据和进行分析：收集所需的数据，包括数字化转型前后的业务数据、成本数据、效率数据等。通过数据分析和建模，计算出项目在不同指标下的预期效益。

③考虑投资成本：评估数字化转型项目的投资成本，包括技术采购、培训费用、系统集成等。与预期效益相比较，计算出投资回收的时间和潜在收益。

④进行灵敏度分析：通过改变关键参数值，进行灵敏度分析，评估这些参数对项目效益的敏感性。这可以帮助了解项目效益的不确定性和风险范围。

⑤考虑时间价值：将项目效益的现金流量纳入计算，考虑时间价值的因素。使用贴现率来计算净现值，以反映未来现金流量的现值。

⑥比较不同方案：如果有多个数字化转型方案可供选择，进行对比分析。比较不同方案的投资成本、预期效益、风险等，以确定最具经济效益的方案。

⑦综合评估与决策：综合考虑以上分析结果，评估数字化转型项目的效益，并进行最终决策。根据不同指标的结果、灵敏度分析、项目风险等，确定项目是否值得投资。

⑧定期跟踪和评估：一旦项目得到批准并开始实施，定期跟踪和评估项目的效益。通过实际数据和指标的反馈，进行持续改进和优化。

## 6. 不同类型的企业数字化转型指标也不同

（1）制造、建筑和采矿型企业数字化转型指标的重点是关注对生产操作的全面覆盖。

在制造、建筑和采矿型企业的数字化转型过程中，关注对生产操作的全面覆盖是非常重要的。以下是一些关键的指标和重点，可以帮助企业实现对生产操作的全面覆盖：

①生产过程自动化程度：通过引入自动化技术和设备，对生产

过程进行自动化改造，实现生产操作的自动化执行和控制。这可以提高生产效率、减少人为错误和提高产品质量。

②数据自动采集和实时监控：建立数据自动采集系统，对生产过程中的关键数据进行实时采集和监控。这可以帮助企业实时了解生产情况，及时发现问题和异常，并做出相应的调整和优化。

③互联网/物联网技术的应用：利用互联网/物联网技术，将生产设备、传感器等与网络连接，实现设备间的信息交互和协同工作。这可以提高生产过程的智能化和灵活性，实现设备的远程监控和管理。

④生产计划和调度优化：通过数字化技术，对生产计划和调度进行优化和自动化。这可以提高生产计划的准确性和灵活性，优化资源利用，减少生产停机时间和物料浪费。

⑤整合供应链管理：通过数字化技术，实现与供应商和客户之间的信息共享和协同工作。这可以加强供应链的可见性和协调性，提高供应链的响应速度和效率。

⑥数据分析和预测能力：利用数据分析和人工智能技术，对生产数据进行分析和挖掘，发现潜在的优化点和问题。同时，借助预测模型，对生产需求和市场趋势进行预测，做出相应的调整和决策。

（2）科研、设计和创新型企业数字化转型指标的重点是培养管理层和研发团队的业务分析和设计能力，应用数据建设数字化模型非常重要。

首先，培养管理层和研发团队的业务分析和设计能力至关重要。管理层需要具备全面的业务洞察力和战略思维，能够理解企业的核心业务需求，并将其转化为数字化转型的具体目标和计划。而研发团队则需要具备优秀的设计能力和技术能力，能够将需求转化为创新性的产品和解决方案。

其次，应用数据建设数字化模型也是重要的指标之一。通过收集、整合和分析数据，企业能够建立准确、可靠、实时的数字化模型，为决策和创新提供有力支持。数字化模型的建设需要选择适当的算法和模型，并对其进行训练和优化。同时，保持模型的实时更新和持续监测，以不断提高预测准确性和性能，实现自动化和智能化的操作和决策。

所以，科研、设计和创新型企业的数字化转型指标应以数据获取、数据应用和数据建模为主。

（3）金融、投资和服务型企业，决策是成败关键，行业大模型的建设是战略制高点。

通过建设行业大模型，企业能够对市场进行深度分析，了解竞争对手、客户需求、市场趋势等关键信息。这些信息对于制定战略和做出准确的决策至关重要。行业大模型的建设可以通过使用先进的数据分析技术和算法，挖掘大量的数据，从而揭示隐藏在数据背后的规律和趋势。

行业大模型的建设可以帮助企业进行市场预测和趋势分析，为企业的决策提供可靠的依据。通过对模型进行实时更新和监测，企业能够及时了解市场变化，并根据实际情况进行调整和优化。

行业大模型的建设还可以帮助企业进行风险评估和管理。通过对大量数据的分析和建模，企业能够及时识别和评估潜在的风险因素，并采取相应的措施来降低风险和提升企业的竞争力。

所以对于决策型企业，洞察市场先机、控制风险及促进大模型建设的数字化转型指标是企业决策成败的战略制高点。它可以为企业提供深入洞察市场、做出正确决策的能力，从而增加企业的竞争优势，推动企业的可持续发展。在数字化转型的过程中，重视行业大模型的建设将为企业带来巨大的价值和竞争优势。

# 六、顶层设计实施步骤

## 1. 展开企业主营业务，制定业务全景图

梳理企业主营业务，按照物流或者生产工序划分成不同业务领域，每个领域分成一至三层的一级业务、二级业务和三级业务，三级业务对应业务切片。通过企业各级业务全景图，建设业务与信息技术都能理解和对话的业务语言体系。

以油气企业为例的业务全景图如图 1 所示。

（1）全面梳理企业主营业务，整理各个业务领域的一级业务，然后根据每个领域业务特点，进一步细分二级业务和三级业务，建立业务切片模型库，支持业务场景灵活组合。

（2）全面落实数字化转型中的业务主导地位。各专业公司负责本领域业务全景图的丰富和完善，分析数字化转型对主营业务的覆盖情况，明确下一步重点工作任务。

（3）组织信息技术内部支持队伍学习企业发展规划，突出为主营业务服务和赋能的思想，从数字技术驱动管理变革的角度提出业务全景化、标准化和模块化初步建议，与业务部门一起在数字化转型实践中不断丰富和完善数字化转型建设方案。

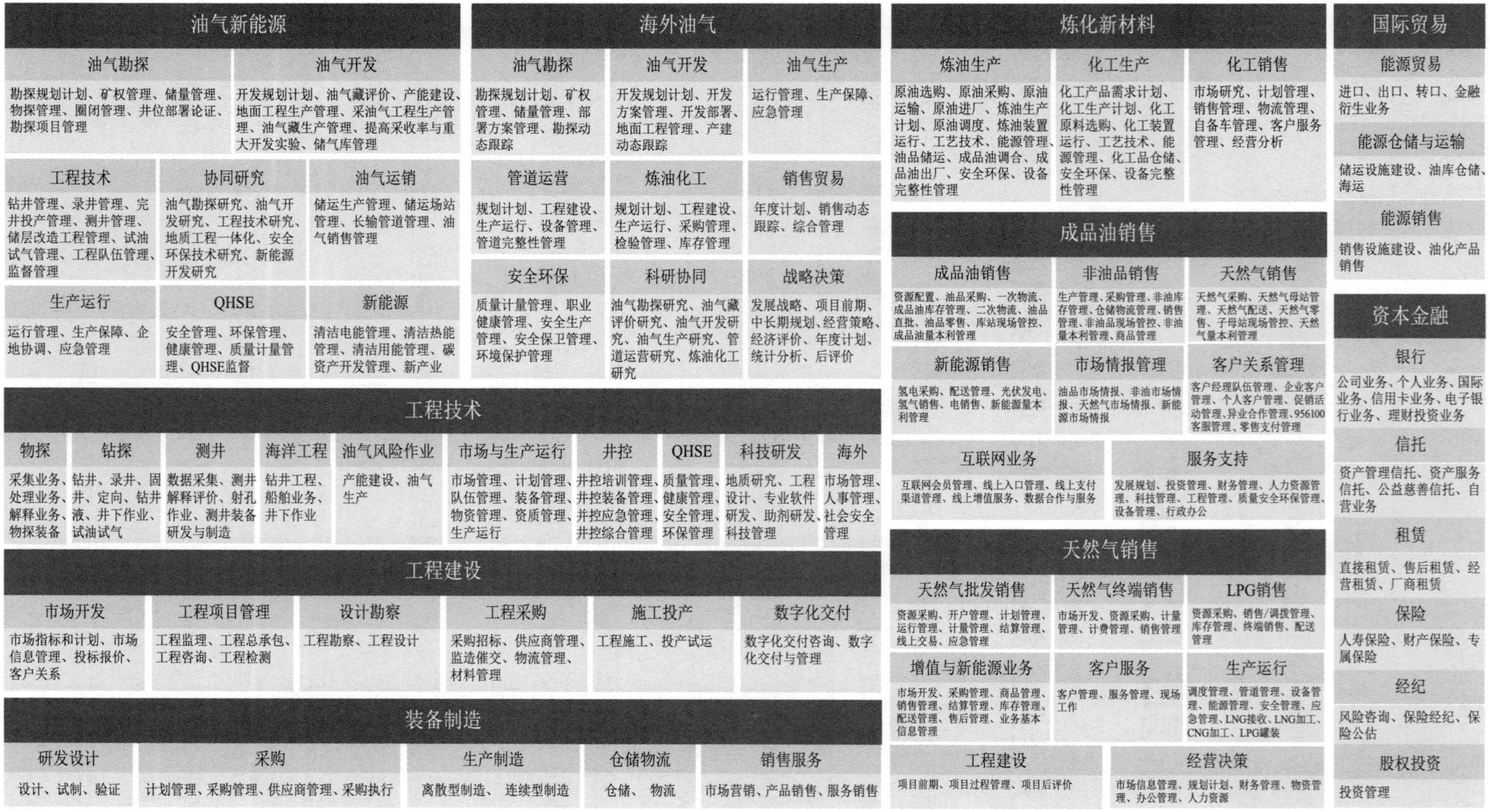


图 1　油气企业业务全景图

## 2. 基于业务全景图对主营业务分类分级，形成业务切片库

通过业务全景图对主营业务进行分类分级，可以形成业务切片库，帮助企业理解和管理不同业务领域的相关信息。以下是一些步骤和建议：

（1）确定业务分类维度：根据企业的行业和业务特点，确定适合的业务分类维度。例如，可以按产品线、市场领域、客户群体、地理区域等对主营业务进行分类。

（2）分析主营业务划分业务切片：根据主营业务的分析结果，将业务按照分类维度进行切片。每个业务切片可代表一个特定的业务领域。

（3）形成业务切片库：将每个业务切片的相关信息整理归档，形成业务切片库。每个业务切片库可以包括该业务领域的市场信息、竞争对手、关键指标、发展策略等。

（4）设立业务切片负责人：为每个业务切片指定负责人，负责该业务领域的监控、决策和管理。业务切片负责人将成为该业务领域的专家，并与其他业务切片负责人进行协调和沟通。

（5）定期更新和维护：业务切片库需要定期更新和维护，以反映业务环境的变化和企业战略的调整。定期评估业务切片的有效性和关键指标的达成情况。

以油气新能源领域为例的业务切片如图 2 所示。

通过建立业务切片库，可以更好地帮助信息技术人员管理和理解主营业务的不同领域，提高对业务的洞察力和决策效率。业务切片库还可以促进不同业务切片之间的协作和合作，实现业务的整合

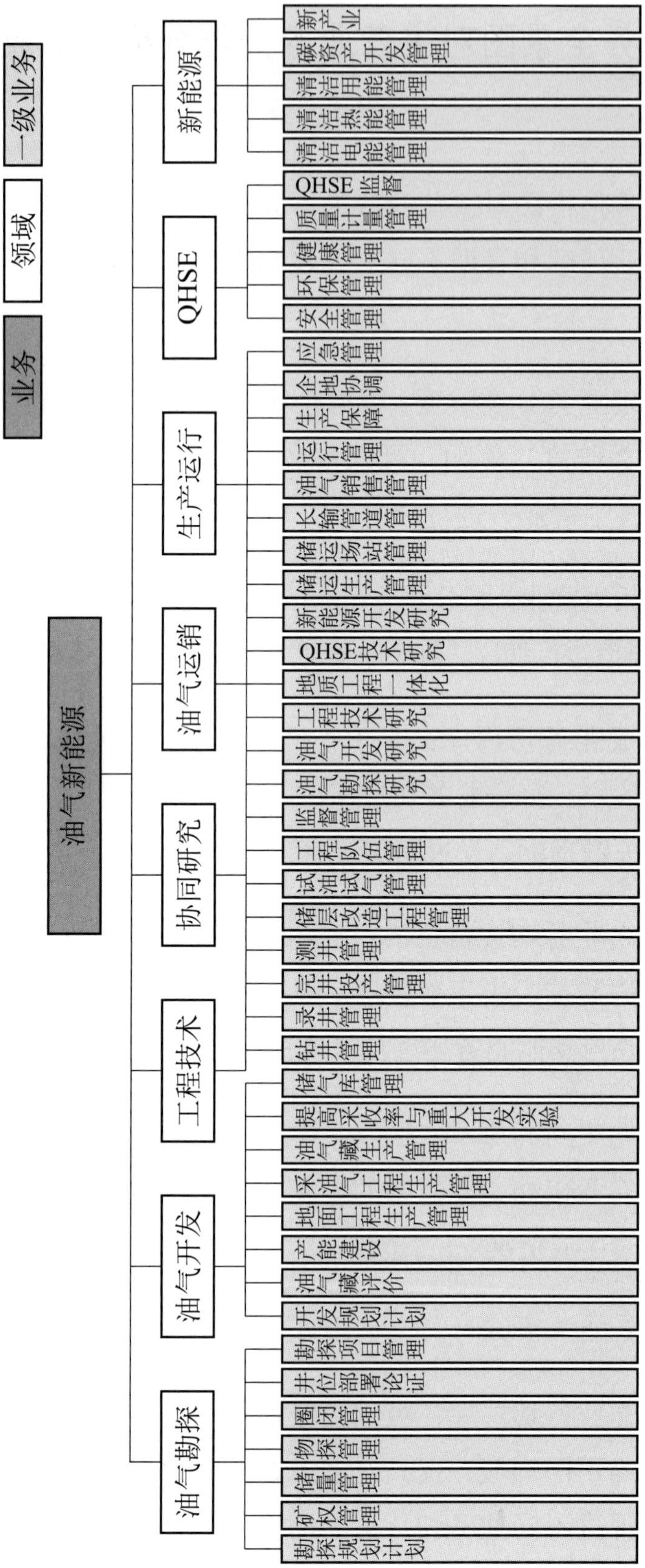


图 2 油气新能源业务切片图

和优化，从而推动企业的可持续发展。通过各领域业务切片明确业务模块实现的颗粒度，减少各系统之间的重复建设。在项目立项和可行性研究报告审批过程中，对业务切片进行查重审核，避免重复建设。在项目迭代升级审批过程中，对业务切片增补进行审核，避免反复建设。

## 3. 利用业务切片构建数字化转型场景

统一业务场景建设思路，基于业务切片和数据资源目录，在云平台 PaaS 层中构建相关业务领域中台服务能力，形成可复用的业务组件、数字化模型和功能模块，支持业务场景灵活定制，减少数字化转型过程中业务流程不断优化所带来的重复建设工作，提高应用需求响应能力。

提供数字化转型成熟案例。统一对各业务场景包含的业务切片和数据模型进行整理，形成先进案例库，供其他相关单位借鉴。

以工程作业智能支持中心（EISC）为例的数字化转型场景如图 3 所示。

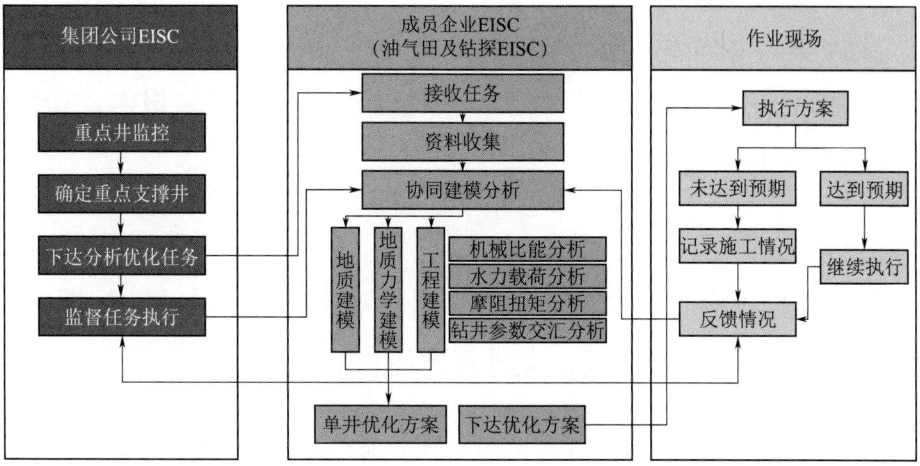


图 3　工程作业智能支持中心（EISC）数字化转型场景图

场景描述：利用大智物移云湖技术，打造支撑生产运行、现场监控、技术支持、辅助决策、应急指挥五大业务场景的 EISC 工作平台，构建工程作业智能支持体系，深化地质工程一体化，实现技术支持由事后分析到事中控制、事前预测的转变；实现由专家驻场向远程支持的转变、多专业领域专家协同支持作业，打造前方与后方、决策与操作、科研与生产、甲方与乙方等多种协同工作模式，确保提速提效降本，支撑油气高效勘探和效益开发。

核心业务流程：企业 EISC 根据施工情况制订重点支持计划，将计划下发给下级 EISC，并督促制订支持计划。EISC 接到计划后，组织优化分析团队，进行建模分析，制订钻井优化方案，方案制订完成交由总部专家审阅后下发给作业现场执行。

转型效果：提升数字化智能化支撑能力，实现两级管控、三级联动的 EISC 系统高效运行，支撑工程技术业务数字化转型；推进工程技术生产组织管理的流程和技术变革，实现工程技术高质量发展，保障高效生产和效益开发。

## 4. 通过数字化转型场景的实施建设数字化模型

通过数字化转型场景建设，形成数字化模型沉淀企业各管理岗位的管理思想，实现管理岗位自动化数据报表和信息报告，避免人员流动带来的重复建设。

数字化模型让每个员工参与数字化转型建设，以表格 / 表单、图形 / 图像、文件 / 文档的形式，积累管理岗的业务模型、数据模型、管理流程，减少重复录入，促进管理岗位数据的自动化展示和应用。

建设目标：实现管理岗人员变动不影响信息系统的建设和应用；系统的推广不因各单位业务不同而做大规模的改造，只需要用低代码平台做业务重置；让技术人员清晰地了解业务的需求，敏捷开发快速上线。

构建方法：从业务、对象、专业、过程、工作等领域出发，建立统一的、标准的、记有业务源头信息的数据字典，通过将业务节点数据实例化，形成数字化模型，并构建通用于同一业务的数据实体模型，实现从业务域到数据资产域的转换，为业务中台建设奠定基础。

构建各业务领域的数据模型、大模型。数据模型建设是价值创造和技术赋能的核心。

以石油工程技术业务钻探领域为例的数字化模型示意如图 4 所示。

根据施工作业特点，从接受钻井任务、钻前准备、钻井施工、完井交井、井下作业到试油试气，进行数字化模型和业务流程梳理，并围绕各流程节点参与岗位，完成相关数据和功能设计，形成钻探领域数据模型。

明确各领域业务切片管理单位，积极探索和落实业务领域“域长”负责制，在每个业务领域明确业务切片主管部门和负责人，对相关领域业务分类标准、数字化模型设计等工作进行整体规划和动态管理，并通过数字化建设新模式、新机制促进数字化转型新发展，真正实现管理模式变革和业务模式创新。

## 5. 根据数字化模型完善指标体系

业务蓝图顶层设计从业务全景化、标准化、模块化入手，构建相应的数字化转型业务、技术、数据和运营等指标体系，以规范项目方案设计，建设真正可推广、可复用的应用场景，减少信息化重

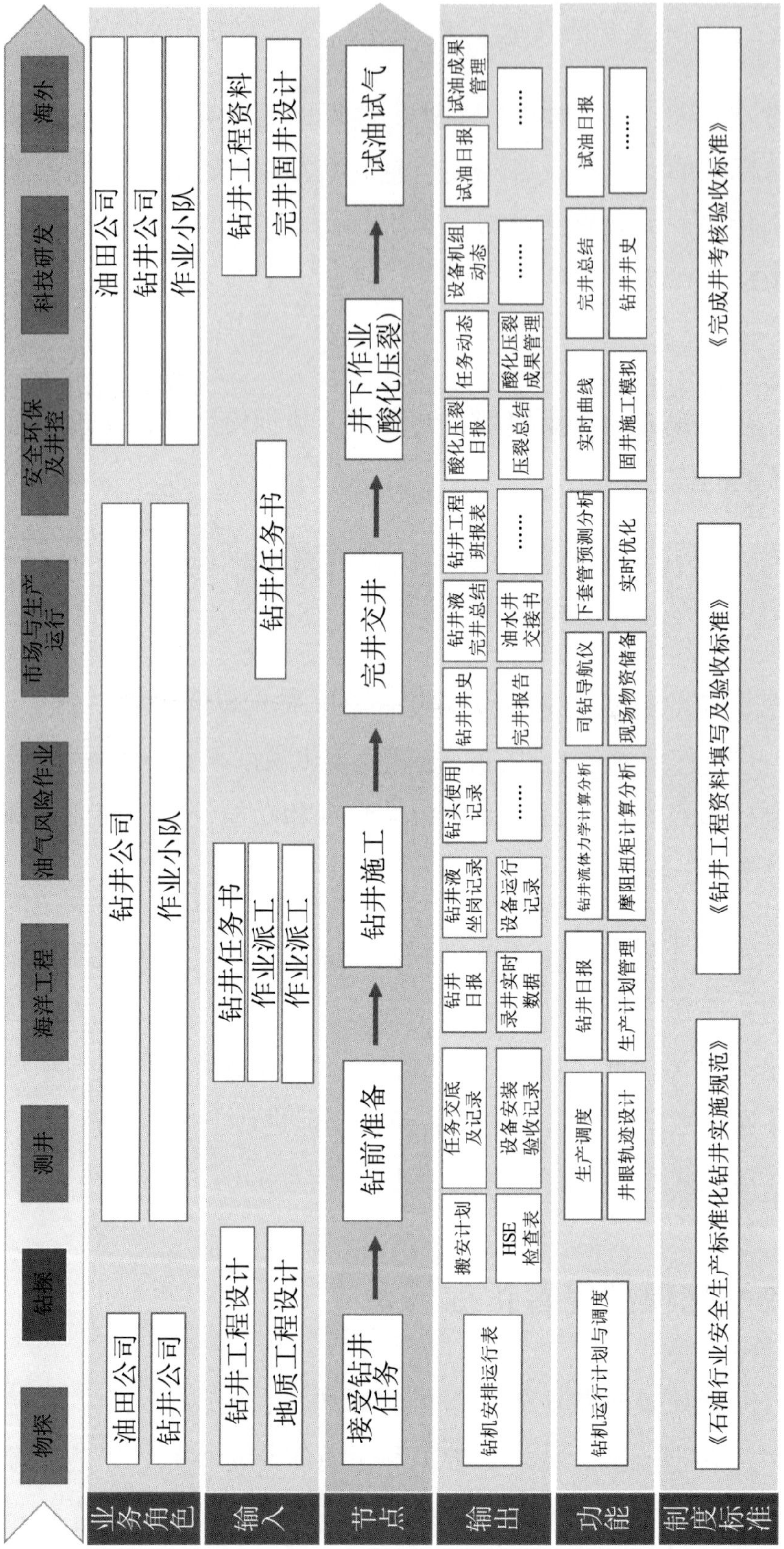


图 4 石油工程技术业务钻探领域数字化模型示意图

复投资、反复建设和信息孤岛，提升数字化转型效果。

分析研究数字化转型现状，结合企业主营业务数字化现状，在业务全景图上叠加各业务领域数字化转型核心指标及目前完成情况。

以油气企业为例，在业务全景图上叠加业务指标，如图 5 所示。

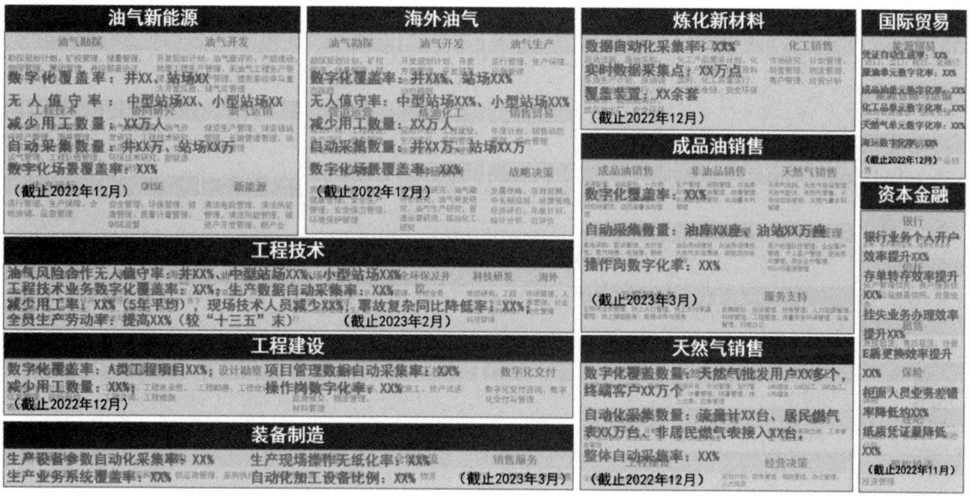


图 5　油气企业数字化转型指标图

数字化转型指标体系是用于衡量和评估企业主营业务数字化状态的一组关键指标，旨在提供数字化转型对企业业务活动的指标化描述，辅助管理层确定数字化转型战略、制订计划和做出决策，监测和分析这些指标的变化和趋势帮助管理层做出正确的决策和调整实施策略。

企业在数字化转型项目可行性研究报告中要明确预期实现的指标值，对比数字化转型核心指标完成情况，说明预计达成的目标，向决策层讲明项目的预期效益，并以此指导项目建设与实施。项目后期，可通过数字化转型指标对项目实施进行后评估，以检验数字化转型项目建设成效。

### 6. 应用指标完善数字化项目方案设计

在项目可行性研究报告阶段，承担单位需补充完善本业务领域或本单位业务切片，说明项目实施场景覆盖业务切片的范围及相关数字化转型业务指标变化情况，为项目效益测算和领导决策提供依据。

在项目详细设计阶段，需完善项目各类数据标准，完成数字化模型划分，设计出可复制、可推广、可借鉴、可操作性的数据模型和功能模块，提升共享应用能力。

通过应用数字化指标，可以为数字化项目的方案设计提供明确的目标和评估指标，帮助项目团队更有针对性地实施项目，优化项目的结果和效益。这有助于提高项目的成功率和价值，推动企业的数字化转型和成长。

## 七、数据治理

企业数据治理是企业通过一系列的策略、流程和规范，确保企业数据的质量、安全和合规性的管理过程。数据治理旨在建立一个可信赖、高效、可持续的数据管理机制，使企业能够更好地管理、利用和保护数据资产，实现数据驱动的决策和业务发展。

数据治理通常包括以下方面的内容：

（1）数据定义和标准化：确立数据的定义、分类和标准，使企业内各个部门和系统对数据有一个共同的理解和规范，保证数据的一致性和有效性。

（2）数据质量管理：建立数据质量管理机制，包括数据的准确性、完整性、一致性、及时性等方面的管理。通过监控、评估和改进数据质量，确保数据的高质量和可信度。

（3）数据安全管理：制订数据安全策略和控制措施，保护数据的机密性、完整性和可用性，包括数据的访问权限控制、加密、备份和恢复等方面的管理，防止数据泄露、丢失或被篡改。

（4）数据隐私保护：确保企业数据的合规性，根据相关法律法规和隐私政策，保护用户和客户的个人信息和隐私，包括对敏感数据的脱敏、匿名化、权限控制等措施，防止数据的滥用和泄露。

（5）数据生命周期管理：管理数据的整个生命周期，包括数据的采集、存储、使用、归档和销毁等阶段。确保数据的合理利用和合规处理，避免数据的过度保留和浪费。

（6）数据治理组织和流程：建立数据治理的组织结构和流程，明确数据治理的职责和权限，确保数据治理的有效运作，包括设立数据治理委员会、指定数据管理员和数据所有者等角色，制定数据治理的流程和决策机制。

（7）数据治理工具和技术：使用适当的数据治理工具和技术，支持数据质量管理、数据安全管理和数据隐私保护等方面的工作，包括数据质量评估工具、数据安全监控工具、数据分类和标准化工具等。

通过有效的数据治理，企业可以建立一个可靠和可信的数据资产，提高数据的可靠性和一致性，降低数据管理和维护的风险和成本。数据治理还可以促进数据的价值发现和利用，支持企业的决策和业务发展。

## 1. 明确数据建设原则

数据建设遵循统一标准、动态优化、集中共享、合规使用原则，实行归口管理、分级负责、各司其职、安全可控的工作机制，遵循管业务必须管数据的理念，推进标准化、规范化、专业化和集中化数据管理工作，有效挖掘数据价值，推动数据生态建设。

确立清晰的数据建设原则对企业的数据管理和数据驱动决策至关重要。以下是一些常见的数据建设原则：

（1）数据质量优先：确保数据的准确性、完整性和一致性。这包括数据采集过程的质量控制、数据清洗和整合的准确性、数据存储和管理的可靠性等方面。只有高质量的数据才能为企业的决策提供可信的依据。

（2）数据安全保障：确保数据的安全性和隐私保护。企业应采取合适的技术和管理措施来保护数据的机密性、完整性和可用性，防止数据泄露和不当使用。同时，遵守相关的法律法规和隐私保护准则，保护用户和客户的个人信息。

（3）数据治理和管理：建立健全的数据治理和管理机制。这包括明确数据责任人和数据管理流程、制定数据管理政策和规范、建立数据质量监控和改进机制等。通过有效的数据治理和管理，企业可以更好地掌握和利用数据资产，提高数据的效能和价值。

（4）数据开放和共享：鼓励数据的开放和共享。企业可以通过与合作伙伴、行业组织和社会各界共享数据，促进创新、合作和共同发展。但同时要确保数据的合法性和安全性，并遵守相关的法规和合同约定。

（5）数据驱动决策：推动数据驱动决策的文化。企业应倡导基于数据和事实进行决策，通过数据分析和洞察来指导业务决策和战略规划。同时，为员工提供必要的数据技能培训和工具支持，提高数据驱动决策的能力和效果。

（6）创新和实验：鼓励数据驱动的创新和实验。企业可以探索新的数据源、分析方法和技术，尝试新的数据驱动业务模式和运营方式。通过实验和迭代，不断优化和改进数据驱动的业务流程和决策模型。

以上是一些通用的数据建设原则，企业可以根据自身的需求和情况进行细化和定制。通过明确和秉持这些原则，企业可以建立健康的数据文化和数据管理体系，实现数据驱动的商业成功。

## 2. 统一数据架构

统一数据架构对于企业的数据管理和数据治理至关重要。一个统一的数据架构可以确保数据的一致性、互操作性和可扩展性。统一数据架构可以从数据模型、数据管理概念、数据结构类型、数据技术环境、数据管理工具、数据共享类型、数据管理组织、数据应用方式八个维度对生产运营数据进行分类划分。以下是实现统一数据架构的一些建议：

（1）明确数据需求和目标：企业需要明确自身的数据需求和目标。这可以包括确定需要管理和分析的数据类型、数据的使用场景和业务目标。明确的数据需求和目标将有助于为数据架构的设计提供指导。

（2）设计逻辑数据模型：逻辑数据模型是一个抽象的数据结构，用于描述数据之间的关系和约束。通过设计逻辑数据模型，可以定义数据实体、属性和关系，从而为数据架构的设计提供框架。常见的逻辑数据模型包括关系模型、面向对象模型和层次模型等。

（3）建立数据词典和数据字典：数据词典和数据字典是用于记录和管理数据定义、数据结构、数据标准和数据字典的术语和定义的文档。通过建立数据词典和数据字典，可以统一数据的定义和语义，提高数据的一致性和可理解性。

（4）选择合适的数据管理技术和工具：根据企业的需求和规模，选择合适的数据管理技术和工具来支持数据架构的实施。这可以包括数据库管理系统、数据集成工具、数据质量工具等。确保选择的技术和工具具有良好的互操作性和可扩展性。

（5）制定数据标准和规范：建立统一的数据标准和规范，包括数据命名规范、数据格式规范、数据分类和编码规范等。这有助于确保数据的一致性和可比性，并提高数据的可管理性和可维护性。

（6）进行数据整合和数据清洗：将企业内部的数据源进行整合和清洗，以确保数据的准确性和一致性。这可以包括数据清洗、数据转换、数据重构等步骤，以消除重复、错误和不一致的数据。

（7）设计数据访问和数据交换接口：为数据架构设计合适的数据访问和数据交换接口，以支持数据的共享和集成。这可以包括数据服务接口、API 接口等，用于实现数据的安全、高效和可控的共享和交换。

（8）建立数据治理机制：建立数据治理机制，包括数据所有权、数据访问控制、数据安全和隐私保护等。这有助于确保数据的合规性和安全性，并建立数据管理的规范和流程。

通过统一数据架构，企业可以实现数据的一致性、可管理性和可维护性，从而提高数据的效用和价值。同时，统一数据架构也为企业的数字化转型和数据驱动决策提供了坚实的基础。

### 3. 分析数据现状找出问题

企业在数字化转型初期，一般都会缺乏体系化的数据治理与应用支撑能力，数据采集秩序性、全局存储架构、数据质量控制、数据应用机制等都需要进一步加强，亟须具备数据资源全局协同管控能力，支撑全景数据资产化视图。企业通常存在以下数据问题：

（1）数据价值未充分发挥：数据利用率和应用层次较低。

（2）数据共享程度不足：跨业务领域跨板块数据未有效集成共享，存在数据割裂现象和应用壁垒。

（3）数据质量不高：数据孤立、分散，完整性不够，质量难以保证和有效控制。

（4）数据治理体系不健全：缺乏专业的数据资产管理队伍，数据资产采集、审核、归档管理流程不规范，家底数据资产缺乏可信的台账。

（5）数据标准不完全统一：由于业务规则和统计口径存在差异，部分数据存在标准不一现象。

（6）数据重复采集：由于历史原因，不同专业、不同层级各自开展信息系统建设，造成数据多头采集、重复录入。

（7）数据管理体系不完善：数据缺乏完善的确权认责体系，数据问题难以得到及时处理。

## 4. 建立数据管理组织

建立数据管理组织对于企业有效管理和利用数据至关重要。一个有效的数据管理组织可以确保数据的高质量、合规性和安全性，并提供数据专业人员的支持和专业知识。以下是建立数据管理组织的一些建议：

（1）明确数据管理策略和目标：企业需要明确数据管理策略和目标，包括数据管理的愿景、目标和关键原则。这将为建立数据管理组织提供指导，并确保组织与企业战略和业务目标保持一致。

（2）设立数据管理部门或团队：企业可以设立专门的数据管理部门或团队，负责数据管理的规划、执行和监督。这个部门或团队可以包括数据管理经理、数据架构师、数据管理员、数据质量专员等角色，根据企业的规模和需求进行调整。

（3）确定数据管理职责和角色：在数据管理组织中，明确各个角色的职责和责任，确保数据管理工作的协调与合作。这可以包括数据所有权、数据访问控制、数据质量管理、数据安全和隐私保护等方面。

（4）建立数据治理机制：建立数据治理机制，包括数据治理委员会、数据治理规范和流程等。通过数据治理机制，可以确保数据管理工作的合规性、一致性和持续性，并推动数据管理的规范和最佳实践的落地。

（5）建立数据管理流程和工具：制定适合企业的数据管理流程和工具，包括数据收集、数据整理、数据存储、数据分析和数据报告等方面。这有助于提高数据管理的效率和质量，并促进数据的可持续管理和利用。

（6）人员培训和发展：为数据管理团队提供必要的培训和发展机会，使其具备专业的数据管理知识和技能。这可以包括数据管理的方法和技术、数据质量管理、数据安全和隐私保护等方面的培训。

（7）与业务部门的合作和沟通：数据管理组织需要与业务部门进行密切的合作和沟通，了解业务需求，提供数据支持和解决方案。同时，也需要与信息技术部门、法务部门等其他部门进行协调和合作，实现数据管理的一体化。

（8）定期评估和改进：定期评估数据管理组织的运作和效果，通过反馈和学习的机制，持续改进数据管理的能力和效果。这可以包括数据管理成熟度评估、数据管理绩效评估等。

通过建立数据管理组织，企业可以确保数据的高质量、合规性和安全性，并最大程度地发挥数据的价值和效用，推动企业的数字化转型和业务创新。

## 5. 理清数据治理整体思路

业务蓝图顶层设计需要树立数据治理目标，建立具有数据治理责任和成员的数据治理结构，制定数据治理政策和规程，进行数据清理和标准化，建立数据质量管理机制，确保数据安全和隐私保护，建设数据字典和数据资产目录，实施数据访问和使用控制，合规地访问和使用数据，开展培训和教育，持续改进和监测。数据治理是一项持续性工作，需要体系化的组织、制度、流程和工具来保障各项治理活动的持续开展，迭代提升持续应用，实现数据资产价值最大化。

确保企业的数据治理整体思路清晰和有效是非常重要的。以下是理清数据治理整体思路的一些建议：

（1）明确数据治理目标：首先，企业需要明确数据治理的目标和愿景。这包括确定数据管控的核心原则和价值观，明确数据治理的终极目标及所要解决的问题。这样可以为数据治理的全面规划和执行提供指导。

（2）确定数据治理范围：企业需要明确数据治理的范围和边界。这包括确定哪些数据需要进行治理，涵盖哪些业务流程和部门，以及需要治理的数据类型和关注的数据活动。确保数据治理的范围明确可以更好地制定治理策略和执行计划。

（3）建立数据治理框架：企业可以建立一个数据治理框架来指导数据治理工作。这个框架应该包括数据治理的组织结构、职责和关键流程，以及涉及的政策和规定。一个完善的数据治理框架可以确保数据治理工作有条不紊地进行。

（4）确定数据治理流程：企业需要确定数据治理的核心流程和步骤。这包括数据采集、数据入库、数据整合、数据分析、数据报告等方面。通过制定清晰的数据治理流程，可以确保数据在整个生命周期中进行有效的管理和监控。

（5）确保数据质量和合规性：数据质量和合规性是数据治理中关键的方面。企业需要建立数据质量管理和合规性控制的机制，包括数据质量评估、数据清洗、数据验证、数据备份等措施。这有助于确保数据的准确、完整和一致，并遵守法规和隐私规定。

（6）建立数据安全和访问控制：数据的安全和访问控制是数据治理中不可忽视的方面。企业需要建立适当的数据安全策略和控制，包括数据的存储、传输和访问控制，这可以防止数据泄露和未经授权的访问，并保护企业的数据资产和利益。

（7）建立数据治理团队：企业需要组建专业的数据治理团队，负责数据治理的规划和执行。这个团队可以包括数据治理经理、数据架构师、数据管理员、数据质量专员等角色，根据企业的规模和需求进行调整。确保数据治理团队具备必要的技术和业务知识，以支持数据治理工作的顺利进行。

（8）定期评估和改进：定期评估数据治理工作的效果和成果，并根据评估结果持续改进数据治理整体思路。这可以包括数据治理成熟度评估、数据治理绩效评估等。定期的评估和改进可以帮助企业不断提升数据治理的能力和效果，适应变化的业务和技术环境。

通过理清数据治理整体思路，企业可以更好地规划和实施数据治理工作，确保数据的可信度、安全性和有效性，从而为企业的数字化转型和业务创新提供优质的数据支持。

## 6. 制定数据治理工作制度

遵循企业相关管理办法，各业务部门制定本领域数据治理管理制度和技术规范，指导所属企业形成以数据资源、数据资产两级目录为核心，数据管理部门和管理岗位为骨干的数据治理体系。

数据管理办法：明确数据管理组织架构，及各方工作职责；明确数据职能领域划分；提出各数据职能领域总体要求。

数据治理管理和技术标准：遵循数据管理办法，为各数据职能域提供规范要求，并制定业务蓝图顶层设计，指导所属企业开展数据管理工作。

所属企业实施细则：在遵从数据管理办法、专业公司标准规范的前提下，各所属企业可制定符合实际情况、专业特色的实施细则、操作手册等。

数据治理工作机制：在管理制度指导下，通过数据资产目录明确相关业务单位数据管理职责，并形成数据认责、使用、反馈、处理、考评的闭环工作机制，全面监管并提升数据质量，支持跨业务领域的数据共享。

## 7. 数据确权与认责管理

确权与认责管理是数据治理的重要方面，它涉及确定数据的归属权和责任，以确保数据的合法性、准确性和可信度。以下是进行数据确权与认责管理的一些建议：

（1）明确数据的归属权：企业需要明确每个数据的归属权。这包括确定数据的创建者、所有者和维护者。确定数据的归属权可以帮助企业更好地管理数据，确保数据在使用和共享过程中的合法性和准确性。

（2）制定数据使用协议：企业需要制定明确的数据使用协议，规定数据的使用目的、范围和权限。协议中应包括数据访问和使用的条件、责任和限制，确保数据的合法使用和保护。

（3）建立数据审查和授权机制：企业需要建立数据审查和授权机制，对数据的收集、更新和使用进行审查和授权。通过审查和授权机制，可以确保数据的合法性和准确性，并防止数据的滥用和误用。

（4）设立数据管理主体和责任人：企业需要设立数据管理主体和明确责任人，负责数据的确权和认责工作。这些人员应具备专业的知识和技能，能够有效管理和维护数据的合法性和准确性。

（5）建立数据追溯和溯源机制：企业需要建立数据追溯和溯源机制，能够追踪数据的来源、变更和使用记录。通过建立追溯和溯源机制，可以确保数据的完整性和可信度，并提供数据纠纷解决的依据。

（6）建立数据治理策略和流程：企业需要建立数据治理策略和流程，明确数据的确权与认责管理的具体步骤和措施。这包括数据归档和备份、数据访问和权限控制、数据质量和合规性检查等方面。通过建立清晰的数据治理策略和流程，可以确保数据的合法、准确和可靠的管理和使用。

（7）定期的数据治理评估和审查：企业需要定期对数据治理的实施情况进行评估和审查，确保数据确权与认责管理的有效性和合规性。这包括对数据使用协议和数据审查授权机制的检查，以及对数据管理主体和责任人的绩效评估。

通过进行数据确权与认责管理，企业可以明确数据的归属权和责任，确保数据的合法性、准确性和可信度，提高数据的管理效能和价值，同时降低数据的风险和纠纷。

## 8. 数据资源目录

### 1）数据资源目录的定义

数据资源目录是指企业维护的、包含该企业所拥有的各种数据资源的详细描述和元数据信息的集合。它提供了一个结构化、统一的方式来组织和管理数据资源，使用户能够快速了解和访问所需的数据。

数据资源目录的定义包括以下几个方面：

（1）数据资源清单：数据资源目录记录了组织拥有的各种数据资源，包括数据库、数据集、报告、文件等不同形式的数据。它提供了一个全面的清单，帮助用户了解可用的数据资源。

（2）元数据描述：数据资源目录为每个数据资源提供详细的元数据描述，包括数据的名称、来源、格式、结构、更新频率、访问权限等信息。这些元数据信息可以帮助用户准确理解数据的特性和用途。

（3）数据资源关系：数据资源目录可以展示不同数据资源之间的关系，比如数据集与数据库的关联、数据报告与相关数据源的链接等。这样可以帮助用户获取更多相关的数据资源。

（4）数据资源访问：数据资源目录提供了访问数据资源的方式和权限信息，包括数据的访问路径、下载链接、访问控制角色等。这有助于用户快速找到并获取所需的数据资源。

（5）数据资源质量和可信度评估：数据资源目录可以提供数据资源的质量评估和可信度信息，比如数据的准确性、完整性、一致性等评估。这使用户能够评估数据资源的可靠性和适用性。

**2）数据资源目录的建设**

企业需要基于数据管理组织及工作制度，形成以资源目录和资产目录为核心的两级数据治理体系，支持数据源头采集、分级治理，推动数据资产化服务与全局共享。

面向数据管理人员，结合企业数据资源目录与各业务部门实际业务活动，统一数据标准、明确数据归属、梳理分类分级，建立数据资源目录。

面向业务决策、研究及生产用户，将数据资源目录数据在应用层以主题域对象聚合标准化数据服务，以实体数据为核心，建立数据资产目录。

建设数据资源目录是企业进行数据管理和数据治理的重要一环，它可以帮助企业更好地了解、组织和管理数据资源。以下是建设数据资源目录的一些建议：

（1）确定目录的范围和内容：企业需要确定数据资源目录的范围和内容。这包括确定需要收录的数据类型、数据集、数据库、数据仓库等。同时，还可以考虑收录数据的元数据信息，例如数据的来源、格式、结构、描述等。

（2）设计目录的结构和分类：企业需要设计合适的目录结构和分类体系，以便组织和管理大量的数据资源。可以根据业务领域、数据类型、数据用途等进行分类，使数据资源能够被快速找到和访问。

（3）收集和整理数据资源信息：企业需要收集和整理数据资源的基本信息。这包括数据的名称、描述、所有者、更新周期、访问权限等；同时，还可以收集数据的质量指标、敏感程度、数据字典等相关信息。

（4）建立数据资源的元数据管理：企业可以建立元数据管理系统，用于管理和维护数据资源的元数据信息。元数据包括数据资源的属性、结构、关系和语义描述等。通过元数据管理，可以更好地了解和利用数据资源，提高数据的可发现性和可用性。

（5）提供搜索和查询功能：企业可以为数据资源目录提供搜索和查询功能，以便用户能够快速查找和访问所需的数据资源。可以提供基于关键字、分类、属性过滤等多种搜索方式，使用户能够根据自己的需求找到相应的数据资源。

（6）管理数据资源的访问和权限：企业需要建立合适的数据访问和权限管理机制，以确保数据资源的安全和保密。可以根据不同的用户角色和权限要求，对数据资源进行权限控制和访问管理，防止未经授权的数据访问和使用。

（7）维护和更新数据资源目录：企业需要定期维护和更新数据资源目录，包括添加新的数据资源、更新已有数据资源的信息，以及删除不再需要的数据资源。这样可以保持数据资源目录的准确性和完整性。

（8）提供数据资源目录的文档和培训：企业可以为用户提供相关的文档和培训，帮助他们了解和使用数据资源目录。可以提供使用手册、操作指南等文档，以及培训和演示，使用户能够正确使用和利用数据资源目录。

## 9. 数据资产目录

### 1）数据资产目录的定义

数据资产目录是一种组织和管理企业数据资产的工具或系统。它是一个集中管理和描述数据资产的目录或索引，通过记录和维护数据资产的基本信息和属性，帮助企业更好地识别、组织和管理其数据资产。

数据资产目录包含了企业的各种数据资产，如数据库、数据仓库、数据集、API、模型等。它记录了每个数据资产的关键信息，包括名称、描述、拥有者、更新周期、访问权限等。通过数据资产目录，企业可以更方便地查找和访问所需的数据资产，了解数据资产的来源、内容和可用性。

**2）数据资产目录的功能**

数据资产目录通常具备以下功能：

（1）数据资产分类和组织：将数据资产按照业务领域、数据类型、数据用途等进行分类和组织，使其易于管理和查找。

（2）数据资产描述和属性：记录每个数据资产的基本描述和相关属性，如名称、描述、所有者、更新周期、数据质量指标等。

（3）数据资产关系和依赖：记录数据资产之间的关系和依赖，如数据集与数据仓库之间的关系、模型与数据集之间的依赖等。

（4）数据资产访问和权限：管理和控制数据资产的访问权限，确保只有授权的用户可以访问和使用特定的数据资产。

（5）数据资产元数据管理：管理和维护数据资产的元数据信息，包括数据的结构、属性、业务规则等，以便更好地了解和利用数据资产。

（6）搜索和查询功能：提供搜索和查询功能，使用户能够根据关键字、分类、属性等条件快速查找和访问所需的数据资产。

（7）数据资产更新和维护：定期更新和维护数据资产目录，包括添加新的数据资产、更新已有数据资产的信息及删除不再需要的数据资产。

通过建立数据资产目录，企业可以更好地管理和利用数据资产，提高数据的可发现性和可用性，促进数据的共享和协作，提升数据管理和决策能力。

各业务部门根据企业总体要求，设立数据资产管理岗位，结合自身应用需求及数据特点，以实体、活动、成果为基础，组织构建并管理本业务领域的数据资产目录，并通过多类型、多维度方式，提供数据探索、授权、浏览、可视化展现、下载等功能，满足相关用户数据获取需求，实现数据的共享应用。

**3）数据资产价值评估**

数据资产化价值评估包括成本法、收益法和市场法三种基本方法及其衍生方法。

成本法是从产生数据资产所需花费的成本进行评估，在此基础上扣除各种贬值因素，并考虑数据资产的预期使用溢价。

收益法是通过预测数据资产未来的收益来计算其价值。

市场法是通过比较类似的数据资产在市场上的交易价格来确定数据资产的价值。

企业可以对数据采集、传输、存储和管理等各方面的综合成本进行测算，将相关成本均摊至各计量单元下作为数据资产价值依据，建立数据资产化价值评估体系，推动数据资产化管理。

## 10. 单一源头数据采集

单一源头数据采集是指企业在数据采集过程中，从唯一的数据源头获取数据，并确保数据的一致性和准确性。业务蓝图顶层设计需要规范多头数据采集、单一设备数据多路上传、数据不同采集主体等数据流向和标准化的问题，明确数据管理单位和数据管理岗位组织建立源头数据标签体系和质控体系。以主数据为驱动，应用单一源头数据统一采集框架和流程标准，通过标准化采集和物联网集成两种模式，不断加强源头数据自动采集能力，提升数据权威性和质量。

落实单一源头数据采集对企业数据管理和决策具有重要的意义。以下是企业落实单一源头数据采集的一些建议：

（1）确定数据源头：企业需要明确数据的原始来源和数据采集的起始点。这可能涉及多个系统或数据源，包括企业内部的各种业务系统、应用程序，以及可能的外部数据源（如供应商数据、合作伙伴数据）等。

（2）数据源头规范：对于每个数据源头，企业需要建立相应的数据源头规范，明确数据的格式、结构、字段定义等。这有助于统一不同数据源的数据格式和质量标准。

（3）数据集成和 ETL 流程：为了实现单一源头数据采集，企业需要建立数据集成和 ETL（Extract, Transform, Load）流程。这包括从不同数据源提取数据，并进行必要的转换和加载，将数据统一到目标数据存储中。

（4）数据质量管理：为了确保单一源头数据采集的数据质量，企业需要建立有效的数据质量管理机制。这包括数据准确性、完整性、一致性、及时性等方面的考虑。可以通过数据验证、清洗、监控等方式来管理和维护数据质量。

（5）数据权限和访问控制：为保证数据采集的安全性和合规性，企业需要建立适当的数据权限和访问控制机制。只有授权的人员才能进行数据源头的读取和写入操作。

（6）数据一致性和更新：对于涉及多个数据源头的情况，企业需要确保不同数据源之间的数据一致性。这可能需要建立数据同步和数据更新机制，及时反馈和更新各个数据源的数据变化。

（7）数据治理和策略：企业需要制定明确的数据治理策略，包括数据采集、数据质量、数据安全等方面的规定和标准。这有助于保证单一源头数据采集的有效实施，并提高数据管理和决策的能力。

通过落实单一源头数据采集，企业可以减少数据冗余和错误，提高数据的一致性和准确性。这有助于企业更好地管理和利用数据，支持决策和业务需求，并提高企业的竞争力和创新能力。

## 11. 数据分类和共享管理

企业可以通过业务蓝图顶层设计，将数据划分为公开数据、授权数据、资产数据及保密数据四种类型，在企业总部、专业公司、所属企业内部或相互之间明确数据流通渠道，涵盖数据申请与审批、技术平台建设与数据服务、数据使用与安全、监督与考核等环节。

业务蓝图顶层设计构建统一的数据治理指标体系，推进数据治理成果评价指标化。以下是一些具体措施：

组织管理：对数据治理组织机构、制度的落地情况进行指标设计，旨在判断数据治理管理组织的完备性。

数据架构管控：对数据生态建设基础环境的完备情况进行指标设计，旨在判断数据治理基础条件的完备性。

数据入湖与质量：对数据入湖情况与自身质量等进行指标设计，旨在判断数据内容建设的成效。

数据共享应用：对数据支撑共享、应用进行指标设计，旨在判断数据的应用成效。

促进数据共享管理对于企业来说非常重要。数据共享管理可以帮助企业更好地利用内部和外部的数据资源，促进信息流通和知识共享，从而提高决策的准确性和效率。以下帮助企业促进数据共享管理的一些建议：

（1）建立数据共享文化：企业需要树立数据共享的重要性和价值观，形成一个鼓励数据共享的文化。培养员工的数据意识和数据共享意识，让他们理解共享数据的好处，并愿意积极参与其中。

（2）制定数据共享策略和规范：企业需要制定明确的数据共享策略和规范，包括数据共享的目标、原则、流程和规则。确保数据共享符合法律法规和合规要求，同时保护数据的安全和隐私。

（3）建立数据共享平台和工具：企业可以考虑建立数据共享平台或使用数据共享工具来管理和支持数据共享。这些平台和工具可以提供数据的集成、共享、搜索和访问等功能，方便员工之间交换和访问数据。

（4）促进跨部门合作和协作：数据共享需要跨部门的合作和协调。企业可以鼓励不同部门和团队之间的合作，共同利用和分享数据资源，通过交流和协作来推动数据共享的实施。

（5）建立数据访问权限和控制机制：为了确保数据共享的安全和合规性，企业需要建立适当的数据访问权限和控制机制。只有符合条件和授权的用户才能访问和使用共享的数据资源。

（6）提供数据质量管理和监控：为了保证共享的数据质量，企业需要建立数据质量管理和监控机制。这包括对共享数据进行验证、清洗和监控，及时发现和修复数据质量问题。

（7）建立激励机制和奖励措施：为了鼓励员工积极参与数据共享，企业可以建立激励机制和奖励措施，给予参与数据共享的团队和个人一定的奖励和认可。

## 12. 形成数据运营体系

数据运营体系是指建立在数据基础上的组织结构、流程和能力体系，用于全面管理和运营企业的数据资产。企业可以依托数据资产化，面向业务管理提供数据服务 API 和自助式服务两种数据应用方式，逐步实现数据管理由传统运维模式向运营模式转变。

企业可以通过业务蓝图顶层设计构建支持决策、管理、操作三个层次数据模型。以数据为驱动，通过对业务过程、业务对象、业务规则和技术规则（标准、技术方法、技术工具）进行分析，逐步构建统一的记录型、分析型和控制型三个层次数据模型，驱动业务流程标准化、智能化。

企业需要形成数据运营体系来有效管理和利用数据资源，实现数据驱动的决策和业务发展。以下是帮助企业形成数据运营体系的一些建议：

（1）设立数据管理部门：企业可以设立专门的数据管理部门，负责数据的规划、采集、存储、分析和应用。该部门可以协调和管理企业内各个部门的数据需求和数据活动。

（2）建立数据治理机制：数据治理是数据运营体系的核心，通过制定数据治理策略和政策，明确数据的定义、标准和规范，保障数据的质量、安全和合规性。同时，进行数据质量管理、数据安全管理和数据隐私保护，确保数据资产的有效管理和使用。

（3）建立数据采集和整合流程：企业需要建立规范的数据采集和整合流程，确保数据的准确性和一致性。这包括确定数据源头、采集数据、数据清洗和转换，并将数据集成到统一的数据平台或数据仓库中。

（4）建立数据分析和应用能力：企业需要培养和提高数据分析和应用能力，包括数据建模、数据挖掘、机器学习等方面的技术和方法。通过数据分析和洞察，实现对企业数据的深度理解和洞察，并支持决策和业务创新。

（5）建立数据共享和协作机制：促进内部和外部的数据共享和协作，通过数据合作和协同创新，提高数据的综合价值和效益。可以建立数据共享平台或使用数据协作工具，方便不同部门和合作伙伴之间的数据共享和协作。

（6）培养数据驱动文化：企业需要培养数据驱动的文化和思维方式，鼓励员工从数据中获取洞见和决策支持。通过数据驱动的决策和行动，实现业绩的提升和创新的推动。

（7）进行数据评估和优化：定期对数据运营体系进行评估和优化，持续改进数据的管理和运营效果。及时调整和优化数据管理的流程、技术和能力，以适应业务的需求和变化。

通过形成数据运营体系，企业可以更好地管理和利用数据资源，实现数据驱动的决策和业务发展。数据运营体系可以提高数据的质量、效率和价值，促进业务创新和竞争优势的提升。

## 八、业务主导

企业需要深入分析业务发展需求及数字化应用现状，将业务主导的具体形式和内容分解落实到数字化转型顶层设计、研发创新、项目建设和运营服务的全过程，突出标准化、规范化和模板化建设，创新推动主营业务与数字技术深度融合、协同建设转型场景，助力企业高质量发展。

在顶层设计阶段，企业进行整体业务现状分析，找出业务管理问题，确定相关应用需求；结合业务发展战略规划，梳理核心业务领域，业务领域全场景分析，业务流程梳理、用户接受度测试分析；提取领域对象，找出实体、聚合和限界上下文；拆分主营业务，初步确定业务领域模型；梳理相关业务领域数据来源、数据格式、存储方式等情况；进行业务架构设计和业务场景分析。

在项目建设阶段，以业务领域模型为基础，进行业务切片优化和数字化模型设计，确定相关业务主管单位，并进行动态管理；检查并确定是否存在重复或者需要重组的领域对象、功能，提炼并重构业务领域模型内一至三级业务切片，完成最终业务场景搭建；基于业务场景，识别业务需求变动频繁的功能模块，开展业务中台设计；通过元数据、指标、数据模型、研发、质量等数据治理，整合成统一、标准、规范、可复用的数据中台。

在运营服务阶段，不断丰富和优化业务中台服务能力，将重复需要共享的通用能力、核心能力沉淀到中台，将分离的业务能力重组为完整的业务组合，迭代优化中台业务模型；结合企业内的业务痛点和需求，对业务领域模型进行修正；结合业务需求，形成数据服务方案，不断提升和优化数据治理能力；开展业务模式创新研究，提升数字化转型智能化发展水平。

## 1. 每个业务主题域都有对应业务部门负责管理

数字化转型业务蓝图设计为了实现数字化转型目标，对企业业务进行详细分析和规划，并制订一个适合企业业务的数字化转型方案。其中，业务主题域是数字化转型业务蓝图设计中非常重要的一部分，意味着把企业业务按照不同的主题域划分为不同的业务部分，这样可以有效管理业务，便于数字化转型过程中的规划和落地。

每个业务主题域应该有对应的业务部门负责管理，其人员应该具备以下特征：

（1）拥有业务部门的专业技能，了解该业务主题域的行业动态，业务流程的整体情况。

（2）能够组织和管理该领域业务的具体流程和执行，监控整体业务质量和效率。

（3）与其他业务部门进行协调，确保业务的整体协作，以高效地实现业务领域的数字化转型。

（4）对业务主题域的变化和创新保持敏锐的触觉，及时调整业务流程或者创新出新的商业应用，以确保行业领先。

在数字化转型的过程中，业务主题域和相应的业务部门是非常重要的，除了负责管理整个业务领域的数字化转型开发，还要把人力、技术和资金投入到数字化转型的工作中，来保证整个数字化转型的顺利进行和企业效益的最大化。

## 2. 按照业务划分调整业务部门和岗位职责

在数字化转型业务蓝图设计中，根据不同的业务领域进行分类和划分，需要对现有的业务部门和岗位职责进行调整和优化，以更好地适应数字化转型的发展需求。

首先，根据业务领域的划分，需要确定重新组织现有的业务部门或者新建部门，将相关业务划分到不同的部门中，确保每个部门的业务范围清晰明确。例如，将原本分散在不同部门中的数字化营销业务划分到专门的数字化营销部门中。

其次，基于各个业务部门的业务特点，需要调整岗位职责和设置新的岗位。例如，增加数据分析师、数据管理员等新的岗位，使得现有业务部门具备更加全面和专业的数字化能力，并且提供更准确的决策依据。

最后，数字化转型还需要同时优化内部流程，将业务流程进行数字化升级，实现信息的高效传递和有效管理，而这也需要有专门的人员或者团队来负责这一工作。例如，设立专职的数字化转型团队，负责业务流程和信息化系统的整体规划、设计、实施、监管和优化。

总体而言，数字化转型业务蓝图设计中，调整业务部门和岗位职责是数字化转型的必要步骤，因为只有合理、清晰、适应数字化转型的业务组织架构和人力资源设置，才能更好地实现数字化转型的目标。

### 3. 业务叠加新技术不断优化业务场景

数字化转型的过程中，采用新技术不断优化数字化转型业务场景是十分重要的。在各个业务领域中，采用新的数字化技术，不断优化数字化转型的业务场景，可以帮助企业提高效率、降低成本、增强核心竞争力。

在生产制造领域中，可以采用基于物联网和人工智能技术的智能制造方案，实现全生命周期数字化控制，提高制造效率和产品质量。在供应链管理领域中，可以利用区块链技术实现物流信息透明化和整体控制，提高供应链管理水平和服务质量。在金融服务领域中，可以采用人工智能技术实现智能风控和精准营销，提高服务效率和客户满意度。

除此之外，在数字化转型的过程中，还需要鼓励创新，积极开展数字化技术和业务模式创新，以满足不同业务领域的需求。比如，开发数字化转型相关的新产品和服务，推动数字化转型的深度融合，促进产业升级和智能化转型。

数字化转型的过程中，采用新技术不断优化数字化转型业务场景是一个必要的过程。它可以帮助企业适应快速变化的市场环境，提高业务的效率和灵活性，提升核心竞争力，从而实现数字化转型战略的全面成功。

## 4. 业务部门负责数字化模型建设

在数字化转型业务蓝图设计中，业务部门负责对业务单元的建设和优化。业务单元是指企业内部的各个业务领域，如生产、物流、销售、客户服务等。业务部门负责了解和分析业务单元的需求，针对业务场景提出数字化转型的解决方案和建议，帮助企业完成数字化转型的目标。

具体来说，业务部门负责以下方面：

（1）业务需求分析：业务部门需要深入了解业务单元的业务流程、需求和痛点，分析各个业务环节中需要改善的问题及可能采用的数字化技术解决方案。

（2）数字化转型解决方案设计：根据业务需求和现有技术，业务部门应该全面思考数字化转型的解决方案，设计数字化转型的业务模式和流程，建议采用合适的数字化技术。

（3）项目管理和实施：业务部门负责与 IT 部门协作，实施数字化转型的计划并确保项目的进度、质量和成本，及时跟踪项目进度和风险，保证项目的成功。

（4）业务数据分析：业务部门能够通过数据分析来优化业务流程，并改善业务单元的效率。例如，通过对客户数据进行分析，找出客户需求和行为模式，有针对性地提升客户服务水平。

在数字化转型的过程中，业务部门的作用和职责至关重要，其拥有对业务单元的深刻理解和专业知识，能够为数字化转型提供实用和切实可行的解决方案。由于数字化转型业务蓝图设计需要团队合作和跨部门协作，因此在数字化转型过程中，业务部门需要和信息、财务、人力资源等部门密切合作，实现数字化转型战略的全面成功。

## 5. 业务部门负责提出技术创新需求，促进科技研发与业务应用融合

在数字化转型业务蓝图设计中，业务部门应该负责提出业务和技术融合、创新的需求。通过业务部门的深入了解和洞察，可以探索新的技术应用场景和方式，提出与业务紧密结合的创新性技术方案，促进科技研发和业务应用的融合。

具体来说，业务部门应该关注以下几个方面：

（1）洞察行业动态：业务部门需要关注相关行业的技术发展趋势、政策法规变化、行业标准等方面，及时发现新的机遇和挑战，提出相应的技术需求和解决方案。

（2）探索新技术应用场景：业务部门可以通过借鉴其他行业或领域的数字化转型方案，探索新的技术应用场景，提出有创新性、

前瞻性的数字化转型解决方案。

（3）提出创新性技术需求：业务部门应该根据实际业务场景，提出具有创新性和前瞻性的技术需求，为科技研发提供指导和引导，促进技术和业务的融合及协同发展。

（4）推广新技术应用：业务部门可以在业务场景中率先尝试新的技术应用，进行实地试验和应用验证，在实践中不断提出技术改进的需求，促进新技术的落地和推广。

数字化转型中，业务部门应该发挥其行业及业务领域的专业性优势，积极关注新技术的发展和应用，提出具有创新性、实用性的技术需求，促进技术和业务的融合和协同发展。这对于数字化转型的全面成功至关重要。

## 6. 业务部门负责指标体系的丰富和完善

在数字化转型业务蓝图设计中，业务部门负责指标体系的丰富和完善。指标体系是数字化转型的重要基础，是评估数字化转型成果的关键标准。因此，业务部门需要制定与数字化转型目标一致的指标，并监测指标的实际达成情况，以评估数字化转型的成效并推动业务改进。

具体来说，在数字化转型业务蓝图设计中，业务部门需要负责以下几个方面：

（1）明确指标体系的建设方向：业务部门需要根据业务目标和数字化转型的战略方向，提出指标体系的建设方向。这需要对业务的整体情况进行深入分析，并结合数字化转型的目标和重点，建立相应的指标框架和分项指标，确保指标体系的全面性和准确性。

（2）完善指标体系的具体内容：业务部门需要参考其他行业和企业的经验，深入了解业务过程和流程中的细节，完善指标体系的具体内容。这需要综合考虑业务单元的需求、数字化转型的目标及可行性等因素，确保指标的真实性和可操作性。

（3）监测指标的实际执行：业务部门需要使用数字化转型过程中采集的各种数据，并结合实际情况进行监测和分析，并不断完善指标体系的内容和质量。这可以帮助业务部门及时发现问题和优化方案，保证数字化转型目标的顺利实现。

（4）提高数据分析和应用水平：业务部门需要积极提高自身的数据分析和应用水平，通过数据挖掘和分析，发现隐藏的业务规律和模式，提高业务流程和效益。这需要业务部门加强对数据分析和挖掘技术的研究，并借助 IT 部门的技术支持和合作。

指标体系的建设和完善是数字化转型的关键环节之一。业务部门需要制定科学、全面的指标体系，并通过监测和分析不断完善和优化指标体系。在实际工作中，业务部门可以加强对数据挖掘和分析技术的引入和应用，提高自身的数据分析和应用水平，推动数字化转型的实施和成功。

## 九、以“业务目标+指标”模式编写可行性研究报告

### 1. 用数字化指标对可行性研究报告进行效益分析

不同类型的企业选择不同的指标对可行性研究报告的效益进行分析。

生产型、操作型、加工型企业主要指标是对操作岗位的覆盖，替代人工数量等情况。例如，企业可以用覆盖操作岗位的数量、提高产量、绿色节能等指标来计算效益。

科研、设计、创新型企业，主要指标是对管理岗位和研发团队的数据提供能力，可以用数据获取能力、数据获取类型数量、模型建设数量来计算效益。例如，企业可以测算出建设多少业务模型、数字化模型可以节省一个管理岗位等基本指标。企业数字化模型是未来核心竞争力。

除了经济指标，还可以考虑其他非经济指标，如创新能力提升、组织效率改进等，这些指标可以从技术和组织方面评估项目的潜在价值和影响。在可行性研究报告中，需要对这些指标进行详细的分析和解释，并结合实际情况进行合理的预测和估算。

通过利用指标支持价值分析，可以对数字化转型项目的可行性进行全面、客观的评估，为企业提供决策支持和参考。

## 2. 以“业务目标 + 指标”模式编写可行性研究报告的几个步骤和要点

在编制数字化转型项目可行性研究报告过程中，需要明确数字化转型的目标，可以采用分项目标加上指标的方式描述可行性研究报告的目标。比如企业数字化转型的目标可能是提高生产效率、降低成本、提高客户满意度等。目标应该可以量化和衡量，为后续的指标设定提供明确的方向。

在明确数字化转型目标的基础上，需要制定适合企业实际的数字化转型指标，以帮助衡量数字化转型的效果和控制数字化转型的进度。指标体系应该包括关键的业务指标、技术指标、数据指标和运营指标等。同时，每个指标不仅要设定具体的数值目标，还应该明确数据来源、数据周期、数据负责人等详细信息。

数字化转型目标和指标体系已经明确，并进行了可行性分析评估，接下来需要制订数字化转型计划和实施方案。计划应该包括阶段性目标、时间计划、人力资源规划、技术规划、财务预算等内容。同时，需要定义数字化转型的组织架构和管理机制等落实方案。

企业在已有的信息技术总体规划、信息平台和数字化转型方案的基础上，小项目的可行性研究报告可以简化。通过对完成指标的定量说明，简化不必要的描述，加快编写可行性研究报告的速度，提高可行性研究报告质量。

## 3. 数字化转型可行性研究报告分类

根据数字化转型可行性研究报告所涉及经营管理、生产运营和基础设施三个方面，可将数字化转型可行性研究报告分为以下三类：

（1）经营管理型：这类可行性研究报告主要关注数字化转型对企业经营管理的影响，包括企业战略、组织架构、管理流程、运营模式等方面。数字化转型的重点是要推动企业内部变革，提高运营管理效率，从而提高企业的核心竞争力，增强企业的市场竞争力。

（2）生产运营型：这类可行性研究报告主要关注数字化转型对企业生产管理的影响，包括生产流程规划、生产线自动化、生产数据分析等方面。数字化转型的重点是在提高生产制造效率的同时，推动企业向智能制造转型，建立信息化生产系统，提高企业生产运营的质量、效率。

（3）基础设施型：这类可行性研究报告主要关注数字化转型对

企业基础设施的影响，包括信息技术基础设施、网络基础设施、系统安全等方面。数字化转型的重点是要提升企业的信息化水平，提高企业运营和管理的效率，同时减少人力、物力、财力等方面的资源浪费。

## 4. 经营管理类可行性研究报告审批重点

在审批数字化转型经营管理类可行性研究报告时，企业可以选取并设定几项关键指标，要求在项目建设过程中必须完成才能验收。以下是一些审批的重点：

（1）业务流程优化：审批重点应放在对现有业务流程的分析和优化上。报告中应包括对当前业务流程的问题和瓶颈的识别，以及提出的改进措施和预期的效益。审批重点包括改进的可行性、预期的成本效益、技术可行性和对组织文化的影响等。

（2）数据驱动决策支持：审批重点应放在对数据驱动决策支持系统的评估上。报告中应包括对现有数据资源和分析能力的调研，以及提出的改进方案和预期的业务价值。审批重点包括数据可行性、分析技术的适用性、预期的数据驱动决策效益及数据隐私和安全等方面。

（3）供应链管理和物流优化：审批重点应放在对供应链管理和物流优化的评估上。报告中应包括对供应链流程的优化和数字化升级的方案，以及预期的效益和风险。审批重点包括供应链优化的可行性、数字化技术的适用性、协同合作和物流效率的提升等方面。

（4）客户关系管理和市场营销：审批重点应放在对客户关系管理和市场营销的评估上。报告中应包括对客户需求的了解和市场竞争环境的分析，以及提出的数字化转型方案和预期的效益。审批重点包括客户关系管理的可行性、市场营销效果的提升和数字化技术的适用性等方面。

（5）组织文化和变革管理：审批重点应放在数字化转型对组织文化和变革管理的影响的评估上。报告中应包括对组织文化的分析、员工的变革接受度和培训需求，以及制订的变革管理计划。审批重点包括变革管理的可行性、组织文化的适应性和员工支持的程度等方面。

在审批过程中，还应考虑到数字化转型经营管理类可行性研究报告的业务价值和战略对齐、技术可行性和风险评估，以及有效的沟通和协调机制。审批过程应由相关部门的专业人员负责评审，确保报告的全面性和准确性，并对报告的实施计划和预期效益进行适当的讨论和决策。

## 5. 生产运营类可行性研究报告审批重点

在审批数字化转型生产运营类可行性研究报告时，企业可以选取并设定几项关键指标，要求在项目建设过程中必须完成才能验收。以下是一些审批的重点：

（1）生产流程优化：审批重点应放在对现有生产流程的分析和优化上。报告中应包括对当前生产流程中的瓶颈和问题的识别，以及提出的改进措施和预期的效益。审批重点包括改进的可行性、预期的成本效益和产能提升、技术可行性和对组织文化的影响等。

（2）设备和物联网技术应用：审批重点应放在对设备和物联网技术应用的评估上。报告中应包括对现有设备现状和技术能力的调研，以及提出的设备升级和物联网技术应用的方案和预期效益。审批重点包括技术可行性、设备升级的成本效益、物联网技术应用的实用性和对生产效率的提升等方面。

（3）质量管理和质量控制：审批重点应放在对数字化质量管理和质量控制的评估上。报告中应包括对现有质量管理体系和质量控制手段的调研，以及提出的数字化质量管理和质量控制方案和预期的效益。审批重点包括数字化质量管理的可行性、技术应用的适用性、质量提升的预期效果和对产品合规性的影响等方面。

（4）生产计划与调度：审批重点应放在对生产计划和调度的评估上。报告中应包括对现有生产计划和调度方式的分析，以及提出的改进方案和预期的效益。审批重点包括生产计划的可行性和有效性、数字化调度的技术可行性、生产效率和资源利用率的提升等方面。

（5）资源管理和预测分析：审批重点应放在对资源管理和预测分析的评估上。报告中应包括对现有资源管理方式和预测分析能力的调研，以及提出的改进方案和预期的效益。审批重点包括资源管理的可行性、技术应用的适用性、生产成本的优化和对市场需求的敏感性等方面。

## 6. 基础设施类可行性研究报告审批重点

在审批数字化转型基础设施类可行性研究报告时，企业可以选取并设定几项关键指标，要求在项目建设过程中必须完成才能验收。以下是一些审批的重点：

（1）基础设施评估：审批重点应放在对现有基础设施的评估上。

报告中应包括对当前基础设施的状况和性能的分析，以及提出的改进和升级方案和预期的效益。审批重点包括改进的可行性、预期的成本效益和性能提升、技术可行性和对组织运作的影响等。

（2）网络和通信架构：审批重点应放在对网络和通信架构的评估上。报告中应包括对现有网络和通信设施的调研，以及提出的网络升级和通信架构优化方案和预期的效益。审批重点包括技术可行性、设备升级的成本效益、网络可靠性和通信效率的提升及对业务运作的支持等方面。

（3）数据中心和云计算：审批重点应放在对数据中心和云计算的评估上。报告中应包括对现有数据中心和云计算能力的分析，以及提出的数据中心升级和云计算应用方案及预期的效益。审批重点包括技术可行性、设备升级的成本效益、数据安全和隐私保护及对业务灵活性和可扩展性的支持等方面。

（4）安全和风险管理：审批重点应放在对数字化转型基础设施安全和风险管理的评估上。报告中应包括对现有安全措施和风险管理体系的调研，以及提出的安全和风险管理方案及预期的效益。审批重点包括安全要求的满足程度、风险的识别和评估、安全措施和应急响应机制的可行性等方面。

（5）可持续发展和绿色能源：审批重点应放在对可持续发展和绿色能源应用的评估上。报告中应包括对数字化转型基础设施对环境的影响和可持续性的考虑，以及提出的节能减排和绿色能源应用方案和预期的效益。审批重点包括可持续发展目标的实现、能源利用效率的提升和环境影响的减少等方面。

## 7. 充分理解业务主要需求，降低信息系统研发成本

如何解决信息系统研发投入过大，功能不实用，应用效果不明显等方面的问题？高质量低成本的数字化转型解决办法只有一个，信息技术从业者要站在业务的角度去思考问题，构建让业务部门和信息技术部门双方都理解的主营业务语言体系，真正帮助业务部门逐渐实现数字化。信息技术人员要理解业务、分析业务，从技术角度标准化、模型化设计业务切片，开展公司主营业务全景图的设计，叠加最新信息技术，完成数字化转型场景的建设，才能从根本上建设高质量低成本的信息平台，实现公司主营业务的数字化转型。

要充分理解业务的主要需求及降低信息系统研发成本，可以采取以下几个步骤：

（1）需求收集和分析：与业务方深入沟通，了解他们的业务流程、目标和需求。通过会议、访谈、问卷调查等方式收集相关信息，确保准确理解业务需求。

（2）需求确认和优先级排序：对收集到的需求进行归类和整理，与业务方进行确认，确保需求的准确性和完整性。同时，可以与业务方一起确定需求的优先级，以便有针对性地进行研发。

（3）精简和简化需求：与业务方一起审查和简化需求，尽量避免冗余和复杂的功能要求。这可以通过深入了解业务流程，找到其中的重复步骤或不必要的功能，并与业务方讨论是否可以优化或简化。

（4）利用现有系统和工具：在研发之前，评估现有的系统和工具是否可以满足一部分或全部的业务需求。如果已存在适用的解决

方案，可以考虑修改或定制现有系统，降低研发成本。

（5）敏捷开发和迭代增量交付：采用敏捷开发方法，将整个研发过程切分为多个迭代，并根据业务的紧急程度和重要性，逐步交付功能。这样可以在不断反馈和调整的过程中，降低开发成本和风险。

（6）风险管理和控制：在研发过程中，及时识别和管理潜在的风险，以避免对成本和进度造成不利影响。同时，建立合理的项目管理和控制机制，确保研发过程的顺利进行。

（7）有效沟通和协作：与业务方、开发团队和测试团队之间建立良好的沟通和协作机制，确保需求的准确传达和理解。及时解决问题和沟通障碍，提高工作效率。

## 十、企业培养数字化转型业务蓝图架构师

成功的数字化转型，人的因素占很大的比例。其中，利用新技术对企业业务蓝图进行合理化顶层设计是数字化转型效果的关键。目前的数字化转型处于发展初期，很多企业的业务没有成熟案例供参考，需要自我摸索和创新，架构设计也因此越发重要。

合理的架构设计能够提供整体的指导和规划，帮助企业确定数字化转型的目标、范围和步骤。通过对业务蓝图的合理化顶层设计，可以确保数字化转型与企业战略一致，并且能够满足业务需求和未来发展的需求。

合理的架构设计可以帮助企业实现不同系统、流程和数据的整合及协同。通过合理的架构设计，能够消除信息孤岛，实现业务的无缝连接和流程的高效运作，从而提升企业的协同能力和工作效率。

数字化转型是一个长期的过程，需要具备可扩展性和灵活性。合理的架构设计能够支持系统和流程的扩展和变化，方便企业根据需求进行调整和优化。这样，企业能够更快速地适应市场需求的变化，保持竞争优势。

架构设计需要考虑安全和稳定性的因素，确保数字化转型过程中的数据和系统安全。合理的架构设计可以防止安全漏洞和风险，并提供必要的容灾和备份机制，以保证业务的持续运行和可靠性。

数字化转型是一个持续发展的过程，需要考虑可持续发展的因素。合理的架构设计可以为企业提供可持续发展的基础，使得企业能够不断调整和优化数字化转型的策略和方向，以适应市场和技术的变化。

## 1. 业务蓝图顶层设计对架构师的要求

数字化转型有两大难题：一是变革过程中如何调动各级组织的主动性和积极性；二是如何降低数字化转型成本，高成本数字化很难在企业大范围推广。解决第一个问题，架构师设计实施计划并组织实施的过程中，合适的各级负责人的人选、确定业务数字化先后顺序及架构师本人的职业精神、奉献精神非常重要。解决第二个问题，架构师要领导总部的信息部门研究业务，与技术提供方研究 ICT 技术组合方式，讨论如何用最低的成本实现业务数字化，完成方案后还需要试点验证、反复测试和修改完善，这需要大量的实践经验、技术能力和时间投入。所以，架构师对企业开展数字化转型，更好地完成业务蓝图顶层设计非常重要，通常需要具备智慧、勇气和品德三个方面的能力。

（1）智慧：

①综合思维能力：数字化转型是一个综合性的工作，要求架构师具备全局思维能力。架构师需要能够理解和分析企业的业务流程、

组织结构、技术需求等多个方面，并将其综合考虑在架构设计中。综合思维能力使架构师能够从整体上把握数字化转型的需求和目标，找到最优的解决方案。

②创新思维能力：数字化转型要求企业创新和变革，而在这个过程中架构师需要发挥创新思维能力。架构师需要有对新技术和新方法的敏锐度和热情，能够不断探索和引入创新的解决方案。创新思维能力使架构师能够挖掘和应用新的技术，推动企业在数字化转型中的发展。

③抽象与具象能力：架构师需要能够进行抽象和具象的思考。在数字化转型中，架构师需要从抽象的业务需求和目标中提取出具体的实施方案，同时能够将技术细节和实际问题具象化，以提供可操作的建议和指导。抽象与具象能力使架构师能够将复杂的需求和技术转化为可理解和实施的架构设计。

④领导与影响力：数字化转型的成功需要架构师具备领导和影响力。架构师需要能够与不同的相关者进行沟通和协调，包括高层管理层、业务部门和技术团队等。他们需要能够向这些利益相关者解释和表达复杂的技术问题，并能够影响他们的决策和行为，以推动数字化转型的进展。

⑤持续学习和适应能力：数字化技术的发展迅速，要求架构师具备持续学习和适应能力。架构师需要不断跟进最新的技术趋势和行业变化，并能够将新的技术和方法应用到数字化转型的实践中。持续学习和适应能力使架构师能够不断提升自己的知识和能力，以应对数字化转型中的各种挑战和变化。

（2）勇气：

①探索新领域：数字化转型可能涉及未经验证或较为新颖的技

术、方法和概念。架构师需要有勇气去探索新的领域，并接受新的挑战。这意味着要敢于尝试和接受失败，勇于将知识应用到未知的领域中去。

②应对变革的阻力：在数字化转型过程中，会面临组织层面的变革和阻力。架构师需要有勇气去面对和应对这些变革的阻力，包括企业文化的改变、业务流程的调整及组织结构的优化等。勇气使架构师能够在压力和困难面前坚持自己的信念和目标。

③提出挑战现状的建议：数字化转型往往需要对现有的业务模式和流程进行改变和优化。架构师需要有勇气去提出挑战现状的建议，并与相关者进行积极的沟通和协商。勇气使架构师能够站在前沿，提出改变和创新的观点，为企业带来进一步的发展和成功。

④承担风险和责任：数字化转型是一个具有一定风险的过程，给企业带来不确定性。架构师需要有勇气去承担这些风险和责任，并主动寻找和解决潜在的问题。勇气使架构师能够在不确定的环境下做出决策，为企业的数字化转型把控风险并迎接挑战。

⑤推动变革和创新：数字化转型需要推动企业的变革和创新，这需要架构师有勇气去领导和引领这些变革和创新的过程。架构师需要敢于破除旧有的思维和模式，勇于提出新的想法和解决方案，通过领导力和影响力来推动整个企业的变革。

（3）品德：

①诚信和责任感：数字化转型是一个涉及组织变革和业务优化的过程，对企业而言非常重要。架构师需要具备诚信和责任感，能够真实、诚实地对待自己的工作和角色。他们需要对自己的行为和决策负责，并在数字化转型中始终保持专业和道德的标准。

②专业精神和追求卓越：作为架构师，专业精神和追求卓越是至关重要的。他们需要具备高度的专业知识和技能，不断提升自己的能力和水平。他们应该追求卓越，并不断寻求在数字化转型过程中的创新和改进。架构师的专业精神和卓越追求将为数字化转型提供坚实的基础。

③开放和包容的态度：数字化转型往往涉及不同的相关者和团队之间的合作和协调。架构师需要具备开放和包容的态度，能够积极倾听和理解各方的需求和意见。他们应该能够尊重不同的观点和文化，促进合作和共创，从而实现数字化转型的共同目标。

④团队合作和沟通能力：数字化转型需要团队的协作和合作。架构师需要具备良好的团队合作和沟通能力，能够与业务部门、技术团队和高层管理层进行有效的沟通和协调。他们应该能够与不同的相关者合作，共同推进数字化转型的目标和任务。

⑤持续学习和适应能力：数字化技术的发展非常快速，要求架构师具备持续学习和适应能力。他们应该保持学习的状态，不断跟进最新的技术趋势和行业变化。架构师需要具备学习的谦逊心态，并愿意接受新的挑战和变化，以适应数字化转型的需求和要求。

## 2. 培养架构师对创新确权和认责，提高质量降低成本

培养企业自身架构师对创新进行确权和认责，对于实现企业高质量低成本的数字化转型有以下几个重要的保证作用：

（1）内部理解和对齐：企业自身架构师对创新进行确权和认责，能够确保企业内部对创新的理解和对齐。架构师通常对企业的业务和技术架构有深入的了解，他们能够将创新与企业战略和目标相对

应，确保创新活动在整个数字化转型过程中的一致性和连贯性。

（2）效率和优化：企业自身架构师对创新进行确权和认责，有助于提高数字化转型的效率和优化成本。他们了解企业现有的技术体系和资源配置，能够通过创新来改进现有的流程和系统，提高工作效率和资源利用效率。架构师通过深入了解企业的需求和挑战，可以有效地识别和优化数字化转型过程中的关键环节，从而降低成本并提高质量。

（3）技术推动和引领：企业自身架构师对创新进行确权和认责，能够成为技术推动和引领的关键力量。他们了解最新的技术趋势和发展，能够从技术角度提供新的解决方案和创新思路。架构师可以带领团队探索和引入新的技术，促进数字化转型中的技术创新，并确保其与企业需求和目标相匹配。

（4）风险控制和合规性：企业自身架构师对创新进行确权和认责，有助于控制风险和确保合规性。他们能够对创新项目进行全面的风险评估和管理，识别潜在的风险，并采取相应的措施进行控制和缓解。架构师也能够确保创新活动的合规性，遵守相关的法律、政策和标准，保护企业的声誉和利益。

（5）持续改进和学习：企业自身架构师对创新进行确权和认责，能够促进持续改进和学习。他们可以对创新成果进行评估和反馈，并从中吸取经验教训，不断改进数字化转型的方案和实施。架构师能够带领团队建立学习型组织，鼓励知识分享和创新实践，实现企业数字化转型的持续优化和创新。

通过培养企业自身架构师对创新进行确权和认责，可以确保数字化转型过程中的高质量低成本。架构师的深入理解、技术推动和引领、风险控制和合规性、持续改进和学习等方面的作用，将为企业实现数字化转型带来稳定的保证和持续的成功。

### 3. 外来架构设计很难在细节上实现低成本

在企业数字化转型过程中，依赖外来的架构设计可能难以在细节上实现低成本。以下是一些原因和建议：

（1）外部架构设计师不了解内部业务：外来的架构设计师可能对企业的具体业务流程和需求不够了解。这可能导致设计方案在实施过程中出现偏差或不适应内部业务要求，进而增加了低成本实现的难度。

建议：在数字化转型过程中，企业可以考虑培养内部架构师的能力，让他们深入了解企业的业务和技术需求，能够基于内部情况提供更适合的架构设计方案。

（2）需要自定义适应内部系统和流程：外部架构设计师可能提供标准化的设计方案，在应用到具体企业环境时需要进行大量的自定义调整和适应。这可能导致额外的成本和延迟。

建议：企业可以与外部架构设计师密切合作，确保设计方案的可定制性和适应性。同时，培养内部技术团队的能力，让他们能够进行必要的调整和适应，减少外部依赖。

（3）成本控制和资源利用效率：外部架构设计师可能对企业的成本和资源利用效率的优化不够敏感。他们可能倾向于选择更复杂、昂贵的技术和解决方案，而不考虑企业实际的成本和资源情况。

建议：企业在选择外部架构设计师时，需要与他们充分沟通，明确成本和资源的限制，并提出相应的要求。同时，企业也应该加强自身对成本控制和资源利用效率的管理，确保数字化转型过程中的低成本实现。

（4）持续改进和迭代：外部架构设计师可能在设计过程中难以深入了解企业的持续改进和迭代需求。数字化转型是一个持续演进的过程，需要根据实际情况进行不断调整和改进。

建议：在数字化转型过程中，企业应该建立持续改进和迭代的机制，与内部和外部的架构设计师合作，进行周期性的评估和优化。这将有助于降低成本，并确保设计方案与企业实际需求保持一致。

## 4. "架构师 + 专家中心"是实现"六统一"原则具体落地实施的组织保障

架构师和专家中心结合起来，可以提供实现企业数字化转型"六统一"原则落地实施的具体保障。下面是架构师和专家中心在实施"六统一"原则中的具体作用：

（1）业务架构师：业务架构师负责对企业的业务进行深入的了解和分析，他们能够理解企业的业务目标和需求，并将其转化为技术和架构的要求。业务架构师可以与专家中心合作，确保业务需求有效地传达给相关专家，并促进技术架构与业务目标的一致性。

（2）技术架构师：技术架构师负责对企业的技术体系进行规划和设计，他们对最新的技术趋势和解决方案有深入的了解。技术架构师可以与专家中心合作，确保技术架构的设计符合企业的业务需求和目标，并能够支持"六统一"原则的实施。

（3）数据架构师：数据架构师负责对企业的数据进行管理和设计，他们了解数据的生命周期和流程，并可以设计出合理的数据架构和数据管理策略。数据架构师可以与专家中心合作，确保数据架构的设计满足企业的数据需求，并能够支持数据一致性、准确性和可靠性的要求。

（4）安全架构师：安全架构师负责对企业的安全体系进行规划和设计，他们了解最新的安全威胁和解决方案，并可以设计出有效的安全架构和策略。安全架构师可以与专家中心合作，确保安全架构的设计满足企业的安全需求，并能够支持安全的统一管理和保护。

通过架构师和专家中心的结合，可以实现以下效果：

（1）专业的领域知识：专家中心提供领域专家，为架构师提供专业的领域知识支持，确保架构设计符合业务和技术的最佳实践。专家中心的专业知识可以填补架构师的知识盲点，提供准确的指导和建议。

（2）统一目标和方法：架构师和专家中心之间的合作可以确保在数字化转型过程中实现“六统一”原则的一致性。他们可以共同制定目标和方法，确保在架构设计和实施中达到统一的标准和准则，并提供相应的指导和培训。

（3）协同工作和指导：架构师和专家中心可以共同协作，解决数字化转型中遇到的问题和挑战。专家中心可以提供实践经验和指导，帮助架构师在实施中克服困难，并推动“六统一”原则的有效实施。

（4）持续改进和优化：架构师和专家中心的结合可以促进持续改进和优化。他们可以共同评估数字化转型过程的效果，并提供改进建议和优化方案。这将有助于不断提升数字化转型的质量和效率，以及实现“六统一”原则的最佳实践。

架构师和专家中心结合起来，可以提供实现“六统一”原则落地实施的具体保障。他们共同协作，提供专业知识、统一目标和方法、协同工作和指导，以及持续改进和优化的支持，确保数字化转型在架构设计和实施中能够实现高质量和低成本的目标。

# 第四篇

# 数字时代企业的数字化管理模式

在数字时代，企业的数字化管理模式是一种基于业务（Business）、数据（Data）、模型（Model）、指标（Metric）和智能分析（Smart Analytics）的管理方法（简称为“BDMMS”模型）。该管理模式借助信息平台、业务模型、数字化模型、大数据分析、人工智能等技术，将大量的数据进行整合、处理和分析，构建支持企业决策、管理和生产的各类模型，深度挖掘商业价值链，并根据模型的输出进行辅助决策、优化管理和指导生产的新型管理模式。数字化管理模式的核心是通过数字化模型固化、优化业务经验和业务流程，用信息化、数字化技术促进科学决策、高效管理和自动化运营，不断积累管理模型提升企业核心竞争能力。数字化管理模式的特点包括：

（1）数字化模型建设：企业在数字化转型过程中建设适合自身的业务模型、数据模型、大模型和AI模型，根据企业目标和需求，选择适合的模型和算法，通过确定目标和需求、数据准备和处理、模型选择和设计、模型训练和优化、模型评估和验证、实施和应用，以及迭代和改进，不断完善数字化模型。

（2）数据驱动：数字化管理模式以数据为基础，通过收集、整理和分析大量的内部和外部数据，从中发现和提取有价值的信息和指标。数据驱动的管理模式强调决策和行动必须基于数据的客观事实，提高决策的准确性和效果。

（3）智能分析：数字化管理模式采用智能分析技术，如机器学习、自然语言处理、图像识别等，对数据进行深入地分析和处理。通过模型训练和算法优化，智能分析能够从海量数据中挖掘潜在的商业价值和趋势，为企业提供准确的预测、洞察和建议。

（4）实时性：数字化管理模式注重实时性，能够及时获取和处理实时数据。通过实时数据的分析和反馈，企业可以迅速做出反应，优化决策和运营，及时调整业务策略。

（5）个性化：数字化管理模式强调个性化的管理和服务。通过对大量产品、服务和客户数据的分析，企业可以了解客户需求和偏好，并提供个性化的产品和服务，提升客户满意度和忠诚度。

（6）持续改进：数字化管理模式是一个迭代的过程，通过不断收集和分析数据，不断优化模型和算法，实现持续改进和优化。企业能够根据反馈和指标不断调整策略和行动，提高业务绩效和竞争优势。

# 一、传统企业管理模式

## 1. 管理模式定义

管理模式是指一种针对组织成员、活动、流程和资源等方面的管理方法和体系，能够帮助管理者更好地建立和维护现代化的组织管理体系，从而实现企业目标和使命。管理模式是对现实需求的回应，通过不断调整优化来提高运营的效率和效益。

一般来说，管理模式包含了以下几个方面：

（1）管理哲学：管理模式建立在一定的管理哲学之上，这些管理哲学是企业文化和价值体系的核心，体现企业的基本信念、理念和道德标准。

（2）管理原则：管理原则是指为了实现管理目标而制定的规范和标准，这些原则是跨越不同行业、不同企业的通用规范，涉及组织设计、流程配置、资源分配等方面。

（3）管理流程：管理流程是指企业各个业务流程中涉及的各种管理活动，包括计划、组织、实施、监控和调整等环节。

（4）管理工具：管理工具是指将管理理论转化为实际应用的各种技术手段和管理方法，如绩效考核、财务管理、流程优化等。

管理模式是企业实现数字化转型的重要组成部分，通过采用适合的管理模式，企业能够更快、更高效地实现数字化转型，同时还能适应和应对市场和用户需求的变化，提升企业竞争力和持续发展。

## 2. 传统管理的中心任务是对员工能力和职责的管理

管理的模式决定了管理的内容，从管理先驱罗伯特·欧文创立企业管理制度开始，到泰勒科学管理理论的产生，再到今天管理理论的林立，管理的模式也经历了多次变化。

目前在理论上比较流行的管理模式有美国管理模式和日本管理模式等，不同管理模式决定其管理特征的差异性。例如美国管理模式的特点是鼓励个人英雄主义及以能力为主要考核特征的模式，在管理上的主要表现就是规范管理、制度管理和条例管理，以法制为主体的科学化管理。而日本管理模式的特点则是以集体主义为核心的年功序列制、廪议决策制等，重视人际关系，以集体利益至上、家族主义等情感管理为主的特征。

传统管理的中心任务是对员工能力和职责的管理。传统管理将管理者视为组织中的中心人物，其主要职责是确保员工遵守组织的规章制度和标准流程，保证员工的稳定性和效率。传统管理认为员工是一个资源，应该被最大限度地利用，而这种利用可以通过对员工的控制和管理来实现。

在传统管理中，人力资源管理被视为组织管理的重要组成部分，包括招聘、培训、激励、绩效管理与人员晋升等方面。在传统管理中，管理者的作用主要是监督和控制员工的行为，用各种手段和方法来激励员工工作，包括奖惩制度、工作计划等。

随着社会和经济的发展，现代企业管理越来越注重人力资源与信息系统平台的全面发展，管理方式也在不断演进。现代管理通过信息化、数字化提高员工参与企业生产、管理和决策的程度，通过信息化的应用加强员工的创造性和主动性，以更加人性化、关注企业发展的主要指标和创造更大价值为主要管理方向，从而实现员工和企业价值共同发展的目标。

## 3. 管理模式的先进性和前瞻性随着科学技术发展演变

建立管理模式一方面要以现阶段生产力条件为基础，另一方面又要充分利用管理科学理论的现有发展成果，特别是较前沿的一些理论和思想观念，比如创新管理理念、数据是企业最重要的资源理念、企业再造理论、学习型企业组织理论、快速反应理念、组织结构倒置理论、跨文化管理理念、管理终极目标理念、战略弹性管理理念等一系列理念和理论。

当前是多变的年代，变化是永恒的，不变是相对的。企业管理的理念是发展变化的，任何已有的和常规的管理模式都将被创新的管理模式所取代，管理创新是管理的主旋律。“今天不同于昨天，而明天又将不同于今天，但今天是我全部过去的一种协力的结果，明天也将是这样。”（雷恩《管理思想的演变》）。我们应该在不断的发展中完善、改进管理模式，不能固守陈规，应紧紧关注当前管理发展的动态与趋势，修正我们的管理模式。

科学技术的发展，对管理模式的先进性和前瞻性也产生了很大的影响。随着工业化和信息化的发展，管理环境和模式发生了巨大的变化，新的管理模式更加注重人力资源的全面发展和创新。先进的管理模式应该是注重员工创新和人性化的管理模式。随着科技的发展，更多的企业开始注重利用信息技术加强员工的创新和人性化的管理方式。拥有创新力的企业更加具有竞争力，通过引导并在信息系统中固化员工的创新意愿和激发员工的创新思维，实现企业的长期发展目标。同时，信息技术的发展也促进了管理模式在协同和协作方面的进步。随着科技的发展，企业之间、部门之间、员工之间的信息交流更加方便和快速，促进了企业间的协同和协作，提高了企业组织的效率。

随着信息技术的发展，管理模式的先进性和前瞻性也在不断提高。信息技术的快速发展，提供了新的工具和途径，使得管理者能够更准确地了解员工、客户和市场的需求，并更快速地做出反应。传统的管理模式，主要是靠管理者的经验和直觉来管理组织，然而，信息技术的发展，如云计算、大数据、人工智能、物联网等，已经深刻地改变了这种管理方式。信息技术的应用，使得管理者能够更加客观和科学地分析数据，更加精准地制定决策指标、实施管理变革，在这样的背景下，先进的管理模式应该趋于数字化、智能化和协作化。

## 4. MBNQA 企业管理模型

美国质量协会模型，即 MBNQA 模型，曾获美国质量管理的最高奖项，该模型的实际意义在于引导企业设计，实施系统化的质量管理和绩效提升计划，以最大程度地满足相关者的需求。

MBNQA 模型是由美国国家品质奖 (National Quality Award, NQA) 的机构提出的一种管理模型。该模型包括七个标准类别，侧重于满足顾客需求、提高组织绩效、提高员工参与度和实现组织战略目标等。

MBNQA 模型的七个标准：领导力、策略规划、顾客导向、信息与分析、人员管理、工艺运营、绩效评价。具体如下：

（1）领导力：建立企业价值观，塑造企业文化，管理者表现出的领导力可以影响到员工的表现。

（2）策略规划：为实现组织战略目标制订计划，对组织环境进行定位。

（3）顾客导向：集中力量满足顾客期盼，顾客参与的建议和想法是满足顾客需求的关键。

（4）信息与分析：说明组织环境和系统运转的规律，并且为决策提供依据。

（5）人员管理：识别人才，鼓励员工充分发挥潜能并承担任务，为业务贡献创造奖励方式。

（6）工艺运营：管理流程活动，控制成本、提高效率、提高员工工作体验，并为顾客提供更好的服务。

（7）绩效评价：评估企业的绩效，并且不断地改善和学习。

MBNQA 模型可以作为一种参考标准，帮助组织发展和提高业务绩效。由于该模型注重绩效改善，其在质量管理、战略规划等领域具有很大的适用性。许多管理领域的专家、学者和从业人员也都认为，MBNQA 模型是一种全面、可持续、深度参与式、实践性较强的管理模型。

## 5. 六西格玛企业管理模型

六西格玛（Six Sigma）是一种系统化和数据驱动的质量管理方法，旨在通过消除缺陷和最小化过程变异来提高组织业务的质量和绩效。它是一种基于数据的质量管理方法，强调通过关键质量指标（KPI）的监控和改进，实现质量的不断提高。六西格玛的管理模型包括以下五个阶段：

（1）定义阶段 (Define)：该阶段需要确立业务目标和区分顾客需求，以明确项目目标和过程。

（2）测量阶段 (Measure)：该阶段需要测量和分析过程和产品数据，以评估当前状态，并为改进之后的数据提供比较依据。

（3）分析阶段 (Analyze)：该阶段需要使用统计工具和数据分析来确定变量之间的因果关系，并找出根本原因。

（4）改进阶段 (Improve)：该阶段需要通过使用设计实验、制订改进方案，并实施和验证，来解决识别出的问题。

（5）控制阶段 (Control)：该阶段需要实施操作程序，以确保过程稳定，持续改进和长期维持。

六西格玛的成功取决于组织领导力和员工参与。它要求组织重视数据和客户需求，并为员工提供必要的培训和资源以支持项目工作。该模型在许多行业中得到广泛的应用，可用于改进业务过程、提高产品质量和服务质量，从而提高顾客满意度。

## 6. 金字塔企业管理模型

金字塔企业管理模型是企业管理的一种传统模型，也称为层级管理模型。金字塔企业管理模型是指在一个企业中，最高层的领导者、管理者掌握着决策和指挥职权，而底层员工则执行高层领导者的指示。该模型可分为三个层次，即战略层、管理层和执行层，每个层次各自有不同的职责和任务。

（1）战略层（Strategic Level）：这一层次主要包括公司的高管和

董事会成员。他们负责制定企业的长期战略和目标，确定业务方向和做出决策，并将它们传达到下一级的管理层。

（2）管理层（Management Level）：这一层次通常包括部门经理、项目经理和其他管理者。他们负责将高层战略和目标转化为具体的业务计划，并将它们传达到下一级的执行层。

（3）执行层（Operational Level）：这一层次主要包括一线员工、技术人员和其他执行者。他们负责执行具体的业务计划，完成具体的工作任务。

金字塔企业管理模型的优点在于其层级结构逻辑清晰、职责明确、决策效率高。它也是一种传统的企业管理模型，在许多传统行业（如制造业）中依然存在。

## 7. OKR 企业管理模型

OKR（Objectives and Key Results）是一种现代化的企业管理模型，它将企业的目标与实际业绩进行量化，以跟踪、衡量和实现自身的战略规划。OKR 的核心是让公司和员工对目标进行明确的定义、规划、实现，并将它们转化为可衡量和可验证的结果，以此激励员工并提高企业的执行力和效率。

（1）目标（Objectives）：目标是企业及个人期望达到的结果或方向。它可以是一个总体的战略方向，因此应简洁明了，具有激发人心的力量。目标应该与企业的使命、价值观和优先级一致，同时要与团队中每个人的角色直接相关。

（2）关键结果（Key Results）：关键结果是一个量化的衡量标准，用于评估是否已实现该目标。这是关键衡量标准，它应该比目标更具可操作性和可衡量性。每个目标至少需要具有一至五个关键结果。

（3）过程（Process）：过程是指用于实现目标的系统和步骤，通常可以归结为在团队或企业范围内制订和执行计划的生命周期。过程对于近期和长期目标的完成具有至关重要的意义。

OKR 的优势在于目标的透明度、可衡量性和及时反馈。通过设定目标和关键结果，让每个员工了解自己的工作任务、职责和优先事项。此外，OKR 还可以提高沟通和协作，促进团队合作和自我管理能力的提高，从而实现更高效的工作。

## 二、数字时代管理模式转型升级

### 1. 数字时代要素转变，员工才能落实的事情现在通过系统来执行

随着数字时代的到来，企业的管理模式也在发生着变化，以前通过员工才能够落实的事情现在可以通过系统和模型来实现。这种变化主要体现在以下几个方面：

（1）自动化：数字时代，许多常规、重复、繁琐的工作可以通过自动化技术来完成，从而减轻员工的工作负担，提高效率。例如，企业内部的审批、报销、流程管理等可以通过系统来完成，从而减少人力资源的浪费和错误率。

（2）数据化管理：数字时代，企业主要靠数据来管理，通过数据分析和处理来优化企业业务流程、提升效率和降低成本。因此，企业需要投入更多的资源来开发和运用各种数据管理和分析工具。

（3）协同办公：数字时代，企业内部协同办公的工具越来越完善，可以帮助员工在不同的地理位置之间协同工作，提高效率，同时也可以帮助企业更好地组织人力资源。

（4）透明化和可视化：数字时代，许多企业开始注重透明化管理和可视化的发展。通过数字化技术，能够更加及时地向领导层和员工汇报数据和信息，使管理层更好地了解企业的运营状况，从而做出更好的决策。

随着数字时代的到来，企业管理也将会发生相应的变化，尤其是一些以前无法或较难实现的企业管理事项将会通过数字化技术来落实和实现。

## 2. 数据成为企业最重要的资源之一

数据与人力资源一起成为企业最重要的资源，传统信息能力的载体是人，现代信息能力的载体是数据，数据与人成为企业的关键要素。世界经济已经从农业经济、工业经济发展到了知识经济时代，由于社会的发展使得知识已成为最重要的资源之一，知识在创造社会财富中起着举足轻重的作用，知识已成为了创造物质的工具。在信息时代，知识的核心是数据。

随着信息技术的发展，企业的数据规模和种类不断增加，数据成为企业最重要的资源之一是必然的趋势。数据不仅包含企业的业务数据，还包括员工信息、客户信息、产品信息、市场数据等，它们可以帮助企业更好地了解自身的业务和市场状况，提升企业的竞争力和创新能力。主要原因如下：

（1）数据可以帮助企业做出更好的决策。通过数据分析和挖掘，企业可以了解客户需求、市场趋势、竞争对手情况等重要信息，以便更好地制定市场营销策略、优化产品设计、改进业务流程等。

（2）数据可以提高企业的竞争力和创新能力。通过数据的挖掘和分析，企业可以发掘新的商业机会，创新新的产品和服务，从而提高自身的竞争力和创新能力。

（3）数据可以优化企业的运作效率。企业可以利用数据自动化工作流程，减少人为错误和延误，并通过自动化预测分析、计划和调度来提高效率。

（4）数据可以帮助企业更好地理解客户并改善客户体验。通过数据分析，企业可以了解客户的喜好、需求、购买习惯等信息，从而优化产品和服务以提高客户满意度。

（5）数据可以帮助企业降低成本。通过数据分析的结果，企业可以更好地管理库存，优化供应链管理，以及更好地理解员工表现，从而节约成本。

数据成为企业最重要的资源之一不仅是必然趋势，而且是企业取得成功所必需的条件。

### 3. 企业流程再造是一场管理模式的革命

20 世纪 90 年代以来，西方发达国家兴起了一场企业再造革命，被比喻为从“毛毛虫”变“蝴蝶”的革命，也被认为是继全面质量管理后的第二次管理革命。企业再造有两个方面与传统的管理模式不同：一是从传统的从上至下的管理模式变成信息过程的增值管理模式；二是企业再造不是在传统的管理模式基础上的渐进式改造，而强调通过信息技术从根本上着手。

企业流程再造是一场管理模式的革命。它通过重新设计企业的流程和业务模式，来提高企业的效率和竞争力。它旨在消除企业内部无价值增加的工作环节和降低企业成本，提升企业核心竞争力。主要原因如下：

（1）企业流程再造可以对企业的各个部门和流程进行全面性的考核。企业流程再造强调彻底改变企业的流程和格局，这使企业需要对自身的各个部门和流程进行全面地分析和考核，达到广泛建设性的改善举措。

（2）企业流程再造可以提高企业效率和生产率。通过重新设计企业流程和压缩重复性工作环节，加速企业内部的流程和信息交流，大幅提高企业的生产效率。

（3）企业流程再造可以提高企业内部的组织协调能力。企业在流程再造过程中，需要充分参与各个部门之间的沟通和协作，从而加强组织的协调能力和整合能力。

（4）企业流程再造可以优化企业产品和服务的质量。企业流程再造能够帮助企业发掘自身的不足之处，对产品和流程进行优化，从而提高产品和服务的质量及客户满意度。

（5）企业流程再造可增强企业的变革能力和适应能力。企业流程再造是一项重大的变革过程，企业在此过程中需要拥有较强的变革和适应能力，以应对外部环境的变化和内部结构的调整。

企业流程再造是一场管理模式的革命，可以帮助企业建立更加严谨、更加高效、更加优化的管理模式，抵御市场竞争，实现企业的长期发展。

## 4. 新的管理模式将组织中的管理权力均衡分布到关键节点

传统的组织结构是金字塔式的，最上面的是企业的董事长、总裁，然后是中间层，最后是基层。指挥键从上到下，决策来自最上面，下面是执行层。但是，接触市场最多的是基层。在多变的时代，顾客的个性化日益突出，这就要求将上述金字塔式结构倒置，改造为顾客——一线工作人员—管理人员，现在决策由一线工作人员决定，而上层领导变为支持服务。

数字化管理模式是一种新型的管理模式，它将组织中的管理权力均衡分布到关键节点，通过数据的共享和协作来提高组织的效率和创新能力。它注重信息共享、信息开放，以及数据的分析和挖掘，强调数据的价值和作用。

（1）数字化管理模式可以促进组织内部的协作和共享。数字化管理模式可以将组织内部的数据整合起来，使不同部门之间的数据关联更紧密，从而实现信息的共享和协作，提高组织的效率和创新能力。

（2）数字化管理模式可以加强组织内部的知识管理。数字化管理模式中的数据共享、开放，有助于组织内部的知识管理，促进组织内部的知识转移、知识积累，提高组织的创新能力和智慧资本。

（3）数字化管理模式可以帮助组织实现精益管理。数字化管理模式中强调数据分析和挖掘，可以帮助组织寻找内部的问题和改进点，并实现精益管理，为组织的可持续发展提供支持。

（4）数字化管理模式可以优化组织内部的流程和决策。通过数据的共享和协作，组织可以优化内部的流程和决策，减少低效、低水平的工作，提高组织的响应能力和决策效率。

（5）数字化管理模式可以降低组织内部的信息孤岛。数字化管理模式可以打破组织内部的信息孤岛，实现数据的共享和流通，提高组织内部的协作和沟通。

数字化管理模式是一种创新性的管理模式，可以帮助组织实现高效协作、精益管理、智慧资本建设等目标，提高组织的竞争力和可持续发展能力。

## 5. 数字化模型助力企业业务进行数字化分析，更快适应市场变化

数字化转型通过应用信息技术，构建数字化平台、数字化营销渠道、数字化供应链、数字化模型等，实现对业务流程中的数据进行数字化分析，帮助企业了解客户需求、市场趋势、竞争情报等信息，从而帮助企业更好地预测市场变化，制订更加符合市场需求和趋势的业务计划。

数字化分析模型可以通过对大数据的收集、整理、分析和处理，挖掘业务流程中的潜在问题和瓶颈，优化企业的资源配置，提升企业的效率和利润水平。数字化模型还可以通过应用物联网技术、云计算技术、人工智能技术等，提升企业的自动化水平，改进企业的生产和运营方式，提升企业的灵活性和可持续发展能力。

数字化模型可以帮助企业适应市场变化，在日益激烈的市场竞争中实现加速升级，使企业更紧密地与客户需求和市场趋势相连接，从而更加精准地满足市场的需求和优化资金筹措和使用，提高企业的融资能力和财务管理水平，进而实现企业的可持续发展。

## 6. 数字化模型帮助企业从学习型组织向创新型组织转变

传统的学习型组织注重对已有知识和技能的学习与积累，而创新型组织则更加注重创新和创造，主张打破陈规旧习，开拓新局面。数字化模型可以帮助企业实现对内部和外部环境的快速了解和反馈，增强企业应对变化的能力，从而推动企业转型为创新型组织。

首先，数字化模型可以为企业提供更加精准的信息和数据分析。通过对数据的分析和挖掘，企业可以更加深入地了解客户需求和市场趋势，从而加速企业的创新和转型。

其次，数字化模型可以为企业提供更加高效的协同和沟通平台。现代数字化协同平台的出现，使得企业可以通过网络和云服务等技术，将不同部门、员工和外部合作伙伴连接起来，实现有效的沟通和协作，推动创新型组织的形成。

最后，数字化模型可以为企业提供更加智能的工具和支持。例如，人工智能、自动化技术和云计算等可以提升企业的效率和生产力，并为企业的创新活动提供更加广阔的空间和创新方向。

## 7. 大模型带来人类生产力工具的颠覆式革新，拉开了通用人工智能的发展序幕

大模型的出现带来了人类生产力工具的颠覆式革新。大模型指的是基于深度学习技术的神经网络模型，如GPT−3（Generative Pre−trained Transformer 3）。这些大模型具有上千亿个参数，通过大规模的数据训练得到强大的推理和生成能力。

大模型在语言处理、图像识别、自动驾驶、医疗诊断等领域展

现了惊人的能力。它们可以通过大量的数据进行训练，从而学习到复杂的模式和规律，能够理解人类语言、产生连贯的文本、生成逼真的图像等。这些特点使得大模型成为一种强大的工具，可以帮助人类在各个领域提高工作效率和创造力。

同时，大模型也为通用人工智能的实现提供了基础。通用人工智能（AGI）是指具备与人类相当智能水平的人工智能系统，能够在各种任务和领域中进行学习、推理和应用。虽然当前的大模型还不能完全称为通用人工智能，但它们的出现已经拉开了通用人工智能发展的序幕。然而，通用人工智能的发展仍然面临许多挑战和限制，如数据隐私、模型可解释性、伦理考虑等。此外，大模型也存在资源消耗、能耗高、训练时间长等问题。因此，虽然大模型为通用人工智能的发展带来了希望，但在实现真正的 AGI 之前还需要克服许多技术和伦理上的难题。

在通往 AGI 时代的旅程上，大模型与人类反馈的强化学习（RLHF）的结合，不仅重构了 AI 开发范式，未来软件 80% 的价值将由 AI 大模型提供，剩余 20% 会由提示工程和传统业务开发组成，开发者的生产力将得到极大释放；与此同时，AI 的发展也将由之前单向发展的数据飞轮升级到不断迭代进化的智慧飞轮，更高效地解决海量的开放式任务。

大模型建设的成功因素主要包括：全栈大模型训练与研发能力、业务场景落地经验、AI 安全治理举措及生态开放性四个方面，其中全栈大模型训练与研发能力还包括数据管理经验、AI 基础设施建设与运营及大模型系统和算法设计三个部分。这些成功因素分别体现着大模型建设的产品技术能力、战略愿景能力、生态开放能力三个维度。

未来，大模型将深入应用于用户生活和企业生产模式，释放创造力和生产力，活跃创造思维、重塑工作模式，助力企业的组织变革和经营效率，赋能产业变革。

## 三、数字化模型发展的三个阶段

企业数字化模型建设以实现业务蓝图为目标，以业务模型为基础，是数字化管理模式的核心。一个企业数字化模型的建设是从无到有、从有到强的一个循序渐进的过程，发展历程可以概括为数据模型建设和发展阶段、大模型建设和发展阶段、AI 模型建设和发展阶段。

### 1. 数据模型建设和发展阶段

目前大部分企业数字化转型处于数字化模型建设初期，企业从无到有、从少到多、从分散到集中建设数字化模型，这是一个必将经历的阶段。数字化转型第一阶段的数据采集基本完成后，企业进入数字化模型建设的第二阶段，模型建设阶段的主要特征就是在大数据基础上建设各种类型的数字化模型。在这个阶段，企业需要确定所需的数据类型和来源，并完善相应的数据采集系统，数据可以来自内部系统、外部供应商、传感器等多种渠道。在数据采集之后，企业需要建立适当的数据存储和管理系统，这包括数据仓库、数据湖、数据管理平台等。在数据存储之后，企业需要对数据进行清洗和预处理，数据清洗处理脏数据、缺失数据、重复数据等问题，以确保数据的准确性和一致性；数据预处理通过数据转换、归一化、特征工程等操作，以便后续的数据分析和建模。在数据清洗和预处理之后，企业可以进行数据分析和建模，开展描述性统计、探索性分析、相关性分析等数据分析，以了解数据中的模式和规律。

数据建模包括机器学习、统计建模、预测建模等，以利用数据来实现预测、优化和决策支持。在数据分析和建模之后，企业可以将数据应用于业务和决策，并实现价值。这包括制定数据驱动的战略和做出业务决策、开发基于数据的产品和服务、优化业务流程等。通过数据的应用，企业可以实现运营效率的提升、创新能力的增强和客户体验的改善。在实际应用中，企业需要根据自身的需求和资源情况，综合考虑技术、组织和业务等多个方面的因素，进行适当的调整和改进，逐步建立和完善数据模型。

数据模型的建设和发展是一个持续不断的过程，需要不断地学习和适应新的技术和方法，需要企业持续地投入资源和精力。通过不断地建设和发展数字化模型，企业可以提升业务运营效率，增强竞争力，并实现更高水平的数字化转型。

## 2. 大模型建设和发展阶段

大型互联网企业数据模型建设已经进入了大模型时代。传统的数据模型主要依赖于静态的数据表格、关系和模式，这种方式已经不能满足复杂的业务需求和大数据时代的数据分析级别的庞大和复杂性。

“大模型”一词通常用于指代具有巨大参数量和计算能力的机器学习模型。这些模型具有数以亿计的参数，需要大量的计算资源用于训练和推断。大模型的出现使得在复杂任务上取得更好的性能成为可能。GPT-3 就是一种著名的大模型，它由 1750 亿个参数组成。这使得它在自然语言处理任务中表现出色，能够生成准确、流畅的文本回复，并具备一定的理解和推理能力。目前的大模型包括语言大模型、图像生成模型、电子仿真模型、流感模型、生物检测模型、医疗影像模型、药物设计模型、推荐模型等。

大模型的优势包括：

（1）更好的性能：大模型通常能够对复杂的模式和关系进行更准确的建模和预测，从而在各种任务中取得更好的性能。

（2）更好的泛化能力：通过大量的参数和数据训练，大模型能够学习到更丰富的知识和抽象表示，提高了在新样本上的泛化能力。

（3）更复杂的任务处理：大模型能够应对更复杂和具有挑战性的任务，如自然语言处理、计算机视觉和语音识别等。

然而，大模型也存在一些挑战和限制：

（1）计算资源消耗：大模型需要大量的计算资源进行训练和推断，这使得它们往往需要在高性能计算平台上运行，对硬件和能源资源要求较高。

（2）数据集和标注的需求：大模型需要大量的数据进行训练，而且通常需要高质量的标注数据，这对于一些领域和任务来说可能是一个挑战。

（3）难以解释和理解：由于大模型的复杂性，很难对其内部的运作过程进行解释和理解，这使得大模型在某种程度上可能缺乏透明度和可解释性。

大模型可以帮助企业实现以下目标：

（1）更好地理解和预测数据：通过数字化大模型，企业可以将数据以可视化的方式展现，从而更好地理解和预测数据。在构建大型数字化模型时，企业可以集成多种数据类型，包括数字、声音、图像等多种数据媒介，帮助企业更好地分析和预测数据趋势。

（2）更好地支持业务和决策：数字化大模型可以帮助企业更好

地支持业务和决策。数字化大模型不仅可以集成多种数据类型，还可以集成多种软件和工具，以支持不同层次的业务和决策需求，从而帮助企业做到更好的业务流程和管理。

（3）更好地保护数据和隐私：数字化大模型可以帮助企业更好地保护数据和隐私。数字化大模型使用智能算法和加密技术，确保数据安全，并为数据合规性提供支持。

大模型在数字化转型方面有许多应用：

（1）语言处理与自然语言理解：大模型在语言处理领域的应用非常广泛，它们可以帮助进行自动文本分类、情感分析、机器翻译、自动摘要和命名实体识别等任务。通过理解和处理自然语言，大模型能够帮助企业处理和分析大量的文本数据，从而提供更好的服务和决策支持。

（2）推荐系统与个性化推荐：大模型可以通过学习用户的兴趣和行为模式，为用户提供个性化的推荐。例如，通过分析用户的历史购买记录、浏览行为和偏好，大模型可以预测用户可能感兴趣的产品，并向其推荐相关的内容，这有助于提高客户满意度和销售额。

（3）计算机视觉与图像识别：大模型在计算机视觉任务中也发挥着重要作用，它们可以帮助企业实现图像识别、目标检测和图像生成等任务，通过分析和理解图像数据，大模型可以提供更精确和高效的图像处理和分析能力。

（4）数据分析与预测模型：大模型被广泛应用于数据分析和预测模型的构建。通过训练大规模的数据集，大模型可以学习到数据中的复杂模式和关联，从而帮助企业进行数据挖掘、趋势分析和预测。这有助于企业做出更明智的决策和规划。

（5）智能客服与自动问答：大模型还可以应用于构建智能客服系统和自动问答系统，通过学习大量的问题和答案对，大模型可以理解用户的问题并给出准确和有用的答案，提高客户服务的效率和质量。

## 3. AI 模型建设和发展阶段

AI 模型是大模型的下一个阶段。AI 模型是一种结合了人工智能技术的大数据建模方法，可以适应更加复杂和多变的数据环境，能够自动学习、自动优化和自动预测，并且不断提高其准确性和效率。与传统数据模型不同的是，AI 模型可以适应更加复杂和多变的数据环境，能自主获取并分析所需数据，不断提高其准确性和效率。AI 模型从感知理解世界分析数据给出建议，逐渐进化到生成创造世界合成数据创造结果，AI 模型的基础能力包括智能对话、短文创作、图片生成、视频生成、智能生成型 AI 绘画等。

AI 模型在数据建模中的应用非常广泛，例如在风险评估、智能投资、财务预测、销售预测等领域，都可以有效地使用 AI 模型来发现数据特征和趋势，优化决策结果。AI 模型还可以帮助企业提高管理效率、运营效率和销售效率，降低运营成本，提高利润。

在 AI 模型的建设过程中，存在一些关键问题需要解决，例如数据质量问题、数据隐私保护、模型可解释性、模型的可靠性和偏差等问题。为了解决这些问题，需要采用一些高级技术，例如数据清洗和预处理、差异隐私保护、模型可解释性技术、模型评估和校准技术等。

AI 模型正在从单模态模型走向“模拟人”的多模态，模型和算法持续加速演进。生成性 AI 允许计算机抽象输入图形图像，AI 模型向行业的渗透，加速 AI 走向高阶智能类脑，从弱人工智能迈向强人工智能。

## 四、数字化管理模式的建设

数字化管理模式是通过数字化、信息化技术建立含有企业多个方面参数的模型对业务决策层、管理层和操作层进行赋能，改进决策方式、提升管理及对业务操作全覆盖的一种管理模式。

数字化管理模式有四个维度，这四个维度包括指标体系辅助决策维度、业务和数据模型固化管理维度、业务切片实现流程自动化对生产维度的管控、数据建模构建数字化模型实现数字赋能维度。数字化管理模式的四个维度构成了四种类型的模型，分别是决策模型、管理模型、操作模型和大模型的数字化管理模式，分别代表了数字化转型中的主要方面，可以帮助企业全面而系统地理解数字化转型的核心问题。

（1）决策模型：决策模型关注的是企业决策层面，通过对企业的战略和决策进行模型化，全面分析企业数字化转型所涉及的复杂问题，从而为企业决策提供科学依据。

（2）管理模型：管理模型关注的是企业管理层面，通过对企业内部管理流程、资源配置、风险控制等方面进行模型化，提高管理水平，优化流程和增强管理效益，从而更好地适应数字化转型的需求。

（3）操作模型：操作模型关注的是企业操作层面，通过对企业生产、销售、客户服务等业务操作进行模型化，实现协调一致、高效优化，提高数字化转型的效率和质量。

（4）大模型：大模型关注的是运用数据驱动数字化转型，将企业涉及生产经营的参数全部纳入模型设计，从数据搜集、管理、分析和应用全方位掌握数据资产，将数据应用于企业管理和决策，实现数字化转型的目标。

这四种模型相互关联，共同构成数字化转型的核心要素，管理者可以针对各自层面的管理工作，灵活运用这四种模型的特点，构建适合企业管理需求的数字化转型管理框架，在数字化转型中实现全面提升。

数字化管理模式的七个实施过程包括：建立数字化模型辅助决策形成指标体系、决策指标通过数字化模型分解落实成具体任务指标、利用新技术对工序和流程进行优化、建设数字化转型场景、实现全数据链自动化运行、不断优化模型以及通过模型对生产经营进行考核与持续改进等步骤。

## 1. 企业建立数字化模型辅助决策

企业数字化模型是数字化管理模式的核心组成部分，是一种分析、设计和表达数据及其关联的方法。它提供了一种抽象的、可视化的、可操作的方式，来描述被分析问题的相关数据和数据之间的关系，进而提供了数据决策、管理和应用的基础。通过数字化模型对企业业务进行分类分级，帮助决策者提升数字化主导的功能思维、解决方案思维勾勒企业未来轮廓。

企业可以通过建立数字化模型，对业务过程中的数据进行规划、整理和分析，从而实现对业务的可视化和建模。基于数据模型，企业可以根据业务需求和决策目标，建立决策指标体系。决策指标体系是一种组织和分类企业决策指标的体系，可以帮助企业快速识别和分析企业决策所需的数据指标，为企业在复杂多变的市场环境中，提供方向性和综合性的决策支持。

通过数字化模型和决策指标体系建设，企业可以从以下几个方面辅助决策：

（1）企业生产决策：企业可以通过对业务数据的建模和数据挖掘，及时获得有关业务流程的量化指标，进行精细化生产管理和决策。

（2）销售决策：通过建立销售数据模型和形成销售决策指标体系，企业可以对销售业务的现状和趋势进行预测和分析，制定更加明确的销售策略，增强企业在市场中的竞争力，达到事前算赢的目的。

（3）财务决策：通过企业数据模型和财务决策指标体系，可以快速、准确地测算企业财务状况，提高决策的准确性和可靠性。

通过数字化模型和决策指标体系，企业可以对业务数据进行分析和建模，为企业的决策提供具体指标。

## 2. 决策指标通过数字化模型分解成生产和经营指标

企业管理部门通过数字化转型进行职责优化，负责组织建设辅助决策支持和管理的数字化模型，为决策和管理提供建议方案。企业高层决策后，职能部门通过模型对决策事项进行分解落实，落实到业务指标体系中，并负责监督执行和考核。

企业管理部门可以通过建立数字化模型对决策指标进行分解，将高层决策转化为可执行的、可衡量的具体指标，然后分配给下一级部门和不同岗位去实施。模型可以以目标—绩效—指标体系为基础建模，以目标为导向，将目标细化为关键绩效指标，再将绩效指标细化为测量指标和行为指标。这样的分解可以帮助管理部门更好地理解目标，更好地理解达成目标所需要的绩效指标，并明确需要测量和具体实施的行为指标，从而更好地落实决策。

在数字化模型建设上，针对每个指标可以建立相应的数据汇总和分析模型，以便不断优化指标体系并监控实际执行情况。模型可以帮助管理者对数据进行有效地分析，发现问题与机会，优化执行方案并跟进改进结果，从而优化企业运营及决策，实现可持续发展。模型可以通过对决策进行分解和指标化，帮助管理部门更好地理解和实施决策，加强决策和执行的衔接，提升企业管理水平和运营效果。

企业管理的数字化模型可按多种分类方式进行划分，以下是常见的分类方式：

（1）操作型和分析型模型：操作型模型关注业务流程的实时处理和控制，如订单处理、库存管理等；而分析型模型则专注于业务数据的总结和分析，如报表、数据仪表盘等。

（2）概念模型、逻辑模型和物理模型：概念模型关注企业的业务和数据概念，与技术实现无关；逻辑模型反映业务需求与计算机系统的逻辑关系；而物理模型强调数据在计算机系统内的物理存储表现。

（3）企业架构模型：企业架构模型包括战略层、业务层、信息层和技术层，用于描述企业的战略、业务、信息和技术之间的关系。

（4）业务面向模型和数据面向模型：业务面向模型关注业务过程和业务数据之间的关系，如 BPMN 模型；数据面向模型则是按照数据之间的关系进行建模，如实体—关系模型（ER 模型）。

企业数字化模型是实现数据驱动型企业数字化转型的关键组成部分，企业可以根据自身的实际需求和架构体系，选择或设计适合自己的管理模型。

## 3. 工序和流程的优化

按照指标体系要求，落实生产任务，完善主营业务指标体系建设，实现主营业务三流合一，对业务工序流程进行优化，对业务进行模块化、标准化设计。通过模型对工序和流程优化是企业提高生产效率和降低成本的重要手段，工序和流程优化可以通过以下几个方面进行：

（1）自动化：采用机器或计算机技术来代替人类工作，提高生产效率和准确性。例如，在制造业中，可以采用机器人来完成重复性高、难度较大的工作。

（2）简化和标准化：利用物联网、工业互联网等新技术简化生产流程和标准化生产操作，节约时间和降低成本。例如，可以通过简化生产工艺流程和规范化操作标准来提高生产效率和产品质量。

（3）改进管理：利用数字化平台优化生产管理体系，加强生产过程的监控和调整。例如，可以重视生产流程管理，优化生产计划和质量控制管理等。

## 4. 数字化转型场景建设

企业通过构建主营业务全景图，分解落实一至三级业务，形成业务切片排出优先级，通过对业务切片的数字化形成数字化转型的应用场景，“业务＋技术”实现数字化转型场景建设，对业务操作全程数据化、管理岗位报表的自动化，达到生产运行无人值守、安全智能报警、管理现代化等数字化转型目标。

数字化转型场景建设是企业数字化转型的重要环节，主要包括以下几个方面：

（1）明确转型目标：企业数字化转型的关键在于把握转型目标，根据企业的业务特点和客户需求，明确需要实现哪些数字化应用和场景。

（2）识别场景和应用：通过调研和分析，识别出企业所需的数字化转型场景和应用，包括企业内部的生产管理、营销推广、用户服务等方面，以及企业与外部客户、供应商的互动和合作。

（3）展开主营业务设计数字化场景：通过需求分析和应用设计，设计出符合业务需求的数字化转型场景，明确需要实现的功能、技术和服务，建立数字化转型场景的整体架构和技术架构框架。

（4）实施数字化场景：按照场景设计和技术规划方案，开展数字化转型场景的实施工作，包括数据采集和处理、硬件设备部署、应用软件开发、网络搭建、系统集成等方面。

（5）数据分析和管理：完成数字化转型场景建设后，企业需要对场景进行数据分析和管理，对数据进行深入挖掘和分析，以帮助企业更好地了解客户需求、提升服务品质，不断提升数字化转型效果。

（6）持续改进：数字化转型场景建设是一个持续变革和优化的过程，企业需要不断根据实际情况进行调整和优化，以保证数字化场景的实现效果和企业目标的实现。

数字化场景建设是数字化转型的典型应用及核心能力。例如，利用数字孪生技术对生产运行进行全程数字化建模，帮助企业更好地理解和管理生产过程，优化运营效率，并提供更好的决策支持。建模的步骤和要点如下：

（1）数据采集和传感器部署：需要确定所需的数据类型和数据采集点，并部署相应的传感器和数据采集设备。这些传感器可以用于监测设备状态、产品质量、环境条件等。数据采集的质量和准确性对于数字孪生模型的建立至关重要。

（2）数据存储和处理：采集到的数据需要进行存储和处理，以便后续的建模和分析。可以使用数据湖、数据仓库等技术来进行数据存储和管理，同时还可以利用大数据平台和数据处理工具进行数据清洗、转换和预处理。

（3）建立数字孪生模型：在准备好的数据基础上，可以开始建立数字孪生模型。数字孪生模型是对实际生产过程的精确模拟，可以包括设备、物料流、能源消耗、产品质量等方面的内容。模型可以基于物理模型、统计模型、机器学习模型等进行建立，具体的选择取决于实际需求和可用数据。

（4）模型验证和优化：建立数字孪生模型后，需要对模型进行验证和优化。可以将实际的生产数据与模拟的数据进行对比，评估模型的准确性和可靠性。如果有发现偏差或不一致的情况，可以进行调整和优化，以提高模型的预测和分析能力。

（5）模型应用和价值实现：建立好的数字孪生模型可以用于各种应用场景，例如生产计划优化、预测维护、故障诊断等。通过模型的应用，可以实现生产运行的监控、优化和决策支持，提高生产效率和质量，并降低成本和风险。

（6）模型更新和演进：数字孪生模型需要与实际生产过程保持同步，并随着业务的发展和变化进行更新和演进。需要持续地收集和分析实际生产数据，不断优化和改进模型，使其能够更好地反映实际情况。

值得注意的是，建立数字孪生模型需要充分考虑数据的质量、模型的精确性和可靠性，以及与实际生产过程的对接程度。此外，数字孪生模型的建立是一个持续的过程，需要企业在技术、组织和文化等方面进行全面地支持和推动。通过利用数字孪生技术进行全程数字化建模，企业可以更好地理解和管理生产过程，提高生产效率和质量，并为决策提供有力的支持，从而实现数字化转型和业务的持续改进。

## 5. 全数据链自动化运行

企业要做到对主营业务全数据链采集，建立采集、分析和处理主营业务的数据模型，力争实现全数据链的自动化运行。全数据链自动化运行是数字化转型过程中数据管理和运营的重要环节，它主要包括以下几个方面：

（1）数据采集自动化：企业需要通过数字化技术和传感器等设备，对各类数据进行采集，包括生产设备的运行数据、用户的行为数据、市场交易数据等，实现数据采集自动化和实时监控。

（2）数据处理自动化：通过人工智能技术、大数据处理及机器学习等技术，对采集到的数据进行处理、分析和挖掘，实现数据智能化处理和自动化分类。

（3）数据传输自动化：通过数字化技术和互联网等方式，实现数据在不同设备和终端之间的自动传输和共享，实现数据的自动化传输和同步。

（4）数据管理自动化：通过数字化技术和工作流程，实现数据的自动化收集、存储、备份和恢复，实现数据的安全和可靠性管理。

（5）数据应用自动化：通过数字化技术和应用程序，实现智能化服务、自动化推荐和个性化需求分析等应用，提升用户体验和企业服务品质。

（6）数据监控和调节：通过数字化技术和大数据分析等手段，对数据链的运行进行实时监控和调节，提升数据链的效率和可靠性。

全数据链自动化运行可以帮助企业实现数字化转型目标，并提升企业在市场竞争中的竞争力和运营效率。通过数据采集、处理、传输、管理和应用方面的自动化运行，企业可以更快速、更准确、更安全地实现数据的高效运营。

## 6. 优化数字化模型确定竞争优势

优化数字化模型是企业数字化转型过程中的关键步骤之一，通过对企业数据进行建模和优化，可以更有效地分析和管理数据，进而确定企业的竞争优势。以下是企业优化数据模型确定竞争优势的几个步骤：

（1）了解业务环境：企业需要了解自己所处的行业和市场环境，清楚自己的业务特点和竞争状况，以及所处的市场需求和趋势，有助于建立更加准确、实用的数据模型。

（2）收集数据：企业需要收集和整合各类数据，包括企业内部的生产、销售、客户等数据，以及外部市场和竞争对手的数据，对数据进行分类、整理和处理。

（3）建立数字化模型：企业需要建立相应的数据模型，将数据进行分类、标准化和建模，建立起对应的数据维度和关系，以支持数据分析和管理。

（4）分析数据：企业需要通过数据分析工具和技术，对数据进行深入挖掘和分析，发现业务规律和趋势，为企业提供决策支持和优化数据模型的依据。

（5）优化数字化模型：企业通过对数据模型的分析和优化，对数据进行重新建模和整合，提高数据模型的精度、准确性和应用价值，以支持企业决策和竞争优势的确定。

（6）在应用过程中不断优化：优化数据模型是一个持续的过程，企业需要根据业务变化和市场需求不断地优化数据模型，不断提升数据分析和管理的效率和准确性，以保持企业竞争优势和增强核心竞争力。

通过优化数字化模型，企业可以更加精准地分析和管理数据，提高决策效率和决策的质量，为企业竞争优势的确定和持续发展提供有力支持。

## 7. 考核与持续改进

企业要通过数据模型开展考核与持续改进，提高智能监督监管水平。要聚焦智能监督，围绕关键环节和重点领域，持续推进横向到边、纵向到底、全面协同的监管格局，加快形成全面覆盖、重点突出、协同联动、防控有效的数字化、智能化监管体系，进一步实现实时监管、精准监管、有效监管，努力实现监管水平再上新台阶，形成与数字经济发展相适应的治理水平。实时监管要在在线的基础上进一步贯通与信息系统的实时连接，实现事后监管向事中事前监管并重转变，增强监管全过程的时效性。精准监管要不断提高监管者自身的专业化水平，持续推进监管业务与信息化深度融合，以全面信息化手段和更加精准的数据利用，提高监管的权威性，避免大而化之，不具有可操作性的监管方式，要讲究监管效率、效益和效果，加强全系统集成、全流程覆盖、全过程在线、全级次穿透，不断增强监管系统，助力发现问题，形成震慑的能力水平，以可量化结果不断提高监管成效。

考核与持续改进是企业数字化转型过程中的关键环节之一，是实现数字化转型成功的必要条件。以下是企业实行考核与持续改进的几个步骤：

（1）设定目标和评估标准：企业需要设定明确的数字化转型目标，并制定对应的考核标准，以保证目标的具体性、可度量性和可操作性。

（2）设计评估方法：企业需要设计一套有效的评估方法，包括数据收集、分析、整理和报告等环节，确保评估的真实性、可靠性和有效性。

（3）建立 KPI 管理系统：企业需要建立 KPI 管理系统，对数字化转型中的关键绩效指标进行监测和管理，通过信息系统中数据分析和报告，自动化考核，避免人为干预，实现对 KPI 目标的追踪和持续改进。

（4）制订改进计划：企业需要通过信息系统对数据进行分析和评估，制订相应的改进计划，包括流程优化、服务升级、技术改进等方面，实现数字化转型过程中的持续改进。

（5）实施改进措施：企业需要制订改进措施的详细实施方案，并通过具体的操作和实施，实现数字化转型过程的不断提升，并保证改进措施的执行。

（6）总结和反馈：企业需要对数字化转型过程中的考核和改进结果进行总结和反馈，包括成功经验和失误教训，针对性地调整和优化数字化转型过程中的相关策略和措施，实现数字化转型的持续优化和升级。

通过考核和持续改进，企业可以深入了解数字化转型过程的各个环节和数据指标，总结经验和发现问题，实现数字化转型过程的不断优化和升级。企业需要始终牢记数字化转型的目标和方向，积极推进数字化转型的各个环节，并不断追求更高效、更高质的数字化转型结果。

## 五、将生产和经营的指标作为数字化管理模式的参数配置

企业为了更好地实现数字化管理模式，需要将生产经营的决策和管理变成指标，作为数字化模型的参数，通过大数据实现企业数字化管理。数字化管理模式能帮助企业提高管理效率、优化决策和实现业务生产目标，可以帮助企业优化生产和经营指标的基线配置，提升企业的运营能力和竞争力。

数据驱动决策：数字化管理模式通过数据的采集、分析和应用，为管理层提供准确、实时的信息支持，帮助他们做出基于数据的决策。通过对生产和经营数据的监测和分析，管理层可以及时发现问题、识别优化机会，并采取相应的措施来改进和优化业务流程，进

而实现生产和经营指标的基线配置。

智能化生产：数字化管理模式通过将物联网、人工智能等技术应用于生产过程中，实现生产环节的自动化和智能化。通过实时监测生产数据、优化生产调度和资源配置，企业可以提高生产效率和质量水平，降低生产成本。智能化生产还可以帮助企业实现柔性生产，适应市场需求的快速变化。

协同合作与协同决策：数字化管理模式提供了协同办公和协同决策的工具和平台，促进企业内部各部门之间的信息共享和协作。通过实时沟通、共享数据和协同决策，企业可以更好地协调生产活动、优化资源配置，实现生产和经营指标的协同提升。

客户导向：数字化管理模式将客户需求和反馈纳入企业管理的全过程。通过数字化营销和客户关系管理系统，企业可以更好地理解客户需求，提供个性化的产品和服务，提升客户满意度，从而促进销售增长和市场份额的提升。

实时监控和反馈：数字化管理模式通过实时监控和数据分析，帮助企业管理层及时了解业务运营情况，并提供实时反馈和报告。通过数字化的仪表板和指标监控系统，管理层可以随时掌握业务指标的变化和趋势，及时调整策略和优化业务流程，以达到预期的生产和经营目标。

数字化管理模式的应用可以帮助企业建立高效的管理机制和流程，优化资源配置和决策过程，实现生产和经营指标的基线配置。然而，企业在引入数字化管理模式时需要充分考虑企业的实际情况和需求，确保数字化管理模式与企业的战略目标和价值观相契合，并与组织文化相适应。通过合理的规划和实施，数字化管理模式将成为企业在数字化转型过程中的重要利器，推动企业实现生产和经营指标的持续增长和优化。

## 1. 建立企业生产和经营指标体系

建立企业业务指标体系的基线配置是为了确定业务指标的基准值或目标值，以便评估和监控业务绩效的进展和达成情况。以下是建立企业业务指标体系的基线配置的一般步骤：

（1）确定业务目标：明确企业的业务目标，包括财务目标、市场目标、运营目标等。这些目标应该与企业战略相一致，并具有可衡量性和可操作性。

（2）确定关键绩效指标：根据业务目标，确定与目标相关的关键绩效指标（KPIs）。关键绩效指标应该能够反映业务的核心价值和关键成功因素，从而量化业务绩效。

（3）收集历史数据：收集与关键绩效指标相关的历史数据，这可以是过去一段时间内的业务数据或业务绩效数据。这些数据可以来自内部的业务系统、财务报表或市场调研。

（4）分析数据和确定基准值：对历史数据进行分析，了解数据的分布、趋势和变化。根据历史数据和相关业务知识，确定关键绩效指标的基准值或目标值。

（5）制订指标配置计划：根据确定的基准值或目标值，制订指标配置计划，包括具体的数值、时间范围和责任人。确保指标配置计划与业务目标和战略一致，并具有可衡量性和可操作性。

（6）设定监控和报告机制：建立适当的监控和报告机制，用于定期跟踪和报告关键绩效指标的进展情况。可以使用仪表板、报表或其他数据可视化工具，以便清晰地展示业务绩效。

（7）进行周期性评估和调整：定期评估关键绩效指标的基线配置，结合业务目标的变化和市场环境的变化，对基准值或目标值进行调整。确保业务指标体系的基准配置与企业的需求和实际情况保持一致。

建立企业业务指标体系的基线配置是一个持续的过程，需要不断地引入新的数据，进行分析和调整。通过有效的基线配置，企业可以更好地评估和监控业务绩效，及时进行业务调整和改进，以实现业务目标和持续的业务增长。

## 2. 通过生产和经营指标的分解落实确定下属各部门和各单位的生产任务

确定下属各部门和各单位的生产任务是将企业的生产指标分解到各个具体部门和单位，使其能够理解和接受任务，并根据任务进行具体的生产安排和执行。一般的步骤如下：

（1）确定总体的生产指标：确定企业总体的生产指标，包括产量、质量、成本、交付时间等方面的指标。这些指标应该与企业的战略目标和市场需求相一致。

（2）分解生产指标：将总体的生产指标逐级分解到各个部门和单位。根据各个部门的职责和能力，将生产指标分配给相应的部门或单位，确保每个部门和单位都有明确的任务和指标。

（3）协商和确认任务细节：与各个部门和单位进行协商，明确任务的具体细节和要求，包括生产数量、质量标准、交付时间等方面的具体要求。确保任务的可行性和可接受性，以及部门和单位的资源和能力可以支持任务的完成。

（4）制订生产计划和安排：根据任务需求，制订相应的生产计划和安排。确定生产的时间、地点、工艺流程等方面的具体安排，以保证任务按时、按质地完成。

（5）指导和监督执行：对下属部门和单位进行指导和监督，确保任务按计划执行。提供必要的支持和资源，解决执行中的问题和困难，确保任务的顺利完成。

（6）定期评估和反馈：定期评估生产任务的完成情况，与各部门和单位进行反馈和共享经验。根据评估结果，及时调整任务的分配和执行方式，以达到更好的生产效能和绩效。

通过对生产业务指标的分解落实，可以将总体的生产指标转化为实际的任务和工作安排，使各部门和单位能够清晰地知道自己的责任和目标，并为实现整体生产指标做出贡献。这有助于提高生产效率、协同作业、提高质量和满足客户需求。

## 3. 利用数字化模型帮助企业准确执行生产和经营任务

利用数字化模型可以帮助企业准确执行生产和经营任务，并提高执行效率和质量。以下是一些数字化模型的应用方式：

（1）生产计划和调度：数字化模型可以帮助企业进行生产计划和调度，确保生产任务的准确执行。通过收集和分析生产数据，可以建立准确的生产需求预测模型，从而合理安排生产计划和资源调度。数字化模型还可以实时监测生产进度和资源利用情况，并自动进行调整和优化，提高生产执行的准确性和效率。

（2）供应链管理：数字化模型可以优化供应链管理，确保物料的准时供应和产品的及时交付。通过建立供应链网络模型，可以实时监测供应链中各环节的运作情况，及时发现潜在问题并作出相应调整。数字化模型还可以应用物联网和大数据分析技术，提供供应链可视化和实时监控，促进供应链各方之间的协同合作和信息共享。

（3）任务分配和执行追踪：数字化模型可以帮助企业进行任务分配和执行追踪，确保任务的准确执行和进度的实时掌握。通过建立任务管理系统和数字化平台，可以将任务分配和执行情况实时记录和追踪，提供任务进度和完成情况的可视化和报告。数字化模型还可以将任务分配与员工绩效评估相结合，提高员工工作效率和任务执行的准确性。

（4）远程监控和控制：数字化模型可以实现对生产和经营过程的远程监控和控制，确保任务的准确执行和质量的控制。通过物联网和传感器技术，可以实时监测生产设备和产品质量参数，并及时发出警报和采取措施。数字化模型还可以实现远程控制和调节，提高生产过程的稳定性和一致性。

（5）数据分析和决策支持：数字化模型可以提供数据分析和决策支持，帮助企业准确执行生产和经营任务。通过收集和分析生产和经营数据，可以建立准确的数据模型和预测模型，提供决策支持和优化方案。数字化模型还可以应用人工智能和机器学习技术，挖掘数据中的隐藏信息和模式，提供更准确的决策支持。

利用数字化模型帮助企业准确执行生产和经营任务，需要建立合适的信息系统和数据平台，确保数据的准确性和实时性。同时，还需要培训和培养员工的数字化技能和知识，提高他们对数字化模型的应用能力和理解。只有合理引入和应用数字化模型，并与企业的业务流程和人员配合良好，才能实现准确执行生产和经营任务的目标。

## 六、数字化管理模式助力企业实现全数据链运营

全数据链运营指的是企业通过建立数字化平台、构建数字化生态圈，实现业务信息流、物流和资金流的三流合一。其主要包括以下几方面内容：

（1）建立数字化平台：通过建立数字化平台，例如ERP、生产运行平台、电子商务交易平台等，将企业内外部的系统、数据、资源及合作伙伴等进行整合，形成一个全局性的数字化生态系统。

（2）精细化业务流程：通过数字化技术，优化企业内部和外部的业务流程，实现快速、高效、准确的信息流、物流和资金流操作，进一步提高企业运营效率。

（3）建立数字化供应链：通过建立数字化供应链，实现全过程的可追溯性和透明度，从而保障质量和安全，减少库存压力，提升客户满意度和客户忠诚度。

（4）数据智能分析：利用大数据分析、人工智能等技术，对数字化平台中的数据进行分析和挖掘，实现业务创新和模式创新，促进企业竞争力的提升。

（5）跨界合作：通过数字化平台，实现企业内部和外部的协同合作，扩大业务范围和渠道，增加业务增长点，进一步提升企业的收益增长和利润率。

全数据链运营的实施，可以帮助企业实现业务信息流、物流和资金流的三流合一，提高业务的响应速度和准确性，进一步降低运营成本和风险，提高收益和利润，提升企业核心竞争力和企业的市场影响力。

## 1. 构建线上无接触式的数字化管理模型

通过建设企业交易平台，实现客户连接，面向客户构建全连接的协同平台，围绕客户旅程开展体验设计，构建线上无接触式数字化管理模型。

（1）实时：意味着信息实时获取，即业务对用户需求进行快速响应，让用户零等待；企业内部流程快速流转，业务快速运作。

（2）按需：意味着按需定制，即让用户可以按照自己的实际需要定制各项服务，可以自由选择。

（3）全在线：意味着服务问询和结果交谈全在线处理，即让用户在线进行业务操作，实现资源全在线、服务全在线、协同全在线。

（4）自助：意味着用户可自助服务，即让用户拥有更多的自主权，提升用户的参与感。

（5）社交：意味着社交分享，即让用户可以协同交流、分享经验和使用心得，增加用户归属感，增加用户黏性。

（6）在线体验：客户可实时获取营销信息、产品动态和行业信息，通过在线展厅观看解决方案和产品的实时展示，也可按需、自助购买线上的解决方案和产品，并实现客户化定制。

（7）在线交易：全在线的交互体验，客户订单全在线处理；高质、高效的交易，且交易全程与厂商“零”接触，交易过程全程可视。

（8）智能服务：智能客服，用户问题快速闭环处置和帮助热线智能问答。

（9）统一的数据底座：基于统一客户信息平台和统一的数据底

座，提供一致的体验。

## 2. 构建产业链自适应的数字化管理模型

通过建设企业统一的生产运营平台，围绕客户需求，构建产业链自适应优化管理模型，实现敏捷工作方式。随着市场竞争压力的增加，企业需要不断优化自己的产业链，提升供应链、生产线和销售渠道的协同作用和效率，促进企业长期可持续发展。构建产业链自适应优化管理模型能够实现对产业链的智能化管理和自适应优化。以下是构建产业链自适应优化管理模型的几个主要步骤：

（1）数据整合和分析：整合产业链上各个环节的数据，并进行数据分析，以实现对产业链各个环节的深入了解，及时发现和解决问题。

（2）制定优化策略：根据数据分析结果，制定最优的产业链优化策略。如在生产环节中，可优化物料采购、生产线配置等；在销售环节中，可优化渠道分销、客户服务等。

（3）优化方案执行：在制订好优化方案后，对其进行执行，并实时进行监控和调整，以实现对优化效果的最大化。

（4）环节协同和管理：对产业链各个环节进行管理和协调，通过信息化手段，实现协同计划的制订和推广，及时识别运营中的瓶颈和风险。

（5）智能化建设：在以上步骤执行中，结合人工智能、物联网等技术手段的应用，实现自适应优化，提升企业生产效率、优化产业链运营效果。

构建产业链自适应优化管理模型，能够帮助企业高效管理产业链，提升资源利用效率、生产效率和运营效率。同时，提高供应链、生产线和销售渠道的协同性，推动企业实现合理利润增长，促进企业可持续发展。

## 3. 构建行业生态平台的数字化运营模型

通过企业之间平台对接，建设生态协同系统，构建行业生态平台链接运营模型能够实现企业间的互联互通和优势互补，激活生态系统内各主体之间的合作共赢。以下是构建行业生态平台链接运营模型的几个主要步骤：

（1）生态系统构建：基于行业特点和市场需求，建立起行业生态平台，吸引并纳入相关企业，打造较为完整的生态系统。

（2）产业链深入探索：对生态系统内的各种资源进行深入了解和挖掘，包括行业的供应链、生产链和销售链等。

（3）平台价值探索：利用数据挖掘和 AI 技术，从海量数据中提取有用的信息，并通过算法分析，将这些信息转化为价值，探寻平台的价值点和核心竞争力。

（4）优化流程处理：针对生态平台中产业链上的环节和业务流程，进行挖掘分析和优化，实现优质资源的整合和流程的高效处理。

（5）合作共赢机制：建立基于合作共赢的商业模式，通过资本和资源的整合，实现利益共享和合作成长。

（6）智能化管理：利用现代化技术手段，实现对平台的信息化管理和智能化控制，方便决策和管理。

构建行业生态平台链接运营模型能够帮助企业实现产业升级和转型，实现资源和流程的互通和优化，从而提高整体效率和盈利能力。同时，还能够扩大企业市场范围和竞争力，推动整个行业的良性发展。

## 4. 数字化管理模式助力企业敏捷经营

企业通过数字化技术和数字化平台，实现全面的数字化管理模式，对企业内部和外部的各种资源、业务、流程进行智能化和优化，在全链条闭环化中提升企业的敏捷经营管理能力，主要体现在以下几个方面：

（1）数字化物流管理：通过数字化平台，实现生产物流、仓库运营等各环节的全覆盖式管理，保证产品供应更快捷、更准确、更高效，有效降低物流成本，提高企业生产效率。

（2）数字化销售管理：通过数字化平台实现销售全过程的数字化管理，包括线上销售、线下销售、客户管理等环节的数据集中管理，实现销售流程全面智能化、自动化、客户化处理，提升企业销售能力。

（3）数字化运营管理：通过数字化平台实现数据管理、流程管理、效率管理、质量管理等全面数字化的运营管理，提升企业流程协调能力和管理效率，促进企业敏捷经营管理。

（4）数字化风险管控：通过数字化平台实现企业运营各环节安全风险防控，包括网络安全风险、商业风险、财务风险、市场风险等方面的综合管理，保障企业安全稳健发展。

数字化管理模式可以帮助企业实现全数据链闭环运行，从而实现生产、销售、运营多个环节的智能化、数字化和闭环化，提升企业敏捷经营管理能力和协调能力，进一步提高企业运营水平和市场竞争力。

## 5. 数字化管理模式助力统一工业互联网平台提升竞争力

传统企业的核心业务分散在不同的业务系统中，呈碎片化，难以共享和重用。利用数字化管理模式实现工业互联网平台的统一架构有助于企业提炼核心业务能力，形成模块化、服务化的业务中心，便于共享和重用。在此基础上，企业还可以沉淀多年的经验和专业知识，形成共享知识库。随着时间的积累，企业将逐渐形成宝贵的知识资产，进一步促进产品和业务创新，最终提升自身的核心竞争力。

企业构建统一架构的工业互联网平台，并沉淀知识资产，步骤如下：

（1）进行业务流程重构：对现有的业务流程进行评估和重构，找出业务中存在的碎片化和重复的部分。通过统一架构，将分散在不同系统中的核心业务集中管理和整合，实现业务流程优化和标准化。

（2）设计模块化的业务中心：将核心业务抽象为独立的模块，并通过统一架构进行集中管理和控制。每个模块可以提供特定的功能和服务，其他业务系统可以通过接口和服务调用这些模块，实现业务的共享和重用。

（3）建立数据中心和统一数字化模型：创建一个数据中心，用于存储和管理企业各个系统中的数据。通过统一的数据模型，将不同系统中的数据进行整合和标准化，以便于数据的共享和分析。同时，建立数据安全和权限控制机制，保护数据的安全性和隐私性。

（4）实现知识沉淀和共享：将企业多年积累的经验和专业知识进行沉淀，形成共享知识库。通过统一架构的工业互联网平台，企业内部的各个部门和岗位可以共享和访问这些知识库，促进知识的传递和应用。

（5）推动创新和业务转型：通过统一架构的工业互联网平台，企业可以更好地利用沉淀的知识资产，进行产品和业务创新。可以通过数据分析、模型建立等技术手段，发掘潜在的商机和改进的机会，推动企业的业务转型和提升核心竞争力。

需要注意的是，构建统一架构的工业互联网平台是一个复杂的过程，需要充分考虑企业的业务需求和资源情况。同时，也需要解决数据安全和隐私保护、系统集成和兼容性等技术挑战。因此，在实施过程中，建议逐步迭代和演进，结合企业自身的发展规划和目标，有序地推进数字化转型和业务优化。

## 6. 数字化模型将业务与系统解耦，提高业务敏捷性

企业在没有建设数字化模型之前的传统信息化项目实施过程中，往往习惯于将业务与特定的信息系统绑定，通过信息系统提供的能力来支撑业务的运作，这本也无可厚非。由于这类信息系统都以数据源系统为主，庞大且难以扩展，随着应用的深入，反而限制了业务的扩展和创新。所以，按照分层思想建设支持决策、管理和生产操作的不同层次的数字化模型，将数据源和信息系统下沉到后台，利用工业互联网平台的广泛连接能力来聚合数字化模型的应用，将业务与系统解耦，以提高业务的敏捷性和可扩展性。以下是一些关键步骤和注意事项：

（1）数据源和信息系统下沉：将各个数据源和特定的信息系统下沉到后台的位置，并将其作为数据的提供方。这可以包括生产设备、传感器、ERP 系统、CRM 系统等。确保数据源和信息系统能够以标准化的接口和数据格式提供数据。

（2）构建工业互联网平台：建立一个统一的工业互联网平台，通过广泛的连接能力，与各个数据源和信息系统进行集成。该平台需要支持不同类型的接口和协议，以便于连接各种数据源和信息系统。同时，平台需要提供数据集成、转换和存储能力。

（3）数据聚合和共享：在工业互联网平台上，通过配置和集成，将各个数据源的数据进行聚合和共享。这可以包括数据的采集、清洗、转换等步骤，以确保数据的准确性和一致性；为业务提供方便的接口和工具，使其能够访问和利用这些聚合的数据。

（4）数字化模型聚焦业务和创新：通过解耦业务和特定的信息系统，实现业务的聚焦和创新。业务可以根据自身需求，在工业互联网平台上选择合适的数据源和系统进行集成，形成完整的数字化模型，以满足特定的业务需求。

（5）隐私和安全保护：在进行数据聚合和共享时，需要注意数据安全和隐私保护。确保工业互联网平台有适当的安全措施，包括数据加密、权限管理、身份认证等。同时，要遵守相关的隐私法规和政策，保护用户和企业的数据隐私。

需要注意的是，将业务与特定的信息系统解耦，并利用工业互联网平台聚合数据，需要综合考虑技术、组织和文化等方面的因素。同时，也需要与各个业务方和信息系统的提供方进行合作和协调，确保顺利进行系统集成和数据共享。最终的目标是实现业务的敏捷性和可扩展性，提高企业的竞争力和创新能力。

## 七、数字化管理模式的优势

数字化管理模式具有很多优势，可以带来许多价值和好处。

（1）提高效率和降低成本：数字化管理模式可以自动化和优化业务流程，提高工作效率，并降低运营成本。通过数字化工具和系统，可以减少繁琐的手工操作和重复性工作，从而释放人力资源，专注于高价值的工作和决策。

（2）强化数据驱动决策：数字化管理模式通过数据采集、分析和可视化，为决策提供了更准确和及时的数据支持。基于数据分析，管理者可以做出更明智的决策，并快速响应市场变化和业务需求。

（3）提升业务洞察和预测能力：数字化管理模式可以帮助企业获得更深入的业务洞察和预测能力。通过数据分析和挖掘，企业可以更好地了解市场趋势、顾客需求和竞争对手动态，从而及时调整策略和方向。

（4）改善客户体验和服务：数字化管理模式可以提升客户体验和服务质量。通过数字化工具和平台，企业可以实现更快速、精准和个性化的服务响应，满足客户的个性化需求，并建立良好的客户关系。

（5）促进合作和协同：数字化管理模式可以促进企业内部和外部的合作和协同。通过数字化工具和平台，企业可以实现部门之间的信息共享和协同工作，提高组织的整体效能和创新能力。

（6）支持业务扩展和创新：数字化管理模式具有较强的灵活性和可扩展性，能够支持企业的业务扩展和创新。通过数字化平台和技术，企业可以快速响应市场机会，启动新产品和服务，并快速调整和适应变化。

## 1. 企业管理去中心化，全员参与经营管理

传统的管理模式往往过于依赖中层管理者和决策者，而数字化管理模式打破了这种层级束缚，提供了更平等和开放的管理方式。

通过数字化工具和平台，员工可以更容易地参与到决策和管理过程中。他们可以共享信息、提出意见和建议，参与项目的规划和执行，甚至参与到业务创新和改进中。数字化管理模式强调员工的主动性和创造力，将他们视为企业成功的关键组成部分。

数字化管理模式还通过信息透明和共享来推动去中心化。数字化工具和平台可以实现信息的实时共享和可视化，让所有员工都能够了解公司的目标、项目进展、业务数据等关键信息。这种信息的透明性可以激发员工的参与和合作，提升团队的协作效能。

此外，数字化管理模式还可以通过员工参与的方式来推动持续改进和创新。员工作为企业的现场执行者，了解业务的具体情况和挑战，他们可以提供宝贵的反馈和建议，推动业务的持续优化和创新。

## 2. 建设创新型企业

数字化管理模式为建设创新型企业提供了重要的支持和平台。它通过数据驱动的决策、开放创新平台、创新流程优化、学习型组织和实验迭代等手段，激发创新的动力和能力，促进企业的持续创新和竞争力的提升。以下是数字化管理模式如何促进企业创新的几个方面：

（1）数据驱动的决策：数字化管理模式通过数据采集、分析和可视化，为企业提供了更准确和全面的决策支持。基于数据的决策

能够减少主观性和偏见，更加客观和科学。企业可以从大数据中发现新的商机，理解市场和顾客需求，从而推动创新的出现。

（2）开放创新平台：数字化管理模式可以打造开放的创新平台，促进内部和外部的创新合作。通过数字化工具和平台，企业可以与合作伙伴、供应商、客户和创新社区连接并进行协同创新。这种开放的创新模式可以汇集各种资源和智慧，加速创新的发展。

（3）创新流程优化：数字化管理模式可以帮助企业优化创新流程，降低创新的成本和周期。通过数字化工具和项目管理平台，企业可以实现创新活动的协调和跟踪，提高创新项目的执行效率，并及时识别和解决问题。这种优化可以加快创新的速度和质量。

（4）学习型组织和知识管理：数字化管理模式可以支持企业打造学习型组织和有效的知识管理体系。通过数字化学习平台和知识管理系统，企业可以促进知识的共享和传播，提升员工的学习和创新能力。这种学习型组织和知识管理机制是创新的基础和支撑。

（5）实验和快速迭代：数字化管理模式鼓励企业进行实验和快速迭代，推进创新的发展。通过数字化工具和数据分析，企业可以进行小规模实验和验证，从而快速获取反馈和学习。这种实验和迭代的方法有助于发现问题、优化解决方案，并加速创新的迭代过程。

## 3. 数据诚信体现企业价值观

数字化管理模式通过确保数据的准确性和完整性、数据安全和隐私保护、数据开放和透明度，以及数据合规和道德等方面的考虑，体现了对数据的诚信。这些原则和措施可以提升数据的可信度和可靠性，增强企业管理的透明度和信任度，推动数字化管理模式的可持续发展。以下是数字化管理模式如何体现数据诚信的几个方面：

（1）数据的准确性和完整性：在数字化管理模式下，数据被视为企业的重要资产，需要确保数据的准确性和完整性。通过数字化工具和系统，企业可以有效地收集、存储和处理数据，避免了传统管理模式下可能存在的手工记录和处理错误。同时，数字化管理模式还可以通过自动化和规范化的数据采集过程，减少数据的误差和遗漏，提高数据的准确性和完整性。

（2）数据的安全和隐私保护：数字化管理模式注重数据的安全和隐私保护。企业通过数字化工具和平台进行数据的管理和共享时，需要采取相应的安全措施，如加密、身份验证、权限管理等，保护数据的机密性和完整性。同时，数字化管理模式也需要遵守相关的法律法规和隐私保护政策，保护员工和客户的个人数据隐私。

（3）数据的开放和透明度：数字化管理模式倡导数据的开放和透明度。企业可以通过数字化工具和平台实现数据的共享和开放，供员工、合作伙伴和客户使用和分析。同时，数字化管理模式也要求企业公开透明地向相关方提供数据，使其可以更好地了解企业的运营情况和决策依据。通过数据的开放和透明，企业可以提高信任度，加强合作关系，并与利益相关方共同创造价值。

（4）数据的合规和道德：数字化管理模式强调数据的合规和道德使用。企业在使用和处理数据时，需要遵守相关的法律法规和行业标准，确保数据的合法性和合规性。同时，数字化管理模式也需要企业在数据使用过程中考虑到道德和社会责任，避免滥用数据、侵犯隐私和伦理问题。

### 4. 对市场变化的敏捷反应

数字化管理模式通过实时数据获取、数据驱动决策、敏捷供应链管理、快速创新和产品迭代、敏捷营销和客户服务等方面的支持，使企业能够更敏捷地应对市场变化。这种敏捷性可以帮助企业抓住机遇、降低风险，并在竞争激烈的市场中保持竞争优势。以下是数字化管理模式如何实现对市场变化敏捷反应的几个方面：

（1）实时数据获取：数字化管理模式可以通过系统和平台实时获取市场和客户的数据。企业可以收集和分析实时销售数据、供应链数据、市场趋势数据等，快速了解市场状况和客户需求，发现市场变化和趋势。

（2）数据驱动决策：数字化管理模式通过数据的分析和挖掘，为企业提供数据驱动的决策支持。企业可以借助数据分析工具和算法，对大量的数据进行处理和分析，预测市场需求、产品趋势等，从而做出更加准确和及时的决策。

（3）敏捷供应链管理：数字化管理模式可以帮助企业构建敏捷的供应链管理系统。通过数字化工具和技术，企业可以实时追踪和管理供应链各个环节的数据，从原材料采购到生产制造、物流配送等都能进行实时监控和调整，以适应市场需求和变化。

（4）快速创新和产品迭代：数字化管理模式提供了快速创新和产品迭代的能力。企业可以借助数字化工具和技术，快速开展产品研发、测试和迭代，通过用户反馈和数据分析，及时调整产品功能和设计，满足市场需求和变化。

（5）敏捷营销和客户服务：数字化管理模式可以支持企业实施敏捷的营销和客户服务策略。通过数字化渠道和工具，企业可以快速定位和触达目标客户群体，灵活调整营销活动和策略。同时，数字化管理模式还可以实现客户关系管理和个性化服务，为客户提供更好的体验和满足其个性化需求。

## 5. 企业经营自适应和不断优化

数字化管理模式通过数据驱动决策、预测和趋势分析、敏捷运营和供应链管理、客户体验和关系管理、持续改进和创新等方面的支持，促进了企业的自适应和不断优化。这种自适应和优化能力使企业能够快速响应市场变化，提供优质的产品和服务，并在竞争激烈的市场中保持竞争优势。以下是数字化管理模式如何实现企业自适应和不断优化的几个方面：

（1）数据驱动决策：企业可以利用大数据分析、机器学习和人工智能等技术，对海量的数据进行深入挖掘和分析，发现市场趋势、客户需求、竞争情报等，从而做出更准确和及时的决策。这样的数据驱动决策可以帮助企业快速做出调整和优化，以适应市场的变化。

（2）预测和趋势分析：数字化管理模式可以通过数据的分析和挖掘，预测市场趋势和客户需求的变化。企业可以借助数据分析工具和技术，根据历史数据和趋势，预测未来的市场需求和发展方向。这样的预测和趋势分析可以帮助企业提前做出调整和准备，保持竞争力并避免风险。

（3）敏捷运营和供应链管理：数字化管理模式可以帮助企业实现敏捷的运营和供应链管理。通过数字化工具和技术，企业可以实时监控和调整生产制造、供应链配送等环节，以适应市场需求和变化。同时，数字化管理模式还可以实现快速响应和灵活调配资源，提高运营效率和品质，实现自适应和不断优化。

（4）客户体验和关系管理：数字化管理模式可以支持企业提供优质的客户体验和个性化的服务。通过数字化工具和技术，企业可以更好地了解客户需求和偏好，实现精细化的营销和个性化的服务。同时，数字化管理模式还可以实现客户关系管理，建立稳固的客户关系和忠诚度，提高客户满意度和忠诚度。

（5）持续改进和创新：数字化管理模式鼓励企业进行持续改进和创新。通过数字化工具和技术，企业可以实时收集和分析数据，不断优化业务流程和运营模式，推动持续改进和效率提升。同时，数字化管理模式也可以激发创新思维和培养创新文化，推动企业不断创新和开拓新市场。

## 6. 促进 AI 的深度应用

数字化管理模式与 AI 的深度应用相互促进，可以通过数据驱动和智能决策、自动化和优化、智能客户服务和用户体验、预测和趋势分析、创新与研发支持等方面，提升企业的效率、创新能力和竞争力。这种整合和应用的方式可以帮助企业实现数字化转型，适应快速变化的市场环境。以下是一些数字化管理模式促进 AI 深度应用的方式：

（1）数据驱动和智能决策：数字化管理模式提供了大量的数据来源和整合能力，可以为 AI 算法提供充足的数据支持。企业可以收集和利用内部和外部的数据，通过数据分析和挖掘，帮助 AI 算法进行智能决策。这样的数据驱动和智能决策能够加速企业的决策过程，提高效率和准确性。

（2）AI 驱动的自动化和优化：数字化管理模式可以结合 AI 技术，实现工作流程的自动化和优化。通过 AI 算法和机器学习模型，可以实现自动化的任务执行、业务流程优化和资源调配。例如，AI 可以自动处理和分析大量的数据，识别潜在的业务机会和风险，提供自动化的报告和预测，这样可以极大地提高工作效率和资源利用率。

（3）智能客户服务和用户体验：数字化管理模式可以借助 AI 技术，实现智能客户服务和个性化用户体验。通过自然语言处理（NLP）和机器学习算法，可以实现智能客服机器人、智能推荐和个性化营销等功能，提供快速而准确的客户支持和服务。这样可以提高客户满意度和忠诚度，增强企业的竞争力。

（4）预测和趋势分析：数字化管理模式与 AI 相结合，可以实现更准确的市场趋势预测和需求分析。通过大数据分析和机器学习算法，可以挖掘出隐藏的市场规律和趋势，帮助企业做出更准确的预测和决策。这样可以帮助企业抢占市场先机，提高产品的竞争力和市场份额。

（5）创新与研发支持：数字化管理模式可以为企业的研发团队提供支持，促进创新和技术进步。通过 AI 算法和数据分析，可以加速新产品的研发过程，辅助创新决策和产品设计。同时，数字化管理模式还可以提供知识管理和科研支持平台，帮助团队共享和学习最新的研究成果和技术进展。

# 八、数字化管理模式的应用

数字化管理模式可以助力企业统一业务蓝图落地，助推技术架构升级；业务流数据流融合，助推信息高效共享；生产经营线上管理，助推管理方式变革；综合研究智能协同，助推研究模式转型；工程技术远程管控，助推作业流程再造；生产作业智能操控，助推调控管理变革；经营决策精细高效，助推决策模式转型；安全环保预警可控，助推作业管控升级；生态开放共享共赢，助推运营模式转型。

数字化管理模式的应用范围非常广泛，几乎适用于各个行业和领域。

（1）制造业：数字化管理模式可以应用于制造过程的监控和优化，包括自动化生产线、物联网设备监测、实时数据分析等，以提高生产效率和质量管理。

（2）零售业：数字化管理模式可以帮助零售企业实现供应链的可视化和智能化，优化库存管理、预测销售需求、个性化营销，提升客户体验和销售额。

（3）金融业：数字化管理模式在金融领域的应用非常广泛，包括电子支付、移动银行、风险管理、数据分析等，以提高金融服务的效率和安全性。

（4）健康医疗：数字化管理模式可以用于医疗数据的收集、管理和分析，支持医院的智能化运营和临床决策，以提高医疗质量和患者体验。

（5）物流和供应链：数字化管理模式可以应用于物流和供应链管理，包括货物跟踪与定位、仓库管理、运输路线规划等，以提高物流效率和管理能力。

（6）教育培训：数字化管理模式可以应用于在线教育、学习管理系统、培训评估等，以提供个性化学习和教育服务。

（7）媒体和娱乐：数字化管理模式在媒体和娱乐行业的应用涵盖了内容生产、分发和消费，包括数字媒体平台、在线视频流媒体、智能推荐系统等。

（8）公共服务：数字化管理模式可以应用于政府和公共服务机构，包括电子政务、在线公共服务、智能城市管理等，以提升服务效率和公众满意度。

## 1. 生产模型实现自动化

### 1）无人工厂、黑灯工厂

无人工厂、黑灯工厂是指采用自动化技术和无人机器人等设备，实现全程无人化操作和管理的工厂。在无人工厂和黑灯工厂中，所有的生产环节都由机器人和自动化设备完成，没有人工干预或参与。以下是无人工厂和黑灯工厂的一些特点和应用：

（1）自动化生产线：无人工厂采用高度自动化的生产线，通过机器人和自动化设备进行物料处理、装配、测试、包装等操作。这些设备能够高效、准确地完成工作，并且可以根据需要进行灵活调整和排程。

（2）无人驾驶物流：无人工厂利用自动导航技术，实现无人驾驶物流运输。无人驾驶的小车或无人机可以在工厂内部或工厂与供应链节点之间自动运输物料和成品，有效降低物流成本和提高物流效率。

（3）智能仓储和库存管理：无人工厂采用智能仓储系统，通过自动堆垛机和自动化输送系统，实现无人化的货物存储、取货和搬运。智能仓储系统能够根据需求自动进行货物管理和库存调整，提高仓储效率和减少人为错误。

（4）数据驱动的生产管理：无人工厂通过数据采集、分析和预测，实现数据驱动的生产管理。通过物联网和传感器技术，实时采集和分析生产数据，帮助优化生产效率、质量和能源消耗等，实现智能化和优化调度。

（5）能源自给自足：无人工厂可以应用可再生能源和能源管理技术，实现能源的自给自足。例如，使用太阳能发电系统，通过储能技术和智能控制，满足工厂的能源需求，减少能源消耗和碳排放。

**2）无人值守场站**

无人值守场站是指在业务操作过程中不需要人员常驻的场站。它通过自动化、智能化和远程监控技术，实现对场站运行和设备状态的远程监控、操作和控制，减少或消除了人员驻守的需求。无人值守场站通常应用于一些需要 24 小时持续运行或人员外出或不适宜人员驻守的场景，如能源设施、通信基站、天然气站等。

无人值守场站具有以下特点和优势：

（1）节约成本：无人值守场站的实施可以减少人员的工资、福利和管理成本。因为无人值守场站不需要人员常驻，只需少量的维护和巡检人员即可。

（2）提高安全性：无人值守场站采用自动化和远程监控技术，可以减少人员接触危险环境的机会，降低安全事故的风险。远程监控系统可以实时监测设备状态和环境参数，并及时进行故障预警和处理，提高安全性和可靠性。

（3）提高运行效率：无人值守场站通过自动化技术实现设备的自动操作和控制，减少了人为操作的误差和延迟。此外，远程监控系统可以实时监测设备运行状态，及时发现和解决问题，提高了运行效率和生产能力。

（4）实现远程管理：无人值守场站可以通过远程监控系统实现对设备的远程管理和控制。无论是设备的开关、参数设置还是故障处理，都可以通过远程控制完成，方便灵活，节约时间和人力资源。

### 3）自动化港口

自动化港口是指通过自动化技术和智能化系统来实现港口运营和货物装卸等环节的自动化。它采用各种先进的技术设备和系统，如自动堆垛机、自动导引车、自动识别系统、智能物流系统等，实现货物的自动装卸、仓储管理、交通运输等操作。自动化港口旨在提高港口的运行效率、降低成本、提升安全性，并适应现代物流要求。自动化港口具有以下特点和优势：

（1）提高运营效率：自动化港口采用自动化装卸和运输设备，可以实现货物的快速、准确、高效的装卸作业。自动化系统可以提供实时的货物信息和操作指令，以优化港口作业流程，提高运营效率和生产能力。

（2）降低成本：自动化港口减少了人力资源的需求，减少了人工操作和运输的成本。自动化系统可以提供精准的货物管理和库存控制，减少货物损失和资源浪费，降低港口运营成本。

（3）提升安全性：自动化港口降低了人工操作的风险，减少了人为错误和事故的可能性。自动化设备和系统具备高度的安全性和可靠性，可以提供实时的监控和预警功能，防止意外事件的发生，并确保货物和人员的安全。

（4）优化物流流程：自动化港口采用智能物流系统，可以实现货物的追踪、路线优化和排队管理等，提供货物流转的实时数据和可视化监控，优化物流流程，加快货物周转速度，提升整体物流效率。

## 2. 工程作业模式实现前后方协同

### 1）工程作业智能指挥中心

工程作业智能指挥中心（Engineering Intelligent Command Center，EISC）是一个集成了智能化技术和资源管理系统的综合指挥平台。EISC 旨在通过集中控制、监测和管理各项工程作业的细节和运行状态，提高工程作业的效率和安全性。EISC 的主要功能和特点包括：

（1）智能调度和协调：EISC 通过智能化的调度算法和协调功能，实现对各项工程作业的调度和协调。它可以根据工程作业的实际情况和优化目标，自动分配资源和任务，确保工程作业的高效执行。

（2）实时监测和数据分析：EISC 可以实时监测各项工程作业的运行状态和数据信息。它可以采集和分析工程作业过程中的数据，提供实时的监控和预警功能，及时发现问题和异常情况，以最小化潜在风险。

（3）资源管理和优化：EISC 可以管理和优化工程作业所需的资源，包括人力资源、物资资源和设备资源。它可以准确掌握资源的使用情况和剩余情况，提供资源调度和优化建议，提高资源的利用效率。

（4）任务管理和指挥：EISC 可以对工程作业的任务进行管理和指挥。它可以分配和优化工程作业的任务，设置任务优先级和执行标准，确保任务按时完成和达到预期效果。

（5）决策支持和预测分析：EISC 可以提供决策支持和预测分析功能。它可以通过数据分析和模型预测，提供关键决策的支持和建议，帮助管理者做出合理的决策和规划。

（6）员工培训和安全管理：EISC可以提供员工培训和安全管理功能。它可以为工程作业人员提供培训材料和培训计划，提高员工的技能和意识。同时，它也可以设置安全规则和警示机制，加强工程作业的安全管理。

**2）施工作业“调度中心—作业现场”管理模式**

施工作业“调度中心—作业现场”管理模式是一种通过数字化远程管理模式，也被称为中央集权模式。在这种模式下，施工作业的管理分为两个层次：调度中心和作业现场。

（1）调度中心：调度中心是负责整体协调和管理施工作业的中心部门或机构，通常由专业的调度员或管理员负责，主要职责包括：

①制订施工计划和作业安排：调度中心根据项目需求和实际情况，制订细致的施工计划和作业安排。这包括确定施工顺序、时间表、资源分配等。

②资源调配和协调：调度中心负责调配和协调作业所需的各种资源，如人力、机械设备、物资等。根据作业现场的实际情况，及时调整资源的分配和使用。

③监控和指导：调度中心对作业现场进行实时监控，了解作业进展和问题情况。如果发现问题或需要指导，及时与作业现场进行沟通和协调。

（2）作业现场：作业现场是具体进行施工作业的地点，由施工人员和作业队伍组成，主要职责包括：

①执行施工计划：作业现场按照调度中心制订的施工计划和作

业安排，进行具体的施工作业，确保按照规定的时间和要求完成各项任务。

②反馈和报告：作业现场将施工过程中的实际情况、问题和需求及时反馈给调度中心。这包括作业进展、资源使用情况、风险预警等方面的信息。

③遵守规定和安全要求：作业现场必须遵守相关的规定和安全要求，确保施工作业过程的安全性和质量。

调度中心和作业现场之间通过沟通和协调保持紧密联系。调度中心监控作业现场的情况，根据需要进行资源调配和指导，以最优化的方式推动施工作业的顺利进行。同时，作业现场也向调度中心提供实时的反馈和报告，供调度中心进行决策和调整。

## 3. 协同研发模式实现线上数据管理

数字化管理模式可以有效地助力企业生产和科研的协同研发，实现线上一体化协同研发环境建设、云化应用，促进数据、软件、资源的共享。以下是数字化管理模式在协同研发方面的几个应用：

（1）数据共享和协同：通过数字化管理平台，企业可以建立一个共享数据的平台，将各个部门和团队的数据整合在一起，方便实现数据共享和协同。不同团队可以实时访问和更新数据，提高信息的可靠性和实时性。

（2）实时沟通和协作：数字化管理平台提供了实时的沟通和协作工具，如即时消息、协同编辑等功能。团队成员可以随时进行沟通和协作，同步更新项目进展、交流问题和解决方案，提高团队的协同效率。

（3）远程协同工作：数字化管理模式可以支持远程办公和协同工作。团队成员可以通过在线工具进行远程协同工作，不受地域限制。这对于跨地域或跨时区的团队来说特别有益，能够更好地协同研发项目。

（4）实时监测和数据分析：数字化管理平台可以实时监测生产和科研过程中的数据，并进行数据分析。通过实时监测，团队可以及时掌握项目进展和问题情况，做出相应的调整和决策。

（5）版本控制和文档管理：数字化管理平台可以提供版本控制和文档管理功能，确保团队成员在协同研发过程中追踪和管理不同版本的文档和代码。这可以避免数据丢失和混乱，提高研发的可追溯性和效率。

通过数字化管理模式，企业可以实现线上的数据管理和协同研发，提高团队的协同效率和工作效率。同时，数字化管理模式也能够提供实时监测、数据分析和版本控制等功能，帮助企业更好地管理和优化生产和科研过程。

## 4. 数字化管理模式实现三流合一

企业利用统一办公平台、自助报表、统一交易平台、统一客户关系平台等数字化管理工具，可以帮助企业实现物料流、资金流和信息流的三流合一。下面是数字化管理模式在实现三流合一方面的几个要点：

（1）数据集成和共享：通过数字化管理平台，企业可以集成和共享物料流、资金流和信息流的数据。不同部门和业务流程中的数据可以在同一平台上进行管理和共享，实现数据的一致性和可靠性。

（2）实时监控和跟踪：数字化管理平台可以实时监控和跟踪物料流、资金流和信息流的状态和变化。企业可以通过实时的数据和指标监控，及时了解各个流程的情况，做出相应的决策和调整。

（3）跨部门协同和集成：数字化管理平台可以支持不同部门之间的协同工作和流程集成。物料流、资金流和信息流的各个环节可以在同一平台上进行协同和集成，提高企业内部各个部门之间的合作效率和信息的流通性。

（4）数据分析和优化：通过数字化管理平台的数据分析功能，企业可以对物料流、资金流和信息流进行分析和优化。通过对数据的挖掘和分析，企业可以获得更多的洞察，优化流程，提高效率和降低成本。

（5）自动化和智能化：数字化管理模式可以通过自动化和智能化技术，实现物料流、资金流和信息流的自动化管理。例如，物料的采购和库存管理可以通过自动化系统进行控制，资金流的支付和结算可以通过在线支付平台进行处理，信息流的传递和查询可以通过智能化的信息系统实现。

## 5. 数字化管理模式辅助决策，实现数据驾驶舱

数字化管理模式可以辅助企业决策，并实现数据驾驶舱的功能。数据驾驶舱是一个集成的数据分析和可视化平台，能够将企业的各种数据整合在一起，并以可视化的形式展示，帮助企业决策者获得全面、准确的数据洞察。以下是数字化管理模式在实现数据驾驶舱方面的几个关键要素：

（1）数据采集和整合：数字化管理模式通过集成不同的数据源和系统，将企业的各类数据进行采集和整合。这些数据包括物料流、

资金流、信息流及其他与企业业务运营相关的数据。

（2）数据存储和处理：采集到的数据会进行存储和处理，以确保数据的可靠性和安全性。企业可以选择将数据存储在本地服务器或云平台上，并使用相应的数据处理技术进行清洗、转换和计算。

（3）数据分析和挖掘：通过数据分析和挖掘技术，数字化管理模式能够从大量的数据中提取有价值的信息和洞察。这些数据可以通过统计分析、数据挖掘、机器学习等方法进行处理，帮助企业决策者了解当前业务状况、发现潜在机会和问题。

（4）可视化展示和报表：数据驾驶舱通过可视化的方式展示数据，以图表、仪表盘等形式将复杂的数据变得直观和易于理解。决策者可以通过数据驾驶舱查看关键业务指标、趋势分析、地理分布等信息，快速掌握企业的运营状况，并做出相应的决策。

（5）实时监控和预测分析：数据驾驶舱可以实时监控企业的运营情况，并通过预测分析技术提供未来趋势的预测。决策者可以通过数据驾驶舱及时掌握运营情况的变化，并做出相应的调整和决策，提高企业的反应速度和竞争力。

通过数据驾驶舱，企业决策者可以通过可视化的界面获得全面的数据洞察，帮助他们做出更准确、更有针对性的决策。数字化管理模式为实现数据驾驶舱提供了数据集成、处理、分析和可视化的技术支持，可以帮助企业将数据转化为有价值的信息，提升决策的质量和效率。

## 6. 数字化管理模式助力数字化转型场景落地实施

数字化管理模式在数字化转型场景中可以提供重要的支持和指

导，助力数字化转型的场景落地实施。以下是几个数字化转型场景中数字化管理模式的应用：

（1）流程优化与自动化：数字化管理模式能够通过对现有业务流程的分析和优化，实现流程的自动化和数字化转型。通过完善的流程设计和数字化工具的应用，可以减少重复和繁琐的手工操作，提高效率和质量，并减少错误率。

（2）数据集成与共享：数字化转型意味着将企业内外的相关数据整合起来，形成一个全面、一体化的数据视图。数字化管理模式可以通过数据集成平台和数据共享机制，将来自不同系统和部门的数据整合在一起，实现数据的一致性和可靠性。

（3）实时监控与决策支持：数字化管理模式可以实时监控并追踪关键业务指标和运营状况，为决策者提供准确的数据支持。通过实时数据的可视化展示和分析，决策者可以及时了解企业运营情况，做出更明智的决策。

（4）跨部门协同与协同决策：数字化管理模式可以支持跨部门的协同工作和决策。通过数字化协同平台和工具，不同部门的员工可以实时进行信息交流和协作，提高工作效率和沟通效果。

（5）智能化与创新应用：数字化转型的一个重要目标是实现智能化和创新应用。数字化管理模式可以将人工智能、机器学习、物联网等新技术应用于企业的管理和运营中，实现业务模式创新和竞争优势的提升。

数字化管理模式的应用可以帮助企业更好地实施数字化转型，提升业务流程的效率和质量，增强企业的竞争力和创新能力。通过数字化管理模式的支持，企业可以更好地应对数字化时代的挑战，实现数字化转型的战略目标。

000100 01 10 01100 1000 11000 0 10 10 10 000100 01 10 01100 10

1010 00 0110 1 011 0 1 011 00 110 000100 01 10 01100 1000 11000 0 10 10 10 01 01 1000 11 000

1010 00 0110 1 011 0 1 011 00 110 000100 01 10 01100 1000 11000 0 10 10 10 01 01 1000 11 000 10 1 0001 00

1010 00 0110 1 011 0 1 011 00 110 000100 01 10 01100 1000 11000 0 10 10 10 01 01 1000 11 000

000100 01 10 01100 1000 11000 0 10 10 10 000100 01 10 01100 10

1010 00 0110 1 011 0 1 011 00 110 000100 01 10 01100 1000 11000 0 10 10 10 01 01 1000 11 000

000100 01 10 01100 1000 11000 0 10 10 10 000100 01 10 01100 1000 11000 0 10 10 10

1010 00 0110 1 011 0 1 011 00 110 000100 01 10 01100 1000 11000 0 10 10 10 01 01 1000 11 000 10 1 0001 00

1010 00 0110 1 011 0 1 011 00 110 000100 01 10 01100 1000 11000 0 10 10 10 01 01 1000 11 000 10 1 0001 00

110 000100 01 10 01100 1000 11000 0 10 10 10 01 01 1000 11 000 10 1 0001 00

011 0 1 011 00 110 000100 01 10 01100 1000 11000 0 10 10 10 01 01 1000 11 000 10 1 0001 00

1010 00 0110 1 011 0 1 011 00 110 000100 01 10 01100 1000 11000 0 10 10 10 01 01 1000 11 000 10 1 0001 00

1 00 110 000100 01 10 01100 1000 11000 0 10 10 10 01 01 1000 11 000 101 10 01100 1000 11000 0 10 10 10 01 01 1000 1 1 0001 00

# 第五篇

# 企业实现数字化管理模式的前置条件

企业实现数字化管理模式需要满足一些前置条件，这些条件可以促使数字化管理模式的顺利实施和运行。例如，需要将企业的经营管理指标化，用生产和经营指标下达任务和考核；需要业务模型通过信息技术变成数字化模型，将生产和经营指标作为数字化模型的输入和输出；需要有能力收集、整理和管理大量的数据，建立数据采集的渠道和机制，确保数据的质量和准确性，以及遵循相关的数据隐私和安全规定；需要具备相关的人员素质和技能，需要培养具备数字化思维和技术能力的员工，以便能够理解和应用数字化管理模式；需要有清晰的信息化战略和规划，明确数字化管理的目标和方向；需要得到高层领导的支持和重视，并推动组织内部的文化变革；需要建立有效的监测和评估机制，以监控数字化管理的实施和运行情况等。只有在这些前置条件满足的情况下，企业才能够顺利地实施数字化管理，并取得良好的效果和成果。

# 一、完善数字化管理模式的组织保障

企业要实现数字化管理模式，组织保障至关重要。数字化管理模式将成为企业立足市场竞争的关键因素，企业通过构建生产和经营指标体系、数字化模型、全数据链管理，可以实现生产运营流程的自动化、数据的准确分析和决策的科学化，从而提高企业的效率和竞争力。

完善数字化管理模式的组织架构可以优化资源配置和协同工作。通过建立专门的数字化团队，可以集中精力与专业知识推动数字化转型。同时，数字化转型需要多个部门之间的协作，通过合理的组织架构可以促进信息沟通和协同工作，避免重复劳动和信息孤岛。

数字化管理模式是一次全新的变革和创新。建立适应数字化的组织架构可以激发员工的创新潜力和积极性，有效的组织架构能够提供良好的工作环境和发展机会，促使员工融入数字化转型的战略目标。

## 1. 企业要健全适应数字时代的组织架构

在适应数字时代的数字化管理模式组织架构设计过程中，可以考虑以下几个方面：

（1）扁平化和灵活的架构：传统的层级式组织架构可能会限制信息流动和快速决策。在数字时代，可以采用扁平化结构，减少层级，提高信息传递的效率和准确性，例如“调度中心—作业队”的生产作业组织架构。同时，为了应对不断变化的市场需求，组织架构应灵活适应新的业务模式和机会，以快速响应市场变化。

（2）跨职能团队和协作文化：数字时代强调团队合作和协作能力。组织可以建立跨职能团队，将不同部门的员工集合在一起，促进信息的共享和协同工作，例如组织大型项目组和常态化专家中心。同时，营造积极的协作文化，鼓励员工分享知识和经验，促进创新和学习。

（3）数据驱动的决策：数字时代提供了大量的数据和分析工具，组织可以建立数据驱动的决策机制。通过数据分析和预测，能够更准确地识别市场趋势和客户需求，并做出相应的决策。组织架构应该将数据分析的角色融入各个层级和业务部门中，例如企业各级单位和部门要建设数据管理员专职岗位。

（4）强调创新和学习：数字时代变化迅速，组织需要保持不断学习和创新的能力。企业应鼓励员工进行持续的学习和专业发展，提供培训和学习机会，例如企业可以组织数字化模型建设大赛等活动。同时，建立创新团队和创新文化，鼓励员工提出新的想法和解决方案。

（5）技术和数字化专家：数字时代需要具备数字化技术和专业知识的人才。组织可以招聘和培养技术和数字化方面的专家，为数字化转型提供支持和指导，企业可以建立专门的数字化专家序列，鼓励业务部门和信息技术部门培养自己的复合型人才。同时，这些专家可以在组织中发挥重要的角色，推动数字化的创新和应用。

总而言之，适应数字时代的组织架构应该具备扁平化和灵活性、跨职能团队和协作文化、数据驱动的决策能力、强调创新和学习，以及拥有技术和数字化专家等特点。这样的组织架构可以有效应对数字化时代的挑战和机遇，提升企业的竞争力和创新能力。

## 2. 企业一把手是推动数字化管理模式的领头羊

企业一把手在推动数字化管理模式方面扮演着关键的领导角色，可以说是推动的领头羊。以下是一把手在推动数字化转型时的关键作用：

（1）制定数字化管理战略：一把手负责制定企业的数字化管理战略，并确保其与企业的整体战略和愿景相一致。数字化管理战略需要明确企业的管理目标和数字化的目标、优先级和重点领域，并将其纳入企业的战略规划中。

（2）提供资源支持：一把手需要确保企业拥有足够的资源来推动数字化转型。这包括财务资源、技术资源和人力资源等。一把手应该将数字化转型作为重要的投资项目，并为其提供足够的资金和支持。

（3）建设数字化团队：一把手需要建设和培养一个专业的数字化团队。这个团队拥有数字化领域的专业知识和技能，可以负责数字化项目的规划、执行和监控，同时与各部门密切合作，确保数字化转型的顺利进行。

（4）推动文化变革：数字化管理模式通常需要对企业文化进行适当的调整和变革，以适应数字化的需求和方式。一把手应该积极推动这种文化变革，并树立数字化思维和创新意识的榜样。

（5）获取关键相关者的支持：数字化管理模式涉及企业内外多个相关者，如员工、客户、合作伙伴等。一把手需要与关键相关者进行沟通和合作，获取他们的支持和参与，共同推动数字化转型的成功实施。

### 3. 企业需要数字化管理模式的架构师

在数字化管理模式的实践中，理解业务需求对于架构师来说至关重要。精通业务的架构师需要具备以下几个方面的能力和特点：

（1）深入了解业务：架构师熟悉企业的业务流程、业务模型和相关业务规则；了解业务的痛点和需求，并能够将其转化为数字化管理模式的具体要求；能够与业务部门进行有效的沟通和协作，确保数字化解决方案能够满足业务需求。

（2）技术专业知识：架构师拥有广泛的技术背景和深厚的技术专业知识；熟悉最新的数字化技术和工具，了解不同技术之间的优缺点，并能够根据业务需求选择合适的技术方案；能够为企业提供技术指导和建议，确保数字化管理模式的成功实施。

（3）架构设计能力：架构师具备优秀的架构设计能力，能够设计和规划适合企业业务的数字化架构；考虑系统的可扩展性、安全性、可靠性等方面的需求，确保数字化解决方案能够满足企业的长期发展和业务扩展需求。

（4）团队合作与沟通能力：架构师能够与不同部门和团队进行有效的合作和沟通；能够理解和协调不同相关者之间的需求和利益，以达成共识并推动数字化管理模式的顺利进行。

### 4. 企业 CIO 需要具备对数字化转型关键岗位人员调整的能力

数字化管理模式结果导向要求缩短决策时间、降低管理成本、高质量完成复杂任务，关键岗位的作用是阻碍还是推动非常重要，所以企业 CIO 需要具备对数字化转型关键岗位人员调整的能力。以下是一些 CIO 在调整数字化转型的关键岗位人员方面应该具备的能力和行动：

（1）了解业务需求：CIO 需要充分了解企业的业务需求和数字化管理模式的任务，以确定哪些岗位的人员是关键的。这需要与业务部门和高层管理层进行密切合作，了解他们的需求和期望。

（2）分析人员能力和技能：CIO 需要评估当前关键岗位人员的能力和技能，确定是否满足数字化管理模式的要求。这包括评估他们的专业知识、技术能力、团队合作能力等方面。

（3）制订人员调整计划：基于对当前关键岗位人员的评估，CIO 需要制订人员调整计划，确定哪些人员需要调整岗位、培训，或者进行其他人员变动。他们需要与人力资源部门一起合作，制订详细的计划和时间表。

（4）提供培训和支持：对于需要调整岗位的人员，CIO 需要提供相关培训和支持，帮助他们适应新的角色和职责。这包括技术培训、业务培训、领导能力培养等方面的支持。

（5）监督和评估：CIO 在人员调整后需要进行监督和评估，确保调整后的关键岗位人员能够胜任新的角色和职责。他们需要与相关部门和团队进行有效的沟通和反馈，以持续改进数字化管理模式实践过程中的人员安排。

## 5. 企业要明确倡导数字决策，将数字决策和数字化模型管理方式纳入企业各项管理办法

对于企业来说，明确倡导数字决策，并将数字决策和数字化模型管理方式纳入企业各项管理办法是非常重要的。这样可以更好地推动数字

化管理模式的实施，提高决策效率和质量，促进企业的创新和发展。

下面是一些建议，以帮助企业将数字决策和数字化模型管理方式纳入企业各项管理办法：

（1）建立数字化决策框架：企业可以制定数字化决策框架，明确数字决策的目标、原则和程序，建立企业的生产和经营指标体系。这包括建立决策流程、分配决策责任和权限、明确数据分析和模型应用的要求等方面。

（2）提供数字化决策工具和平台：为了支持数字化决策和数字化模型管理，企业可以提供相应的工具和平台。这包括数据分析和可视化工具、机器学习和人工智能平台，以及决策支持系统等。这些工具和平台可以帮助企业进行数据分析、模型开发和决策优化。

（3）定期审查和更新数字化模型：数字化模型是数字决策的基础，企业需要定期审查和更新数字化模型。这包括验证模型准确性和可靠性，根据新数据和变化的环境进行模型调整和改进，以保证数字决策的有效性。

（4）建立数字化决策文化：企业需要倡导数字化决策文化，鼓励员工参与到数字决策的过程中，帮助企业优化生产和经营指标。这可以通过培训和教育，提高员工对数字决策的认识和理解，促进数字化决策在企业中的普及和应用。

## 6. 企业要推进各级管理岗位主导建设数字化模型

管理岗位主导建设业务模型，信息技术部门组织利用信息技术、数据和流程工艺将业务模型变成数字化模型，然后业务部门组织测试、验证和应用。

管理岗位需要全面理解所在部门或业务领域的业务需求，包括了解各种业务流程、关键指标和目标，以及业务的核心问题和挑战。收集和分析相关的业务数据，通过数据分析，可以了解业务的现状和趋势，找出问题和机会，并为业务模型的建设提供数据支持。建立业务模型后，管理岗位需要对模型进行验证和优化。

信息技术部门需要与业务部门合作，收集与业务模型相关的数据，对数据进行清洗、整理和转换，确保数据质量和一致性。选择合适的技术工具和平台，并进行相应的部署和配置以便于开发数字化模型。信息技术部门可以利用数据可视化和报告工具，将数字化模型的结果呈现给相关的部门，通过可视化的方式，更直观地展示业务指标、趋势和决策结果，提供决策支持和洞察。

数字化模型的建设还需要结合业务流程工艺的优化，信息技术部门可以通过数字化技术和工具，对业务流程进行分析和优化，消除繁琐的手工操作，提高效率和质量。信息技术部门需要为业务部门的员工提供相关的培训和支持，包括培训员工使用数字化模型和相关工具，使用数据进行决策和分析，以及解决技术和操作上的问题。

数字化模型的建设是一个持续改进和迭代的过程。信息技术部门需要与业务部门保持紧密的合作和沟通，根据反馈和结果进行调整和优化，不断提升数字化模型的价值和效果。

## 7. 企业要建立生产和经营的指标体系，形成从上到下的统一业务语言和奋斗目标

生产和经营的指标体系是数字化管理模式能够运行的基础和前提，企业决策层、管理层和操作层按照统一的生产和经营指标开展各项工作，利用数字化模型实现企业生产自动化、管理信息化和决

策数字化。企业要建立生产和经营的指标体系，并形成从上到下的统一业务语言和奋斗目标，可以考虑以下步骤和方法：

（1）了解业务战略和目标：企业需要明确自身的业务战略和目标。这包括了解企业的使命、愿景和价值观，以及明确的长期和短期目标。这些战略和目标将作为指标体系和业务语言的基础。

（2）确定关键绩效指标(KPIs)：基于业务战略和目标，企业需要确定关键绩效指标(KPIs)。这些指标应该能够量化和衡量企业在实现目标方面的进展和结果。KPIs应该与业务战略紧密相连，并涵盖各个业务领域和层级。

（3）制定指标体系：根据确定的KPIs，企业可以制定指标体系。指标体系是一组相互关联和衔接的指标，反映了企业各个方面的绩效和目标。这些指标可以包括生产指标、财务指标、运营指标、市场指标、人力资源指标等，覆盖整个企业运营和管理的各个方面。

（4）层级对齐和沟通：为了形成从上到下的统一业务语言和奋斗目标，企业需要确保指标体系在各个层级之间的对齐和沟通。每个层级的指标应该与上一层级的指标相衔接，并贡献于上一层级指标的实现。同时，企业需要通过明确的沟通和培训，确保每个员工都理解和认同指标体系，并将其纳入日常工作中。

（5）设计绩效管理系统：为了有效管理和监控指标的实施和结果，企业可以设计和实施绩效管理系统。这包括建立数据收集和监测机制，制定绩效评估和激励机制，以及进行定期的绩效评估和反馈。绩效管理系统可以帮助企业持续跟踪和改进绩效，推动业务目标的实现。

## 8. 企业要分析自身生产经营的特点，组织建设支持业务的大模型

要分析企业自身生产经营的特点，并组织建设支持业务的大模型，构建企业核心竞争力，可以考虑以下步骤和方法：

（1）了解业务特点：企业需要全面了解自身的生产经营特点。这包括业务类型、产品或服务特点、市场环境、竞争优势、供应链结构等方面的内容。通过深入了解业务特点，可以为后续的大模型建设奠定基础。

（2）数据收集与整理：在分析企业特点之前，需要进行数据的收集和整理。这包括内部数据的汇总和清洗，外部数据的收集和整合。数据可以包括销售数据、生产数据、成本数据、供应链数据、市场数据等，以全面反映企业的生产经营情况。

（3）确定关键业务领域：根据企业的特点和战略目标，确定关键的业务领域，即对企业生产经营最为重要和关注的领域。这些领域可以是生产效率、质量管理、供应链优化、市场拓展等方面。通过明确关键业务领域，可以更有针对性地进行大模型建设。

（4）建立大模型框架：在确定关键业务领域之后，可以建立大模型的框架。大模型框架包括定义关键业务指标、建立指标之间的关联关系、确定数据来源和计算方法等。大模型框架可以帮助组织对业务进行系统化的分析和优化。

（5）数据分析与建模：基于建立的大模型框架，可以进行数据分析和建模。这包括对关键业务指标的分析、发现潜在的规律和趋势，并建立相应的数学模型和算法。数据分析和建模可以帮助企业深入理解业务运行的本质和关键驱动因素。

（6）探索性数据分析：对于复杂的生产经营，可以采用探索性数据分析的方法。探索性数据分析可以帮助企业发现隐藏在数据中的模式、关联和异常，提供洞察和决策支持。

（7）建立预测和优化模型：在大模型建设过程中，可以使用预测和优化模型来帮助优化业务决策。预测模型可以帮助企业预测未来的趋势和变化，优化模型可以帮助企业找到最佳的决策方案。这些模型可以提供量化的指导，提高决策的准确性和效益。

（8）模型应用和持续改进：建立大模型后，需要将其应用于实际业务中，并进行持续改进。模型应用可以通过数据驱动的决策和优化，提高生产效率、降低成本、改善质量等。持续改进可以通过不断收集反馈和调整模型，保持模型的准确性和适应性。

## 9. 企业要设立专门组织和岗位管理数据资产和数字化模型

数据和数字化模型都是企业重要资产，企业要像管理硬件资产一样管理数据和数字化模型。企业要设立专门组织和岗位来管理数据资产和数字化模型，可以考虑以下建议：

（1）成立数据管理团队：建立专门的数据管理团队，负责整体数据资产和数字化模型的管理工作。这个团队可以由数据管理专家、数据科学家、数据工程师等组成，他们应该具备数据管理、数据分析和数据工程方面的专业知识和技能。

（2）设立数据资产管理岗位：建立专门的数据资产管理岗位，负责整个数据资产的规划、收集、清洗、存储和维护等工作。这个岗位需要具备对数据资产的了解和管理能力，能够协调各个业务部门和数据来源，确保数据的准确性、完整性和一致性。

（3）确定数字化模型管理岗位：设立数字化模型管理岗位，负责数字化模型的开发、部署和维护工作。这个岗位需要具备数据科学和机器学习的专业知识，能够与业务部门合作，设计和实施适应业务需求的数字化模型。

（4）制定数据治理策略：建立数据治理策略，明确数据资产和数字化模型的管理原则、流程和标准。数据治理策略应该与企业的整体战略和风险管理相衔接。

（5）组织内部培训和知识分享：为数据管理团队和相关岗位的员工提供培训和知识分享机会，帮助他们不断提升数据管理和模型管理的能力。这可以包括内部培训课程、外部培训机会、专业认证等形式。

（6）建立跨部门协作机制：数据资产和数字化模型的管理是一个跨部门的工作。企业需要建立跨部门的协作机制，促进数据管理团队与业务部门之间的有效沟通和合作。这可以通过定期的会议、协作平台、共享文档等方式实现。

## 二、企业决策层依靠数字化模型提升决策和管理能力

数字化技术的出现和应用，使得决策层在企业管理中有了更多的选择和更精确的数据支持，从而提升了管理能力。以下是决策层依靠数字化提升管理能力的一些具体表现：

（1）更快更精准的决策：数字化技术可以收集和分析大量数据，为决策层提供实时和更精确的信息支持，从而更快更准确地做出决策。

（2）更精细的流程管理：数字化技术可以帮助企业的决策层掌握企业内部各环节的状态和进程，可及时处理和协调，同时优化企业内部流程，提高效率。

（3）优化资源的配置：数字化技术可以帮助决策层对公司资金和资源进行分配和管理，解决决策层资源安排和配置问题。

（4）提升客户服务品质：数字化技术可支持决策层管理客户信息、需求和反馈，帮助企业优化客户服务流程并优化客户体验。

（5）风险管理：数字化技术可为决策层提供风险分析和预测，以帮助企业科学有效地规避风险。

## 1. 企业决策层帮助解决业务统筹协调方面的难题

企业决策层帮助解决业务统筹协调方面的难题，让数字和信息化部门回归技术主导，业务赋能的本来职责。数字和信息化管理部门在数字化转型浪潮中也面临着各种挑战。例如：技术更新迭代快，数字化技术的更新和发展速度很快，数字和信息化管理部门需要紧跟技术进展，不断更新和拓展技术能力，来应对不同业务场景的需求；数据安全风险增加，随着业务的扩大和数字化技术的普及，企业面临的数据安全风险更加严重，数字和信息化管理部门需要投入更多的资源和精力来保护公司业务数据的安全；人才短缺，随着数字化技术的广泛应用，对于数字和信息化管理部门的技术和人才有较高要求。部门中可能缺乏经验丰富的资深技术人才，需要通过引进人才和培养内部技术人才来填补空缺，从而不断提高部门的技术水平；外部环境变化较快，在数字化转型中，市场竞争和客户需求的变化都较快，数字和信息化管理部门需要适应外部环境的变化，不断根据业务发展的变化做出相应的策略调整；执行力和协调性问题，数字化转型需要部门内外各个岗位的协同和配合，数字和信息化管理部门需要在部门之间协调信息对接、推动工作落实等方面下更多心思，同时能够做好与其他部门的沟通与协调工作。

其中最主要的是业务统筹和协调的难题。企业决策层可以发挥重要的作用，帮助数字和信息化部门解决业务统筹协调方面的难题，使其能够更好地回归主导技术应用和业务赋能的本来职责。以下是企业决策层能够帮助数字和信息化部门解决业务统筹协调方面的一些具体做法：

（1）定义清晰的业务目标和需求：决策层可以根据数字和信息化部门的建议，明确企业的业务目标和需求，确保数字化和信息化的发展与企业战略的一致性。通过明确业务目标，可以为数字和信息化部门提供明确的方向和指导，使其能够更好地聚焦于业务赋能和技术支持。

（2）资源分配和优先级管理：决策层可以帮助数字和信息化部门进行合理的资源分配和优先级管理，以确保项目和任务的顺利推进。决策层可以根据业务的重要性和紧急程度，为数字和信息化部门提供必要的资源支持，并确保各项工作得到适当的重视和落实。

（3）沟通和协调：决策层可以促进数字和信息化部门与其他业务部门之间的沟通和协调。决策层可以组织定期的会议或沟通机制，促进各部门之间的交流和合作，解决业务统筹协调中的问题和矛盾，确保数字化和信息化的项目和工作与业务部门的需求和利益相匹配。

（4）监督和评估：决策层可以对数字和信息化部门的工作进行监督和评估，确保其进展和成果符合预期。决策层可以制定指标和评估体系，对数字和信息化部门的工作进行定期评估和考核，及时发现问题并进行改进，保证数字化和信息化工作的效果和质量。

通过决策层的支持和协助，数字和信息化部门可以更好地履行其技术主导和业务赋能的角色，实现数字化转型和业务创新的目标。

## 2. 企业决策层通过业务指标确定数字化转型的投资规模与预算

企业决策层在数字化转型过程中可以通过设置人均劳动生产率、提高生产效率、节能等重要业务指标，根据业务指标提高的程度来确定数字化转型的投资规模与预算。

（1）确定关键业务指标：决策层可以根据管理部门的建议，建立数字化模型辅助决策，明确数字化转型的关键业务指标，如人均劳动生产率、提高生产效率、节能、市场份额、客户满意度等。这些指标可以反映数字化转型对业务和绩效的影响，是衡量转型成功与否的重要标准。

（2）通过试点建设分析现状与目标差距：决策层可以通过数字化转型试点对企业现有的数字化能力和业务指标的提升作用进行分析，建立数据模型分析投入和产出之间的关系，确定数字化转型的投资和资源投入策略、进度和节奏。

（3）制定数字化转型策略和推广模板：决策层可以制定数字化转型的详细计划、策略和推广模板，包括技术架构、系统集成、数据管理等方面。基于转型策略和目标，决策层可以评估推广所需的投资规模和预算。

（4）风险评估与控制：决策层需要考虑数字化转型的风险，并制订相应的控制措施。投资规模和预算的确定需要考虑风险管理的因素，确保转型过程中的可持续性和稳定性。

（5）监控与调整：一旦投资规模和预算确定，决策层需要建立有效的监控机制，跟踪数字化转型的进展和成果。根据实际情况，及时进行调整和优化，以确保投资的有效性和预期效果的实现。

通过以上的步骤和方法，企业决策层可以明确数字化转型的投资规模与预算，并确保投资与业务指标之间的对应和协调，以实现数字化转型的成功。

## 3. 企业决策层通过实践确定数字化转型大项目负责人和领军人才

企业数字化转型建设大项目负责人和领军人物在其中发挥着至关重要的作用，他们能够在提供数字化战略和规划、推进项目进展、改变业务流程、提高企业效益、激发创新能力等方面做出突出的成绩，极大地推动企业数字化转型和发展。确定数字化转型大项目负责人和领军人才需要考虑以下几个因素：

（1）经验和专业知识：决策层应该寻找具有丰富的数字化转型经验和专业知识的候选人。这些人应该了解数字化技术和解决方案，并能够将其应用到实际业务场景中。他们应该具备相关领域的知识和技能，如数据分析、人工智能、物联网等。

（2）领导能力：决策层应该寻找具有良好领导能力的候选人，能够有效地组织和管理数字化转型项目团队。这些人应该具备良好的沟通能力、团队合作能力和决策能力，能够协调各方利益，推动项目的顺利实施。

（3）创新思维：决策层应该寻找具有创新思维和创造力的候选人。数字化转型需要不断探索和实验新的技术和解决方案，因此需要有能力提出创新的想法和方法，推动企业在数字化领域的发展。

（4）组织适应能力：决策层应该选择能够适应变化和快速学习的候选人。数字化转型是一个不断变化和发展的过程，需要有能力适应新的技术和市场趋势，不断学习和更新知识。

（5）成果导向：决策层应该选择具有成果导向的候选人。他们应该有清晰的目标和指标，并能够通过有效的执行和监控，确保项目按时交付，并取得预期的商业价值。

## 三、企业开展数字化管理模式的顶层设计

企业开展数字化管理模式的顶层设计是一个关键的步骤，它涉及对企业整体的战略目标、组织结构、业务流程和技术基础设施等方面进行规划和设计。

企业需要明确数字化转型的战略目标，即希望通过数字化管理模式实现什么样的效益和价值。例如，提高运营效率、提升产品质量、优化客户体验等。明确战略目标可以帮助企业聚焦目标，制定相应的数字化管理策略。

企业需要设计适合数字化转型的组织结构，包括指定责任部门、建立数字化团队、明确角色和职责等。数字化组织结构应该能够支持信息流、物料流和资金流的高效协同和融合。

数字化管理模式需要对企业的业务流程进行优化和重塑，以适应数字化转型的需求。企业可以借助业务流程再造和改进的方法，对现有的业务流程进行分析和重构，使其更加高效、自动化和数字

化。同时，企业应该灵活应用数字化技术和工具，提升业务流程的效率和质量，这有助于企业更加有效地实施数字化转型，并取得可持续的业务和竞争优势。

## 1. 构建适应数字化管理模式的业务架构

构建适应数字化管理模式的业务架构，可以帮助企业实现数字化转型的目标并提升业务的灵活性和创新能力。以下是一些构建适应数字化管理模式的业务架构的关键要素：

（1）业务流程再设计：企业需要对现有的业务流程进行重新设计和优化，以适应数字化转型的需求。通过分析和评估现有的业务流程，识别可以自动化、数字化和优化的环节，并进行相应的改进。在设计新的业务流程时，应考虑利用数字化技术和平台来提高流程的效率和可见性。

（2）强调数据驱动决策：数字化管理模式的核心是数据。企业需要建立完善的数据收集、存储、分析和利用机制，以支持数据驱动的决策和业务创新。通过采用先进的数据分析工具和技术，企业可以挖掘数据中隐藏的价值，从而更好地指导业务决策和优化运营。

（3）系统集成和数据共享：构建适应数字化管理模式的业务架构还需要考虑系统集成和数据共享。企业通常存在多个独立的系统和应用，需要将它们进行集成，实现数据的无缝流动和共享。通过建立统一的数据平台和 API 接口，不同系统和应用之间可以进行数据交互和共享，支持跨部门协同和决策。

（4）强化客户体验：数字化管理模式强调客户的体验和满意度。企业需要关注客户的需求和反馈，通过数字化技术和工具提供个性化、便捷和高质量的服务。通过建立客户关系管理系统和数据分析平台，企业可以更好地了解客户需求，提供定制化的产品和服务。

（5）培养数字化人才：构建适应数字化管理模式的业务架构还需要培养和吸引具备数字化背景和技能的人才。企业需要注重培养员工的数字化素养，提供相关的培训和学习机会。同时，企业还可以通过引进外部专业人士和与科研机构进行合作，弥补数字化人才的短缺。

（6）创新与实验：数字化管理模式鼓励创新和实验。企业可以建立创新实验室或者数字化转型团队，用于尝试新的业务模式、技术和应用。通过快速迭代和试错机制，企业可以更好地应对市场变化和创造新的商业机会。

构建适应数字化管理模式的业务架构需要企业全面考虑业务需求、技术能力和组织变革等方面的因素。通过合理规划和整合各个要素，企业可以实现数字化转型的目标，提升业务的竞争力和创新能力。

## 2. 构建适应数字化管理模式的业务职责分工

在数字化转型中，对业务职责的分工进行优化是非常关键的。以下是一些可以考虑的优化方式：

（1）定义清晰的业务目标：企业应该明确定义数字化转型的业务目标和战略，确保每个业务部门都明白他们应该为实现这些目标所做出的贡献。通过明确的业务目标，可以为每个团队和个人确定具体的职责和任务。

（2）重塑职能和角色：数字化转型可能需要对现有的职能和角色进行调整和重塑。根据数字化技术的应用和业务需求，可能需要引入新的职能和角色，如数据分析师、数字营销专家、用户体验设计师等。同时，也需要重新评估和调整现有职能和角色，以使其更好地适应数字化转型的要求。

（3）促进跨部门协作：数字化转型往往涉及多个部门和业务领域的合作。优化业务职责分工时，需要促进跨部门的协作和沟通。建立跨部门团队、设立共享平台和推行协同工具等方式，可以帮助不同部门之间更好地协同工作，减少信息孤岛和重复劳动。

（4）强调数据驱动决策：数字化转型强调数据的价值和应用。在优化业务职责分工时，应该鼓励各个部门和岗位基于数据做出决策和行动。这意味着各个部门需要具备数据分析的能力，并将数据驱动的思维融入各个业务流程和决策中。

（5）推行灵活性和创新：数字化转型要求企业具备灵活性和创新能力。在优化业务职责分工时，应该鼓励员工提出新的想法和创新，并建立灵活的工作流程和机制，这可以帮助企业适应不断变化的市场需求和技术趋势。

（6）持续学习和发展：数字化转型需要持续的学习和发展。在优化业务职责分工时，应该注重培养和发展员工的数字化技能和知识。通过培训计划、知识共享和激励机制，鼓励员工不断学习和提升自己的能力。

通过优化业务职责分工，企业可以更好地利用数字化技术和资源，在数字化转型中实现更高效、创新和协同的工作方式，推动业务的持续增长和发展。

## 3. 根据数字化模型运行结果调整业务发展方向

通过对数字化模型输出结果的长年分析，可以优化调整企业的业务发展，包括从事主营业务内容、服务对象、用户、数据采集方式和采集内容、外部数据获取方式，主营业务决策流程、管理流程和操作流程及涉及的岗位。在数字化转型过程中，对主营业务进行调整和优化可以帮助企业适应市场变化和利用数字技术的机遇。以下是一些建议：

（1）分析市场趋势和消费者需求：数字化转型意味着市场和消费者行为的变化。通过进行市场调研和分析，了解行业趋势和消费者需求的变化，可以帮助企业确定应对策略和调整主营业务。

（2）创新产品和服务：数字化技术为创新产品和服务提供了新的机会。通过利用数字技术，企业可以开发新的产品和服务，满足消费者的新需求，提高用户体验，并与竞争对手区分开来。

（3）引入数字化技术和解决方案：数字化转型将企业的主营业务与数字技术相结合，可以提高效率和创造更好的业务价值。例如，企业可以引入物联网技术、人工智能、大数据分析等，优化生产流程、提升产品质量和精准营销等。

（4）优化供应链和物流：数字化转型可以改变供应链和物流管理的方式。通过引入数字化技术和物流解决方案，可以实现供应链的可视化和协同，提高物流效率和降低成本。同时，优化供应链和物流管理可以加强企业与供应商和分销商之间的合作。

（5）数据驱动的运营决策：数字化转型强调数据的价值和应用。通过收集和分析数据，企业可以获得洞察力，并基于数据做出运营决策。例如，通过数据分析和预测，企业可以优化库存管理、精准定价和销售预测等。

（6）加强客户关系管理：数字化转型可以帮助企业更好地理解和服务客户。通过数字化渠道和工具，企业可以更紧密地与客户建立互动和关系，提供个性化的产品和服务，并增强客户满意度和忠诚度。

（7）提升组织的数字化能力：数字化转型需要企业具备相应的数字化能力。为了优化主营业务，企业需要培养和提升员工的数字化技能，建立数字化文化，并设立相应的数字化团队和中心。

通过对主营业务进行调整和优化，企业可以更好地适应数字化转型的挑战和机遇，提高竞争力，并实现持续的业务增长和创新。

## 4. 根据数据流向分析主营业务领域之间的逻辑关系

在数字化转型中，对主营业务之间的逻辑关系进行分析是重要的一步，它有助于评估业务之间的相互依赖性和协同效应，以及确定优化和整合的机会。分析并明确了解主营业务之间的逻辑关系、先后顺序、主次关系，为主营业务全景图设计做好准备，分析设计出主营业务数字化后的关键指标。以下是一些步骤和方法：

（1）识别主营业务：明确企业的主营业务是什么。主营业务通常是公司的核心产品或服务，为公司带来主要收入和利润。识别主营业务有助于确定业务之间的逻辑关系和重要性。

（2）绘制价值链图：使用价值链分析方法，绘制企业的价值链图。价值链图可以帮助理解业务之间的逻辑关系和价值流动，并确定每个环节对整体业务的影响。在价值链图中，将主营业务和支持业务部门按照业务流程和价值创造活动进行划分，并标注各个环节的关键输入、输出和相关者。

（3）分析资源和能力：评估企业在数字化转型中所拥有的资源和能力，包括人力资源、技术资源、财务资源等。分析资源和能力可以帮助确定哪些主营业务拥有共享的资源和能力，以及哪些主营业务需要额外的资源和能力支持。

（4）确定业务之间的依赖关系：分析业务之间的依赖关系和相互作用。某些主营业务可能会依赖其他主营业务提供的输入或服务，确定业务之间的依赖关系有助于了解业务之间的逻辑联系，并有效地规划数字化转型的优化和整合。

（5）评估协同效应：分析业务之间的协同效应和互补性。某些主营业务可能会相互增强，通过协同合作创造更大的价值。评估协同效应可以帮助确定哪些主营业务可以通过数字化转型进一步加强协同合作，创造更高的业务价值。

（6）寻找优化和整合机会：基于上述分析和评估，确定主营业务之间优化和整合的机会。这可能涉及重新设计业务流程、优化资源配置、整合技术平台、加强数据共享等。寻找优化和整合机会有助于提高效率、降低成本、增加创新和提升客户价值。

（7）制订实施计划：基于分析结果制订实施计划。明确优化和整合的目标、步骤和时间表，并确定资源和责任分配。制订实施计划有助于确保数字化转型的顶层设计得到有效执行，并实现预期的业务改进和价值提升。

## 5. 建立业务切片库明确涉及的岗位

在数字化转型的业务顶层设计中，建立业务切片库，对每个业务切片涉及的岗位进行分析可以帮助企业理解不同岗位在数字化转型中的角色和责任，并确定组织中的资源需求和协作方式。以下是一些建议：

（1）识别关键岗位：识别每个业务切片中的关键岗位。这些岗位通常扮演着重要的角色，对业务切片的运营和数字化转型起到关键的影响。根据业务需求和层次关系，明确关键岗位的职责和要求。

（2）分析岗位功能：对涉及的每个岗位进行功能分析。了解每个岗位的职责、工作范围和所需的技能和能力。同时，分析岗位之间的关系和依赖，以及岗位与其他业务切片的接口和合作。

（3）确定数字化技能需求：在数字化转型中，确定每个业务切片中所需的数字化技能。分析每个岗位在数字化转型中需要具备的技术、数据分析、沟通协作等方面的能力，这有助于企业确定培训和人才招聘的重点。

（4）规划资源配备：基于岗位分析，评估组织中现有的资源配备情况。确定每个业务切片中所需的人力资源、技术设备和工具等。对于资源的不足或缺失，制订相应的计划，包括培训现有员工、招聘新人才或外部资源合作等。

（5）设计协作与沟通机制：根据岗位分析，设计业务切片内部和跨切片的协作机制和沟通方式。明确各个岗位的角色和责任，建立有效的沟通渠道，确保信息流动畅通，促进团队合作和项目推进。

（6）提供培训和支持：根据数字化技能需求，提供必要的培训和支持。培训可以包括数字化工具的使用、数据分析和解读、沟通协作技巧等方面。确保员工具备所需的能力和知识，能够适应数字化转型的要求。

（7）不断评估和优化：数字化转型是一个持续的过程，需要不断进行评估和优化。定期评估岗位的功能和需求，根据业务的变化和数字化转型的进展进行调整和优化。保持敏捷和灵活，根据需要进行组织结构和岗位调整。

通过对每个业务切片涉及岗位进行分析，企业可以更好地了解不同岗位在数字化转型中的角色和责任，合理规划资源配备，并建立有效的协作和沟通机制。这有助于推动数字化转型的顺利进行，并实现业务改进和创新。

## 6. 排出优先级组织业务场景实施

在企业进行数字化转型的业务顶层设计中，排出优先级并组织业务场景的实施，可以利用有限的资源优先实施对企业有重大帮助的数字化转型项目。以下是一些建议：

（1）定义转型目标：明确数字化转型的目标，并将其与企业的战略和长期规划对接。确定企业希望通过数字化转型实现的具体价值和效益，如提高生产效率、优化客户体验、创新业务模式等。

（2）评估业务场景的重要性：对企业的业务场景进行评估，确定每个场景对于实现数字化转型目标的重要性和影响力。考虑到场景的价值、风险和创新程度等因素，对每个场景进行优先级排序。

（3）分析场景的数字化可行性：评估每个业务场景的数字化可行性。考虑场景所涉及的流程、数据来源和可用性、现有技术的成熟度等因素，通过分析，确定哪些场景可以通过数字化技术实现，哪些场景需要进一步的技术研发或投资。

（4）考虑业务价值和投资回报率（ROI）：对排在前列的优先级场景，进行业务价值和ROI的评估。考虑场景的成本、效益和风险，确定实施每个场景所需的资源投入和预期的回报，以帮助决策和优先级排序。

（5）考虑业务依赖和关联场景：评估业务场景之间的依赖关系和关联性。确定哪些场景是前置条件和关键驱动因素，以确定实施的顺序和优先级。确保在实施某个场景之前，相关的关联场景已经或即将得到解决。

（6）考虑组织资源和能力：评估企业的组织资源和能力，包括技术、人力和财力等方面。确保企业具备实施和支持数字化业务场景所需的资源和能力。根据实际情况，调整场景的优先级和实施计划。

（7）制订实施计划和时间表：基于场景的优先级和相关考虑因素，制订详细的实施计划和时间表。确定每个场景的实施里程碑和关键活动，分配资源和责任。确保实施计划与企业整体战略和资源分配相一致。

（8）定期评估和调整：数字化转型是一个动态的过程，需要不断评估和调整。定期评估已实施场景的效果、收益和经验教训。根据评估结果，对实施计划和优先级进行调整，以确保数字化转型的持续推进和成功实施。

通过以上步骤，企业可以确定业务场景的优先级，并有条理地组织实施。这可以帮助企业在数字化转型中避免过度投入和资源浪费，同时优化业务过程并实现最大的业务价值。

## 四、政策支持与保障

数字化转型是企业未来发展的重要战略，为了保障数字化转型的顺利进行，企业除了需要提供必要的技术和资源支持以外，还需要制订一系列政策和考核措施，以便使员工、管理者和组织机构都能对数字化转型同向发力，为数字化转型的目标不断努力。

企业可以实施的政策支持包括：资金支持，企业可以设置数字化转型专项资金，用于支持数字化转型项目的开展；组织优化，企业可以考虑调整组织形式，如推进职能部门逐步数字化，或者在数字化转型过程中实施流程再造等，以便提高数字化转型的效率和效果；人才引进，数字化转型需要具备相应技能和经验的人才，企业可以通过引进高端人才和专业人才等途径，来弥补现有员工的不足，提高数字化转型的人力资源保障。

企业可以实施的考核措施包括：绩效考核，企业可以将数字化转型成效和贡献纳入绩效考评体系中，通过给予员工相应支持和奖励，激发他们更多地积极投入和参与数字化转型事业；目标考核，企业可以将数字化转型的目标纳入考核体系中，对每个部门和个人负责该目标的达成程度进行打分评估，以便检验数字化转型的实际效益和贡献；培训考核，数字化转型需要一定的技能和素养支持，企业可以考虑将数字化水平和技能纳入员工的培训考核中，以便提高员工学习和练习数字化技能的积极性，更好地适应数字化转型的挑战。

### 1. 自上而下建立数字化认知

全国工商联发布的《2022 中国民营企业数字化转型调研报告》显示，61.84% 的样本企业已经在主营业务领域开始了数字化转型，38.16% 反映主营业务还未进行数字化转型。其中，38.81% 的被调企业认为，自身数字化转型仍处于初步探索阶段。数据表明，多数中小企业已经具备转型意识，并开始进行数字化转型的实质投入与行动探索，但仍有近 80% 的企业依旧面临着“不会转、不能转、不敢转”的难题。

国资委在发布的《关于加快推进国有企业数字化转型工作的通知》中明确提出，“数字化转型实行一把手负责制”。数字化转型应作为“一把手工程”实施，某个部门或者某个范围内的“小打小闹”是不会成功的。数字化转型必须从一把手开始，改变认知、改变心智模式，突破分散、低阶的数字化管理思维。落到具体员工身上，正确的数字化认知能提高企业战略执行效率。企业各级管理人员从意识上认为数字化是自己的事，自上而下培养数字化认知，是实现数字化转型成功的第一步。

数字化转型的成功离不开企业内部的数字化认知和领导层的支持。

（1）教育和培训：领导层应该提供相关的教育和培训机会，帮助全员了解数字化转型的重要性、目标和战略。这包括组织内部的培训课程、研讨会等，以及参加外部的数字化转型培训和研讨会。

（2）战略沟通：领导层应该积极地与员工沟通数字化转型的战略和目标。他们应该清晰地传达数字化转型对组织的重要性，并解释数字化转型如何改变企业的业务和运营方式。

（3）激励机制：领导层可以使用激励机制来推动数字化转型。这可以包括将数字化转型的目标纳入绩效评估体系，并提供奖励和认可给那些在数字化转型方面取得成绩的员工。

（4）提供资源和支持：领导层应该确保组织拥有所需的资源和支持来实施数字化转型。这包括提供预算、技术支持、培训资源和专业知识等，以帮助员工适应和应对数字化转型的挑战。

（5）以身作则：领导层应该以身作则，积极参与数字化转型过程。他们应该展示对数字化技术的兴趣和学习态度，并鼓励员工积极尝试和采用数字化工具和解决方案。

（6）推动创新文化：领导层应该推动创新文化，并鼓励员工提出新的数字化解决方案和创意。他们可以定期组织创新竞赛或活动，以激发员工的创造力和创新精神。

（7）监督和评估：领导层应该监督数字化转型的进展，并对实施过程进行评估。他们应该识别并解决数字化转型中的问题和障碍，并提供必要的支持和资源来推动转型的顺利进行。

通过以上方法，企业领导层可以帮助建立组织内部的数字化认知，并推动整个组织朝着数字化转型的目标迈进。这种自上而下的数字化认知的建立将有助于员工理解和接受数字化转型，并积极参与和支持数字化转型的实施。

## 2. 建立完善数字化转型组织架构

近年来，数字化转型项目团队逐渐由原有信息部门单打独斗，向成立专门的数字化转型部门转变。《中国数字企业白皮书 2018—2021 四年对标篇》显示，2018—2020 年，45%~50% 企业的数字化转型最主要由信息部门负责；2021 年，该比例降至 35%，更多的企业（30%）采用成立专门的数字化转型部门、委员会的方式推动数字化转型。

企业需要组建一支拥有技术、数据、流程和组织变革相关背景的组织架构，将数据业务化、业务数据化，改变数字化转型过程中技术与业务相互不了解的现象。

要建立一个完善的数字化转型组织架构，可以考虑以下几个关键方面：

（1）重塑组织结构：数字化转型通常需要对组织的结构进行重

新设计和调整。要建立一个适应数字化转型的组织架构，可以考虑引入跨部门的数字化团队、创新实验室或数字化中心，以促进各部门之间的协作和信息流动。

（2）数字化能力与信息技术部门：建立一个专门负责数字化转型的能力与信息技术部门，负责驱动数字化转型战略的执行。这个部门可以包括技术专家、数据分析师、数字化营销人员等，负责推动数字技术的采用和应用，以及支持业务部门的数字化转型需求。

（3）跨职能团队和协作：数字化转型需要跨部门的协作和团队合作。建立跨职能的数字化团队，将来自不同部门和领域的人才汇聚在一起，共同推动数字化转型项目的实施。这个团队可以包括业务专家、技术人员和项目管理人员，以确保项目的顺利实施和推进。

通过以上关键方面的考虑和实施，可以建立一个有利于数字化转型的组织架构，推动数字化转型的顺利进行，并帮助组织实现业务目标和增强竞争力。

## 3. 梳理数字化转型需求确定目标

企业数字化转型是一个长期的工作，项目实施前，准确剖析企业数字化转型诉求尤为重要。企业在启动数字化转型项目前未进行充分的调研，往往会导致转型过程中走很多弯路，后期交付困难甚至失败。

梳理数字化转型需求并确定目标时，可以考虑以下数字化管理模式：

（1）数据驱动的管理模式：数字化转型的核心是通过数据分析和洞察来驱动管理决策。在梳理数字化转型需求时，可以重点关注组织的数据资产，包括内部和外部数据来源。分析数据的质量、可靠性和可用性，以及如何利用数据来发现业务机会、提高决策效果和优化运营。

（2）用户体验为中心的管理模式：数字化转型要关注用户体验的改善，因此在梳理需求时，应从用户的角度出发，了解用户的期望、需求和痛点。通过用户调研、用户反馈和用户行为数据分析等方式，识别提高用户体验的数字化需求和目标，以提供个性化、便捷和高质量的服务。

（3）敏捷项目管理模式：数字化转型通常是一个复杂且快速变化的过程，因此采用敏捷项目管理模式可以更好地应对变化和不确定性。在梳理需求时，可以采用敏捷方法来划定短期的目标和交付，通过快速迭代和反馈机制来保持转型的敏捷性和灵活性。

（4）创新与合作的创业管理模式：数字化转型要求组织具备创新和合作的精神。在梳理需求时，可以积极鼓励员工提出创新想法，借鉴创业思维和方法，推动组织内部的创新项目和实验室。同时，在梳理需求时，还应考虑与外部合作伙伴、创新生态系统和业界专家的合作，以共同推动数字化转型。

（5）数据安全与隐私保护的管理模式：随着数字化转型的推进，数据安全和隐私保护变得尤为重要。在梳理需求时，需要关注数据的安全性和隐私保护的要求，并制定相应的管理策略和措施。这包括数据保护和合规性的要求，以及建立数据治理和安全管理的流程。

通过采用适合的数字化管理模式，可以更好地梳理数字化转型的需求并确定目标。同时，这些模式也可以作为数字化转型项目管理和实施过程中的参考框架，帮助组织顺利推进数字化转型，实现业务增长和创新。

## 4. 开展业务流程标准化设计

对于传统企业来说，数字化转型的最大难点是业务流程转型。因为传统企业的业务经验已经积累多年，且流程各环节多以信息孤岛的形式存在，数字化转型意图用新技术打破信息壁垒，再造业务流程，必然会给企业管理者带来巨大的考验。

在业务流程转型的过程中，企业需要解决好三个问题，即梳理业务流程、简化业务流程及将业务流程从线下搬到线上。在数字化管理模式中，开展业务流程的标准化设计是非常重要的一步。以下是进行业务流程标准化设计的一些步骤和方法：

（1）识别关键业务流程：需要识别组织中的关键业务流程。这些流程通常是与核心业务目标和价值链相关的，对组织的运作和客户体验具有重要影响。例如，订单处理、供应链管理、客户服务等。

（2）理解当前流程：对于每个关键业务流程，需要详细了解当前的流程和活动。这包括流程中的各个环节、操作、数据流动、参与者和相关系统应用等。可以通过与相关部门和人员的沟通、观察和文档分析等方式来收集相关信息。

（3）分析和改进当前流程：基于对当前流程的理解，可以进行流程分析，识别其中的问题、瓶颈、重复步骤、手动操作和错误等。同时，通过业务分析和流程改进的方法，可以提出改进建议和创新的机会。例如，简化流程、自动化流程、优化资源配置等。

（4）制定标准化设计原则：根据分析和改进的结果，制定业务流程的标准化设计原则。这些原则可以包括统一的命名规范、标准的输入输出和数据格式、流程的拆分和组织、决策权和授权的明确等。标准化设计原则可以帮助确保流程一致性、可维护性和可扩展性。

（5）制定标准化流程图和文档：根据标准化设计原则，制定标准化的流程图和相关文档。流程图可以使用流程建模工具或绘图工具来绘制，清晰地展示流程中的各个环节和流动。相关文档可以包括流程说明、工作业务蓝图顶层设计、相关政策和制度等。这些文档可以为流程的执行和监控提供指导和支持。

（6）评审和反馈：将标准化流程图和文档分享给相关人员，进行评审和收集反馈。这可以包括流程参与者、管理层和其他相关部门的人员。通过评审和反馈，可以进一步优化和改进标准化设计，并达成共识和支持。

（7）培训和执行：进行相关人员的培训和沟通，确保他们了解和理解标准化的业务流程，并能够按照流程执行工作。培训可以包括培训课程、培训材料和实践指导等，并建立相关的流程执行和监控机制，以确保流程的执行和持续改进。

通过以上步骤和方法，可以开展业务流程的标准化设计，帮助组织实现流程的一致性、高效性和可持续性。标准化设计可以提高业务执行的效率和质量，减少错误和风险，并为数字化转型提供可操作的基础。

## 5. 设计数字化转型统一架构

设计数字化转型的统一架构，确保系统之间集成并向统一平台方向发展。以下是一些步骤和方法来设计数字化转型的统一架构：

（1）分析现有业务和技术环境：对组织的现有业务和技术环境进行全面分析。这包括业务流程、数据流动、应用系统、技术基础设施和组织结构等方面。通过分析现有环境的优点和缺点，可以为架构设计提供参考和依据。

（2）定义核心组件和功能：基于业务目标和现有环境分析的结果，确定数字化转型的核心组件和功能。这些组件和功能可以包括数据管理平台、业务流程自动化平台、智能分析和决策支持系统等。核心组件和功能将构成数字化转型的基础和支撑。

（3）设计技术架构：基于核心组件和功能，设计数字化转型的技术架构。技术架构包括系统和应用的组织结构、数据流动和集成、技术标准和规范等。技术架构设计应考虑到业务需求、灵活性和可扩展性，确保系统和应用之间的互操作性和一致性。

（4）建立数据管理和安全策略：在数字化转型的架构设计中，要重视数据管理和安全策略。确保数据的质量、一致性和可靠性，建立数据治理和数据隐私保护机制。同时，制定安全策略和控制措施，保护系统和数据不受恶意攻击和非法访问。

（5）考虑集成和云化：数字化转型的架构设计中，要考虑系统集成和云化的需求。选择合适的集成方式和工具，确保系统和应用之间的无缝集成和数据交换。同时，评估和规划云计算的使用，利用云服务提供商的资源和能力，实现敏捷开发和快速创新。

（6）制订实施和迁移计划：根据架构设计，制订数字化转型的实施和迁移计划。这包括具体的项目计划、资源分配和时间表等。同时，考虑风险管理和变更管理，确保数字化转型的平稳进行和可控性。

（7）监控和持续改进：在数字化转型的实施和迁移过程中，建立监控和评估机制。持续监测系统和应用的性能和效果，收集反馈和改进意见，及时调整和优化架构设计。通过持续改进，确保数字化转型的顺利进行和持续增值。

通过以上步骤和方法，可以设计数字化转型的统一架构，帮助组织实现业务的数字化管理模式、数据驱动和智能化。统一架构设计将提高系统和应用的一致性、互操作性和可维护性，促进组织的协同和创新。

## 6. 促进人才升级

核心人才在数字化转型过程中很关键，但既懂业务、产品、技术，又懂数字化的科技人才短缺且断层，供需严重不匹配。企业需要对关键人才培训升级，要坚持以用为本，让人才与企业共成长。

（1）从企业现有人才中挑选潜质选手，纳入储备库建立有针对性的培养计划。

（2）制定融合了数字化专业知识技能与创新协同等软实力、面向数字化业务场景的培训模式。

（3）以实践为导向，建立一线员工激励机制，激发员工积极性。建立完整的数字化人才晋升机制，让一线员工有目标、有动力，激发员工自驱力，实现从基层到中层的人才培养，从而成为数字化转型的中坚力量；引入 OKR 目标管理办法，拉齐企业、部门、员工的数字化转型目标，培养员工的主人翁意识，提高员工能动性；为员工描绘绩效画像，精准培养员工技能，补齐专业知识与技能短板，并将员工的学习与绩效挂钩。

（4）留住人才。复合型人才培养周期长，企业花大力气培养出人才之后，也应花大力气留住人才。一是福利待遇方面，给予复合型人才相对丰厚的薪酬福利和员工关怀，提升人才的生活保障；二是发展空间方面，打开升职空间，同时给予他们较为宽松的自主权限，为“全才”搭建大展拳脚的舞台；三是人才储备方面，企业要做好人才梯队储备，将人才流失带来的损失降到最低。

## 7. 建立通过指标体系进行考核的工作机制

建立通过指标体系进行考核的工作机制，需要以下几个步骤：

（1）明确考核目标和标准。需要明确考核的目标，以及实现目标需要完成的任务。对于每个任务，需要制定相应的标准，并确定权重和评分规则。

（2）设计指标体系和考核方案。在明确考核目标和标准后，需要设计相应的指标体系和考核方案。指标体系应该包括关键绩效指标（KPI）、成本指标、质量指标等。

（3）制订考核计划和时间表。制订考核计划，包括确定考核频率、考核内容、考核形式等。在制订时间表时应充分考虑业务特点、人力资源分配、任务分工、任务进度等因素。

（4）实施考核和反馈机制。在实施考核时，需要按照考核计划的要求，进行数据收集、数据分析和报告撰写等工作。同时，考核结果需要及时反馈给各考核对象，以促进全员动力和责任意识的提高。

（5）持续评估和改进。定期对考核方案、指标体系和考核计划进行评估和改进。根据实际情况反馈，优化指标体系和考核方案，进一步提高考核的科学性和有效性。

对于建立通过指标体系进行考核的工作机制，以上步骤是基本的，关键在于明确考核的目标和标准，在设计指标体系和考核方案时，要注重公平、科学和系统性，采用合适的统计方法和评估工具，保证考核结果的可靠性和有效性。

# 五、发挥每一名企业员工的创新作用

数字化转型过程中，每一名企业员工都可以发挥自己的创新作用。数字化转型是一个团队合作的过程，在这个过程中，每一名员工都可以发挥自己的创新作用，为数字化转型的成功做出贡献，提高企业的竞争力和市场影响力。

## 1. 数字化转型涉及企业每一名员工

数字化转型涉及企业每一名员工，尤其是在过去传统经济模式下经验和资历较深的员工更应该参与其中。数字化转型不是单一人员或部门的责任，而是企业所有人共同的责任。以下是数字化转型涉及员工的一些方面：

（1）意识到数字化转型的重要性：员工首先需要认识到数字化转型的重要性，以及数字化转型对企业和个人的影响。员工需要了解数字化转型的目标和意义，并认识到自己在数字化转型中所处的角色和责任。

（2）接受新的数字技术：数字化转型离不开新的数字技术和工具，员工需要接受这些新技术，并学会使用它们。员工需要接受培训和教育，以便能够更好地使用数字技术来提高工作效率和质量。

（3）就职相关数字化职位：企业需要为数字化转型提供相关人才，招聘专业数字化人才，在公司中培养一支数字化人才队伍，以应对数字化转型带来的挑战。

（4）参与数字化项目：数字化转型是一个团队合作的过程，企业员工需要积极参与到数字化项目中，贡献自己的力量，推动数字化转型的顺利实施。员工需要了解数字化项目的目标、流程、技术和需求，并协助完成数字化项目。

（5）反馈数字化转型的优化意见：数字化转型是一个不断迭代和改进的过程，员工可以通过提供反馈意见和建议来帮助企业改进数字化转型的过程。员工应该通过实际工作经验和感受，为数字化转型提出具体的改进建议，以推动企业数字化转型进程的快速发展。

数字化转型需要员工的全力参与和支持，员工需要了解数字化转型的重要性、接受新的数字技术、参与数字化项目、建设数字化转型人才队伍，并反馈数字化转型的优化意见。只有这样，企业才能实现数字化转型的目标，提高企业运营效率和市场竞争力。

## 2. 通过新技术实现业务创新，构建数字化转型应用场景

数字化业务和技术的应用场景需要不断创新，以适应不断变化的市场需求和技术进步，以下是一些数字化应用场景的创新举例：

（1）基于人工智能的语音识别技术和自然语言处理技术的应用：不断创新基于人工智能的语音识别和自然语言处理技术可以使得应用场景更加广泛。比如在智能语音助手、智能客服、智能家居等领域，可以为用户提供更加智能化的服务，满足用户的个性化需求。

（2）区块链技术的应用：区块链技术可以应用于合同管理、物流跟踪等领域，增加透明度和安全性。例如在物流上，可以使用区块链技术实现货物的追踪与管理，以保障货物的安全运输；而在金融领域，可以利用区块链技术实现资金流动的记录与管控，加强金融业务的透明度和安全性。

（3）3D 打印技术的应用：3D 打印技术可以用于制造业中的零件制造、模型打印等领域。近年来，越来越多的企业将 3D 打印技

术用于金属零件和复杂器件的制造，降低制造成本，提高生产效率。

（4）大数据技术的应用：大数据技术可以应用于金融、医疗、教育等领域，对用户数据进行深度分析和挖掘，以提供更加准确和个性化的服务。例如在金融领域，可以利用大数据技术分析用户的消费习惯、偏好等信息，为用户提供个性化的投资方案。

数字化业务和技术的应用场景需要不断创新，随着技术的不断演进和行业的不断变化，需要积极探索和应用新技术和新模式，以创造更多的应用场景，提高企业的竞争力和市场影响力。

## 3. 每名员工都是数据的使用者和创造者

每名员工都是数据的使用者和创造者。以下是一些员工如何使用和创造数据的例子：

（1）使用数据进行决策：员工在工作中会有很多的决策，例如市场调研、产品研发、销售策略等。这些决策都需要数据作为支撑，员工可以使用过去的数据和分析来做出更加明智的决策。

（2）通过信息系统和APP创造数据：员工通过使用信息系统、APP、社交媒体、博客、讨论论坛等工具，积极创造数据内容，这些数据可以为企业提供更多有价值的信息，帮助企业更好地了解用户和市场。

（3）利用企业内部数据优化工作流程：员工可以使用企业内部的大数据分析工具和BI工具，分析和挖掘数据，发现业务流程中存在的瓶颈点和问题，进而优化业务流程，提高工作效率和业务质量。

（4）创造行业趋势和创新的数据：员工可以通过积极关注行业

动态、参加行业会议和培训等方式，为企业创造更多的行业趋势和创新的数据，帮助企业更好地把握市场机会。

## 4. 员工通过“创意”参与数字化转型不断推进岗位创新

员工通过提出创意和参加创新活动积极参与企业数字化转型。以下是一些例子：

（1）提出创意：员工可以通过在日常工作中的观察和思考，提出新的创意，并将其提交给企业的创新团队，这些创意可以涉及产品开发、营销策略、业务流程优化、客户体验等方面，有助于推动企业的数字化转型。

（2）参加创新活动：企业可以组织创新活动，例如创新大赛、创新工作坊、创新周等，鼓励员工主动参与，提出创新想法和解决方案。这样可以激发员工的创造力和热情，促进企业数字化转型。

（3）推广数字化文化：企业可以将数字化文化渗透到员工的日常工作中，并鼓励员工利用数字化工具和平台，推动工作流程的数字化升级。这有助于提高员工的数字化素养和意识，从而促进数字化转型。

（4）提升领导力：企业可以为员工提供专业的培训和技能提升机会，例如数字化技术、人工智能、设计思维等方面的培训，从而提升员工的领导力和数字化能力，促进企业数字化转型。

员工通过提出创意和参加创新活动可以积极参与企业数字化转型。企业可以通过适当的激励机制、培训机制和文化建设，激发员工的创造力和热情，推动企业的数字化转型，提高工作效率和业务质量。

## 5. 充分做好员工培训

随着数字化转型的不断深入，员工数字化转型培训变得越发重要。下面是充分做好员工数字化转型培训的建议：

（1）制订个性化的数字化转型培训计划：企业可以根据员工所处的职位、所在的部门及个人职业发展需要，制订个性化的数字化转型培训计划，使员工可以根据自己的实际情况进行针对性的培训。

（2）采用多种培训方式：数字化转型培训不应该只是简单地给员工发放学习材料或者上课程，还应采用多种培训方式，例如短视频、线上培训、线下实操、案例分析、演讲、互动交流等方式，让员工可以根据自己的特点和学习风格，选择最适合自己的培训方式。

（3）持续进行培训和跟进：数字化转型培训应持续进行和跟进，这样可以使员工更好地适应数字化转型的变化和挑战，进一步提高其数字化素养和能力。

（4）关注员工的反馈和需求：企业应当关注员工的反馈和需求，收集员工对数字化转型培训的评价和建议，及时调整和改进数字化转型培训计划，让数字化转型培训更加符合员工实际的需求。

充分做好员工数字化转型培训是企业数字化转型的关键步骤，也是为员工提供良好成长空间的必要举措。企业需要根据自己的实际情况，选择合适的培训方式和培训计划，并且不断调整和优化培训效果，让员工更好地适应数字化转型的挑战和变化。

## 六、持续提升管理层对数字化的期望

数字化已经成为企业成功的关键驱动因素之一，数字化处于发展的初期，未来有更广阔发展空间。持续提升管理层对数字化的期望是必要的，持续应用数字化技术可以帮助企业实现增长、创新、竞争优势和业务持续发展。通过数字化，企业可以更好地应对市场的变化、提高效率和决策质量，实现可持续的成功。

（1）可以提高企业竞争力：数字化技术提供了更高效、更精准、更智能的工具和方法来管理和运营企业。通过数字化，企业可以实现业务流程的自动化，优化资源配置，提高生产效率，提供个性化的客户体验等，从而提高企业的竞争力。

（2）可以创造新的商业机会：数字化技术不仅可以改善现有业务，还可以创造新的商业机会。例如，通过互联网和移动技术，企业可以开发新的产品和服务，拓展新的市场，实现多元化经营，从而为企业带来增长和创新。

（3）可以提升决策质量：数字化可以提供更多、更准确的数据和信息，帮助管理层做出更明智的决策。通过数字化平台，管理层可以实时监控业务指标，深入分析数据，预测市场趋势，评估风险，从而做出更具洞察力和策略性的决策。

（4）可以加强组织协同与沟通：数字化工具和平台可以促进组织内外的协同与沟通。管理层可以通过数字化平台实现团队协同工作，提高工作效率，加强信息共享和沟通，打破部门壁垒，提高组织的灵活性和响应能力。

（5）可以适应变化的市场环境：当今的市场环境变化迅速，数字化可以为企业提供应对变化的敏捷性和弹性。通过数字化，企业可以快速调整业务模式、开发新产品、开拓新市场，以适应市场需求的变化和竞争的挑战。

## 1. 数字化转型技术发展的递进规律

数字化转型从技术发展过程来看，是有递进规律的。数字化转型是自动化和信息化的融合，数据自动化采集要依托物联网，物联网的发展为大数据分析和应用打下基础，大数据的发展促进云计算平台的统一运化应用；工业互联网基于云计算平台建设适合各自企业的业务模型和数据模型，实现 PaaS 层中台共享，为企业生产运营和经营管理提供“厚平台、薄应用”服务；数据模型是大模型建设的基础，个别企业已经积累了上万个数据模型，正在建设“亿”级参数的大模型；大模型是未来能自主学习和进化的 AI 模型的初级阶段，企业发展到大模型阶段，很多决策就可以通过模型分解成指标体系，指导企业决策和管理。

数字化转型技术的发展存在一些递进规律，以下是一些常见的规律：

（1）基础设施建设：数字化转型通常从基础设施建设开始，包括建立稳定、可靠的网络基础设施、构建数据中心和云计算平台等。这些基础设施提供了支持数字化转型所需的基本条件。

（2）数据采集和存储：数字化转型需要大量的数据支撑。随着技术的进步，数据采集和存储技术也在不断发展。从传统的手工录入到自动化采集，从本地存储到云端存储，数据采集和存储技术的发展为数字化转型提供了更好的支持。

（3）数据分析和挖掘：随着数据的积累，对数据的分析和挖掘变得越来越重要。数据分析和挖掘技术可以帮助企业从海量数据中提取有价值的信息和洞察，为业务决策提供支持。

（4）人工智能和机器学习：人工智能和机器学习技术在数字化转型中发挥着重要作用。通过对大数据的分析和学习，人工智能和机器学习可以实现智能化的决策和预测，优化业务流程，提升效率和质量。

（5）自动化和智能化：数字化转型逐渐向自动化和智能化方向发展。通过自动化和智能化技术，可以实现业务流程的自动化和优化，提高生产效率和协同效率。

需要注意的是，数字化转型技术的发展是一个动态过程，不同行业和企业的数字化转型程度和需求有所不同。在数字化转型过程中，企业应根据自身情况和业务需求选择适合的技术，并与业务策略相结合，实现业务增长和盈利能力的提升。

## 2. 数字化转型是社会进步的拐点，是企业的必然选择

随着信息技术的迅猛发展，数字化技术已经成为影响社会各个领域的重要力量。人工智能、物联网、大数据分析等新兴技术不断涌现，为企业提供了更多创新和应用的可能性。企业的数字化模型的建设和应用最终会影响到大部分人，人类社会正在向数字经济社会迈进。

数字经济是指以信息和通信技术为基础，通过数字化、网络化和智能化的方式来生产、分配和消费商品和服务的经济形态。数字技术的广泛应用推动了传统产业的数字化转型，也催生了新的数字经济产业。全球互联网的普及和网络技术的快速发展使得人们可以更加便捷地进行信息交流、商务合作和社交互动，互联网的无界限性和全球化连接的特性对数字经济社会的形成和发展起到了重要的

推动作用。数字经济社会基于大数据的收集、分析和应用，可以帮助企业和机构做出更准确、更有洞察力的决策。同时，数据驱动的创新也成为数字经济社会的重要特征，通过对大数据的挖掘和分析，可以发现新的商业模式、产品和服务。数字经济社会的发展使得数字技术逐渐普及和普惠化，不仅是大型企业和发达国家可以使用，也能够惠及中小微企业和发展中国家。数字技术的普及和包容性的提升，为更多人带来了经济增长和社会发展的机会。

数字技术可以帮助企业：

（1）提升效率与降低成本：数字化转型可以帮助企业实现业务流程的自动化和优化，提高生产效率和服务质量，降低运营成本。通过数字化，企业可以更快地响应市场需求，提供更快、更准确的服务，增强竞争力。

（2）创造新的商业模式：数字化转型可以帮助企业创造新的商业模式和增值服务。通过与数字技术和平台的结合，企业可以开展在线销售、定制化服务、共享经济等新的商业形态，满足消费者日益多样化的需求。

（3）提供个性化的客户体验：数字化转型可以帮助企业更好地了解客户需求并提供个性化的产品和服务。通过大数据分析和人工智能等技术，企业可以收集和分析客户数据，为客户提供个性化的购物体验、定制化的产品和服务。

（4）应对市场变化与风险：数字化转型可以提高企业的敏捷性和灵活性，帮助企业更好地应对市场的变化和风险。通过数字化技术，企业可以更快速地获取市场信息、进行市场预测，并及时调整策略和业务模式，以适应市场需求的变化。

## 3. 以物联网为基础的数据自动化采集昭示大数据时代的到来

物联网是工业互联网的基础，通过网络互联的传感器、设备和物品组成的庞大系统，可以收集、传输和处理大量的实时数据。这些数据涵盖各个领域，如生产制造、交通运输、环境监测、医疗健康等。

物联网连接了大量的传感器和设备，这些设备不断产生海量的数据。这些数据以前所未有的速度和规模生成，推动了大数据时代的到来。通过物联网，可以采集实时的、多源的、多样的数据，这为大数据的分析和应用提供了丰富的资源。物联网提供了大量的实时数据，使得实时数据的可用性成为可能。以前，很难获得实时的、准确的数据，而物联网的出现能够实时了解和监测各种信息。这种实时性的数据采集和应用，对于决策和运营的优化具有重要的意义。

物联网不仅提供了大量的数据，还带来了数据的多样性和复杂性。因为物联网连接了不同的设备和传感器，所以采集到的数据类型也非常多样，如文本、图像、音频、视频等。同时，数据中可能存在着各种关联和复杂的关系，对数据的处理和分析提出了更高的要求。大数据的到来使得数据成为企业和组织决策与创新的重要基础。通过物联网采集到的大数据可以进行深度分析和挖掘，帮助企业发现潜在的商机和市场趋势，优化产品和服务，提高运营效率和用户体验。

## 4. 大数据建模能力是当前企业核心竞争力的固化和拓展

大数据建模能力是当前企业核心竞争力的固化和拓展的关键。

随着数据的快速增长和技术的不断进步，企业可以利用大数据建模来揭示隐藏的信息和模式，从而做出更准确的预测和决策。

以下是大数据建模能力对企业核心竞争力的固化和拓展的几个方面：

（1）数据驱动的决策：大数据建模能力使企业能够从大数据中提取出有价值的信息和洞察力，并将其应用于决策过程中。通过对大数据的分析和建模，企业可以更准确地了解市场趋势、客户需求和竞争情报，从而制定更具竞争力的战略和决策。

（2）个性化营销和客户体验：大数据建模能力可以帮助企业深入了解客户的偏好、行为和需求，并通过个性化的营销和服务来满足客户的需求。通过对大数据的建模和分析，企业可以实现精准营销，提供更好的客户体验，从而增强客户忠诚度和竞争优势。

（3）产品创新和优化：通过对大数据进行建模和分析，企业可以了解产品的使用情况、用户反馈和市场反应，并基于这些信息进行产品创新和优化。大数据建模能力可以帮助企业发现新的产品机会、优化产品设计，并提供更好的产品和解决方案，从而满足不断变化的市场需求。

（4）效率和运营优化：大数据建模能力可以帮助企业实现运营的效率和流程的优化。通过对大数据进行建模和分析，企业可以发现运营中的瓶颈和问题，并采取相应的优化措施。大数据建模能力可以帮助企业降低成本、提高生产效率，并实现更好的供应链管理和资源配置。

（5）创新和业务拓展：大数据建模能力可以帮助企业发现新的商业机会和业务模式，从而实现创新和业务拓展。通过对大数据的分析和建模，企业可以识别新的市场需求、发现新的产品或服务领域，并通过创新来扩大自己的业务范围和市场份额。

通过大数据建模，企业可以实现数据驱动的决策、个性化营销和客户体验、产品创新和优化、效率和运营优化，以及创新和业务拓展，从而在竞争激烈的市场中保持竞争优势并不断拓展业务。

## 5. 未来是一个模型无处不在的时代

数字化模型是基于数据和算法构建的数学表示，用于描述和预测企业生产和经营管理的现象和行为。随着技术的不断进步和数据的快速增长，模型在各个领域和行业的应用将变得更加普遍和广泛。以下是未来模型应用的几个方面：

（1）智能决策和预测：模型可以对大量的数据进行分析和建模，从而帮助人们做出更准确、更智能的决策。通过模型的预测能力，可以更好地理解和预测市场趋势、消费者行为、自然灾害等各种情况，从而为决策提供有力的支持。

（2）自动化和智能化：模型的应用可以使各种系统和流程实现自动化和智能化。例如，通过模型的学习和优化，可以实现自动驾驶汽车、智能家居系统、智能工厂等。模型的无处不在将带来更高效、更安全和更智能的生活和工作方式。

（3）个性化和定制化：模型可以基于个体的特征和偏好进行个性化和定制化的服务。通过对个体数据的建模和分析，可以为人们提供个性化的推荐、定价和服务，满足个体的需求和偏好，提高用户体验和满意度。

（4）创新和发展：模型无处不在的时代将促进创新和发展。通过模型的应用，人们可以发现新的商业机会、优化产品和服务，推动企业和社会的创新和发展。模型可以帮助企业更好地理解市场需求、产品性能等关键因素，从而提供更具竞争力的解决方案。

模型将在各个领域和行业中发挥重要作用，帮助人们做出智能决策，实现自动化和智能化，提供个性化和定制化的服务，推动创新和发展，这将为人类的生活和工作带来更多的便利和机遇。

## 6. 大模型淘金时代重构企业和组织之间的关系

大模型是使用大规模的数据和复杂的算法构建的强大模型，具有强大的计算和预测能力。这些大模型正在改变传统企业和组织的运作方式，重新定义了它们之间的关系和互动。随着技术的不断进步和数据的快速增长，大规模的数字化模型将变得越来越重要，成为企业和组织获得差异化竞争优势的重要工具。

大模型基于大规模的数据集进行训练和建模，可以提供更准确、更全面的信息和分析。企业和组织可以利用这些模型来做出数据驱动的决策，而不仅仅是凭经验和直觉。这使得决策更加科学和权威，有助于提高效率和降低风险。

大模型可以根据个体的数据和行为模式进行个性化的服务和定制化的推荐。企业和组织可以基于这些模型为客户提供更精准的产品和服务，满足他们独特的需求和偏好。这种个性化和定制化的服务可以提高客户的满意度和忠诚度。

大模型可以自动分析和处理大量的复杂数据，从而实现流程的自动化和智能化。企业和组织可以利用这些模型来自动化识别和解决问题，优化运营流程，提高效率和质量。这些自动化和智能化的流程可以大大减少人力成本和时间成本。

大模型淘金时代将促进企业和组织之间的合作和竞争的互联互通。通过共享和交换数据和模型，企业和组织可以相互学习和合作，共同解决共性问题，提高行业整体的效益和竞争力。同时，大模型也会带来更激烈的竞争，企业和组织需要不断创新和优化，以保持竞争优势。

大模型淘金时代正在重构企业和组织之间的关系。企业和组织将更加依赖数据和模型，实现数据驱动决策、个性化和定制化服务、自动化和智能化的流程，并通过合作和竞争的互联互通创造更大的价值和竞争优势。这将推动企业和组织向更高效、更智能和更创新的方向发展。

## 7. AI 模型自发进化，人类和机器谁会胜利

AI 模型是通过对大量数据进行训练和学习来获取知识和模式，并利用这些知识和模式进行任务的执行和推断，AI 模型的特点是可以通过训练和优化来不断改进和进化。这个训练过程目前是由人类进行设计和管理的，包括确定模型的结构、目标函数、优化算法等。在训练过程中，人类会根据任务的需求和目标，不断调整和优化模型的参数和结构，以提高模型的性能和效果。这个过程需要人类的知识、经验和判断来指导和决策。

AI 在未来的某个领域，如果给定一组适当的规则和目标函数，AI 模型可能在数值模拟的环境中展现出一定程度的自我进化能力。这种自我进化并非源于 AI 模型的内在能力，而是通过优化算法和计算技术的应用来实现的。通过使用遗传算法、进化算法或其他优化算法，AI 模型可以在数值模拟环境中进行自动化搜索和优化，以寻找最优的解决方案。在这个过程中，模型的参数和结构会不断地变异、交叉和选择，以生成新的模型并评估它们的适应度。通过反复的优化迭代过程，AI 模型可以逐步改进自身，提高对特定任务或环境的适应

性。这种自我进化的过程可以理解为在搜索空间中寻找更优解的过程。

未来人和机器在智能领域的竞争，是一个非常复杂和有争议的问题，没有一个确定的答案。在当前的技术水平下，人类和机器之间的较量是一个相互依存、相互促进的过程，两者之间存在着相互补充和合作的可能性。

人类拥有智慧、情感、创造力和道德意识等独特的特点，这些是目前的人工智能模型所不具备的。人类在解决复杂问题、理解复杂情境和适应环境变化等方面具有独特的优势。而机器则具有巨大的计算能力和处理大规模数据的能力，能够高效地处理和分析信息。

目前的人工智能模型主要是基于特定任务和领域来进行设计和训练的，并且受到限制。这些模型的能力是通过对大量数据的训练和模式识别来获得的，它们的演化和改进是通过不断的迭代和优化实现的。目前的人工智能模型仍然存在许多局限性和挑战。例如，对于推理、创造性思维、情感理解和道德判断等方面，目前的模型还无法与人类相媲美。此外，人工智能模型也面临着数据完整性、隐私和伦理等问题，需要人类进行监督和管理。

人类和机器谁会胜利是一个复杂的问题，人类和机器的胜利更多是一个相互合作和共生的结果。人类可以利用机器的能力来提升自身的能力，同时也需要继续发展和强化自身的独特特点。在未来的发展中，人类和机器的相互融合和协作将会成为一个重要的方向。

一个阈值就是时代的分界，胜负一瞬间。

## 8. 未来的数字化趋势

随着人工智能、物联网和大数据等技术的飞速发展，未来的数字化趋势将同时呈现出以下的特点：

（1）人工智能和机器学习的深度应用：随着人工智能和机器学习技术的飞跃进步，未来的数字化转型中将深度应用各种自主学习和独立思考技术，进一步提高数字化技术的智能化和智慧化水平。

（2）智能化服务和智慧化安全：未来数字化趋势中，将智能化服务和智慧化安全两大要素融合起来，从而提高数字化服务和安全保障的自动化与智能化水平，增强业务流程自动化水平和智慧化程度。

（3）信息化和数字化的融合：未来数字化趋势还将见证信息化和数字化的融合发展。通过大数据和云计算等技术支撑，数字化业务和信息化数据将实现更高效的融合，提升信息交互的自动化程度和质量。

（4）互联网 + 的广泛普及：未来数字化趋势还将推动互联网 + 业务模式的广泛普及，从而影响社会各层次和产业链条的合作架构。互联网 + 模式将贯穿于各行各业的数字化转型发展和创新创造之中。

（5）数字化商业模式的变革：未来数字化趋势还将推动商业模式的变革，以数据流量、知识产权和品牌效应等为核心的数字化商业模式将成为主流，为未来数字化企业和企业家提供更丰富的发展机会。

未来数字化趋势将不断探索数字化技术的应用领域和深度，以信息化、自动化、智能化、智慧化和互联网 + 模式为切入点，实现商业模式的变革和全球数字化领域的跨越性发展。

000100 01 10 01100 1000 11000 0 10 10 10 000100 01 10 01100 100

1010 00 0110 1 011 0 1 011 00 110 000100 01 10 01100 1000 11000 0 10 10 10 01 01 1000 11 000 1

1010 00 0110 1 011 0 1 011 00 110 000100 01 10 01100 1000 11000 0 10 10 10 01 01 1000 11 000 10 1 0001 00

1010 00 0110 1 011 0 1 011 00 110 000100 01 10 01100 1000 11000 0 10 10 10 01 01 1000 11 000 1

000100 01 10 01100 1000 11000 0 10 10 10 000100 01 10 01100 100

1010 00 0110 1 011 0 1 011 00 110 000100 01 10 01100 1000 11000 0 10 10 10 01 01 1000 11 000 1

000100 01 10 01100 1000 11000 0 10 10 10 000100 01 10 01100 1000 11000 0 10 10 10

1010 00 0110 1 011 0 1 011 00 110 000100 01 10 01100 1000 11000 0 10 10 10 01 01 1000 11 000 10 1 0001 00

1010 00 0110 1 011 0 1 011 00 110 000100 01 10 01100 1000 11000 0 10 10 10 01 01 1000 11 000 10 1 0001 00

0 000100 01 10 01100 1000 11000 0 10 10 10 01 01 1000 11 000 10 1 0001 00

11 0 1 011 00 110 000100 01 10 01100 1000 11000 0 10 10 10 01 01 1000 11 000 10 1 0001 00

1010 00 0110 1 011 0 1 011 00 110 000100 01 10 01100 1000 11000 0 10 10 10 01 01 1000 11 000 10 1 0001 00

00 110 000100 01 10 01100 1000 11000 0 10 10 10 01 01 1000 11 000 101 10 01100 1000 11000 0 10 10 10 01 01 1000 1 1 0001 00

# 本书核心观点和创新概念

1. 通过业务全景图对企业业务的展开，实现数字化转型场景标准化、流程化和模块化建设的方法论。

2. 通过创新业务切片概念，建立业务与信息技术部门通用的业务语言体系，落实业务主导、信息统筹的工作方法。

3. 通过业务蓝图顶层设计，利用数字化模型将企业信息系统整合到一个平台。

4. 创新数字化指标体系，包括业务、技术、数据和运营四个方面的指标，倡导将指标体系做成系统，自动统计生成各项指标。

5. 建议数字化转型初期将主要资源投入到数据自动化采集与业务部门随时随地获取业务数据上，加强数字化转型第一阶段建设，避免重复、反复和孤岛建设。

6. 建议通过指标化编写可行性研究报告，让企业所属各级单位清晰地了解数字化的目标和任务，科学决策数字化转型前进的方向。

7. 建议发动全体员工开展业务模型、数字化模型设计，以发明者命名数字化模型，鼓励创新。

8. 建议企业推进数字化模型、大模型和 AI 模型建设，强化企业核心竞争力，拓展新业务，发现新方向。

9. 创新企业数字化管理模式的概念，实现企业科学决策、提质增效、岗位优化和数字管理。

10. 建议企业通过数字化模型管理模式制定符合自身发展的生产和经营指标体系，整合生态，拓展业务。

000100 01 10 01100 1000 11000 0 10 10 10 000100 01 10 01100 100

1010 00 0110 1 011 0 1 011 00 110 000100 01 10 01100 1000 11000 0 10 10 10 01 01 1000 11 000 1

1010 00 0110 1 011 0 1 011 00 110 000100 01 10 01100 1000 11000 0 10 10 10 01 01 1000 11 000 10 1 0001 00

1010 00 0110 1 011 0 1 011 00 110 000100 01 10 01100 1000 11000 0 10 10 10 01 01 1000 11 000 1

000100 01 10 01100 1000 11000 0 10 10 10 000100 01 10 01100 100

1010 00 0110 1 011 0 1 011 00 110 000100 01 10 01100 1000 11000 0 10 10 10 01 01 1000 11 000 10 1 0001 00

1010 00 0110 1 011 0 1 011 00 110 000100 01 10 01100 1000 11000 0 10 10 10 01 01 1000 11 000 10 1 0001 00

000100 01 10 01100 1000 11000 0 10 10 10 01 01 1000 11 000 10 1 0001 00

11 0 1 011 00 110 000100 01 10 01100 1000 11000 0 10 10 10 01 01 1000 11 000 10 1 0001 00

1010 00 0110 1 011 0 1 011 00 110 000100 01 10 01100 1000 11000 0 10 10 10 01 01 1000 11 000 10 1 0001 00

00 110 000100 01 10 01100 1000 11000 0 10 10 10 01 01 1000 11 000 101 10 01100 1000 11000 0 10 10 10 01 01 1000 1 1 0001 00

# 附录　概念和定义

**1. 业务全景图**

业务全景图（Business Panorama）是一种视觉化的工具，用于展示企业整体业务生态系统的概貌和各个业务领域之间的关系。它以图形化的方式呈现企业的各个业务领域、相关业务流程和关键业务要素，并显示它们之间的依赖关系和联动效应。业务全景图旨在帮助企业领导者和决策者全面了解并概览企业的业务环境和运营情况。通过绘制业务全景图，企业可以清晰地看到不同业务领域之间的关联和交互，识别优化机会和挑战，并制定相应的战略和决策。

**2. 业务领域**

业务领域（Business Domain）是指企业或组织所从事的具体业务范围或领域，它描述了企业在经营过程中所涉及的业务活动、产品和服务的范围和领域。企业可以有一个或多个业务领域，每个业务领域可能涵盖多个相关的业务活动，业务领域通常与企业的核心竞争力和战略定位密切相关。

**3. 业务切片**

业务切片（Business Slice）是指将一个复杂的业务领域或业务过程按照一定的逻辑和规则进行划分和拆分的过程。通过业务切片，可以将一个庞大而复杂的业务领域或过程划分为多个独立的、可管理的、相对独立的小块，每个小块都有自己的职责和功能。业务切片的目的是提高业务的可管理性、可拓展性和灵活性，使得企业能够更好地理解和处理复杂的业务过程。

#### 4. 数字化指标体系

数字化指标体系（Digital key Performance Indicators）是企业对数字化转型过程中的关键业务、信息技术、数据和运营指标进行量化和评估的指标体系。它能够帮助企业管理者了解数字化转型的进程和效果，对数字化转型过程的风险和潜在问题进行评估和监控，以便更好地制定数字化转型策略和规划。数字化转型指标体系的建立需要考虑企业数字化转型的实际情况和需求，在设计和选择指标时需要注意指标的全面性、可操作性和可比性，同时还需要根据企业或组织的实际情况和需求进行量化和度量。

#### 5. 生产和经营指标体系

生产和经营指标体系（Production and Operations Key Performance Indicators）是指在企业的生产和经营过程中，通过对一系列关键的性能指标进行度量和监测，来评估企业的运营状况和实现业务目标的体系。生产和经营指标体系包括一系列的指标和度量方法，用于衡量企业在不同层面和领域的表现，帮助企业了解自身的运营状况、发现问题、评估绩效，并基于这些信息进行决策和改进。

#### 6. 业务模型

业务模型（Business Model）是指描述企业如何创建、交付和捕获价值的逻辑和框架。它描述了企业的核心业务活动、价值创造机制、盈利模式，以及与其他相关者的交互方式等关键要素。

#### 7. 数字化模型

企业数字化模型（Digital Model）是企业在数字化转型过程中所采用的一种实现框架和方法论的算法程序或信息系统，从业务领域、对象类型、专业工具、业务流程、逻辑算法等五个基础维度出发，整合数据建立统一的、标准的、记有业务源头信息的数据字典，通过将业务模型实例化，基于输入、输出、算法、工具和流程等数据要素，形成包括业务主题和数据体的输出结果，并构建通用于同一业务的数据实体模型，实现从业务域到数据资产域的转换，为业务实现提供一个数字化和信息化的结果。

### 8. 数据模型

数据模型（Data Model）是指用于描述数据结构、数据元素之间关系及数据操作规则的概念模型。它用于对现实世界中的实体、属性和关系进行抽象和组织，以便能够在计算机系统中存储、处理和管理数据。数据模型对数据进行了逻辑上的组织和表示，以帮助人们理解和操作数据。它描述了数据的结构、属性、类型和关系，以及对数据的操作和处理方式。

### 9. 业务场景

业务场景（Business Scenario）是指在实际业务环境中发生的一种特定情境或情景，可以是一个具体的业务活动、过程或事件。业务场景描述了业务活动的背景、目的、参与者、流程、输入和输出等关键要素。

### 10. 数字化管理模式

在数字时代，企业的数字化管理模式（Digital Mangement Model）是一种基于业务（Business）、数据（Data）、模型（Model）、指标（Metric）和智能分析（Smart analytics）的管理方法（简称为“BDMMS”模型）。该管理模式借助信息平台、业务模型、数字化模型、大数据分析、人工智能等技术，将大量的数据进行整合、处理和分析，构建支持企业决策、管理和生产的各类模型，深度挖掘商业价值链，并根据模型的输出进行辅助决策、优化管理和指导生产的新型管理模式。数字化管理模式的核心是通过数字化模型固化、优化业务经验和业务流程，用信息化、数字化技术促进科学决策、高效管理和自动化运营，不断积累管理模型提升企业核心竞争能力。

### 11. 信息系统功能模块

信息系统功能模块（Information System Functional Module）是指在一个信息系统中，按照功能划分而形成的独立模块或组件。企业可以从数据、样本、建模、指标预测、可视化等方面设计功能模块，每个功能模块通常负责实现系统中某一特定的功能或业务流程。

### 12. 新一代 ICT 技术

新一代 ICT 技术（Next Generation ICT Technologies）是指当前和未来发展中的信息和通信技术（ICT）领域的新兴技术和创新方法。这些技术在对现有 ICT 技术进行改进、提高和突破的基础上，引入了新的理念、功能和能力，对各个行业和社会产生积极的影响。

### 13. 数字员工

数字员工（Digital Employees）是利用人工智能、机器人和机器人流程自动化（RPA）等技术完成重复性、低复杂性、机械性、标准化、数据化工作的一种数字化劳动力。近年来，随着数字科技的快速发展和人工智能技术的不断迭代，数字员工已经开始逐步替代传统人力从事一些管理岗位的工作，并迅速扩展应用范围。

### 14.“六统一”原则

“六统一”原则（Six Unities Principle）包括企业信息化建设的统一规划、统一投资、统一设计、统一标准、统一建设、统一管理，不同企业可能有不同的“统一”内容。

## 15. 三流合一

三流合一（Three-in-One Integration）是指信息流、物资流和资金流的整合和协同。信息流指的是企业内部和企业与外部之间的信息传递和共享的过程，通过整合和协同信息流，企业能够实现信息的高效流动，加强内部沟通与协作，提高信息共享率和决策的准确性。物资流是指企业内部物资和产品在供应链中的流动和管理的过程，通过整合和协同物资流，企业可以实现供应链的优化，减少库存、降低成本、缩短交货周期，并提高产品质量和客户满意度。资金流指的是企业内部和外部之间的资金往来和流动的过程，通过整合和协同资金流，企业可以实现资金的合理配置、降低资金成本、提高资金使用效率，并确保企业的财务稳定性和健康发展。通过三流合一的整合和协同，企业可以实现不同流程之间的互联互通，提高资源利用效率，优化运营成本，增强企业的竞争能力和可持续发展能力。

## 16. 人工智能（AGI）

人工智能（Artificial General Intelligence）是一项研究和开发使机器能够模拟和执行人类智能任务的技术和领域。它通过模拟人类的认知能力，包括学习、推理、问题解决、语言理解、视觉感知、声音识别等，使机器能够像人类一样感知和理解世界，并做出相应的决策和行动。人工智能可以分为弱人工智能（Narrow AI）和强人工智能。

## 17. 全数据链运营

全数据链运营（End-to-End Data Chain Operations）是一种以数据为核心的运营模式，旨在通过整合和优化数据的收集、存储、分析和应用，实现企业在全球范围内的运营协同和价值创造。

数据采集和管理环节包括市场需求分析、供应链管理、生产制造、物流运输、销售和售后服务等。通过运用数据分析和挖掘技术，企业可以从海量的数据中提取有价值的信息和洞察，支持决策制定、优化运营流程和提升业务绩效。

# 参考文献


[1] 国务院印发《中国制造 2025》的通知 [EB/OL].(2015-05-08)[2015-05-19]. https://www.gov.cn/zhengce/content/2015-05/19/content_9784.html.

[2] 国务院印发《"十四五"数字经济发展规划》的通知 [EB/OL].(2021-12-12)[2022-01-12] .https://www.gov.cn/zhengce/content/2022-01/12/content_5667817.html.

[3] 工业和信息化部，国家发展和改革委员会，教育部，科技部，财政部，人力资源和社会保障部，国家市场监督管理总局，国务院国有资产监督管理委员会印发《"十四五"智能制造发展规划》的通知 [EB/OL].(2021-12-21) .https://www.gov.cn/zhengce/zhengceku/2021-12/28/content_5664996.html.

[4] 国务院国有资产监督管理委员会科技创新和社会责任局印发《关于加快推进国有企业数字化转型工作的通知》[EB/OL].[2020-09-21]. http://www.sasac.gov.cn/n2588020/n2588072/n2591148/n2591150/c15517908/content.html.

[5] 丹尼尔・A. 雷恩 . 管理思想的演变 [M]. 北京：中国社会科学出版社，1992.

[6] 杨剑峰，杨勇，王铁成，黄文俊，等 . 梦想云平台 [M]. 北京：石油工业出版社，2021.

[7] 杨剑峰，樊少明，付言，等 . 数字化转型智能化发展 [M]. 北京：石油工业出版社，2021.

[8] 李亚林，张强，等 . 塔里木智能油气田 [M]. 北京：石油工业出版社，2021.

[ 9 ] 何继善，徐长山，王青娥，郭峰 . 工程管理方法论 [ J ]. 中国工程科学，2014，16 ( 10 ): 4−9.

[ 10 ] 殷瑞钰 . 关于工程与工程创新的认识 [ J ]. 岩土工程界，2006，( 8 ): 21−24.

[ 11 ] 孙丽丽 . 石化工程整体化管理模式的构建与实践 [ J ]. 当代石油石化，2018 ( 12 ): 1−8.

[ 12 ] 陈建 .EPC 工程总承包项目过程集成管理研究 [D]. 长沙 : 中南大学，2012.

[ 13 ] 董涛 . 浅析工程物流运作体系 [ J ]. 科技创新导报，2008 ( 29 ): 157.

[ 14 ] 陈兵兵，陈军军 .SCM 、ERP 与物流管理 [ J ]. CAD/CAM 与制造业信息化，2004 ( 9 ): 40−44.

[ 15 ] 郑立军 . 大型石化工程项目管理“四集中一尝试”的创新与实践 [J]. 石油化工建设，2011，33 ( 2 ): 27−30.

[ 16 ] 庄琳 . 物联网技术下的智慧工地的构建研究 [ J ]. 信息与电脑，2019 ( 9 ): 165−167.

[ 17 ] 李海荣，黄修振 . 模块化施工在工程实践中的应用 [ J ]. 今日南国，2009 ( 5 ): 223−224.

[ 18 ] 徐炜 . 智能仓储控制系统的设计与实现方法 [ J ]. 科技资讯，2020，18 ( 13 ): 44+46.

[ 19 ] 袁志宏，覃伟中，赵劲松 . 炼油和石化行业的智能制造 [ J ]. Engineering，2017，3 ( 2 ): 66−74.

[ 20 ] 何继善，徐长山，王青娥，郭峰 . 工程管理方法论 [ J ]. 中国工程科学，2014，16 ( 10 ): 4−9.

[ 21 ] 星夜大数据公众号 . 2023 企业智能分析与决策实践合集 [EB/OL]. [ 2023−06−21]. http://news.sohu.com/a/687866156_120884466.

[ 22 ] 弗若斯特沙利文 . AI 大模型市场研究报告 ( 2023 ) —迈向通用人工智能，大模型拉开新时代序幕 [EB/OL].[2023−06−29].

https://www.infoobs.com/index.php/article/20230629/59420.html.
[ 23 ] 三茅网 . 人力资源规划模型及其在企业中的重要性和实践方法 [EB/OL].[ 2023-06-09]. https://www.hrloo.com/news/2780.html.
[ 24 ] 门树 . 人工智能行业专题报告：多模态 AI 研究框架 [EB/OL]. [2023-04-07]. https://www.sgpjbg.com/baogao/121149.html.

# 后记

在这个数字化时代，我们有幸成为数字化事业的一分子。我们走在科技的最前沿，连续多年的加班工作建设全球企业网络、数据中心和云计算平台，补强生产运营和经营管理平台，参与各种创新、掌握各类技能。我们的工作不仅令人兴奋和满足，更肩负着推动社会进步的重责，实现价值创造、知识共享和岗位奉献是我辈心愿。

作为数字化同行，你们是我最坚强的后盾，与我共同承担着很多任务和挑战，也分享着很多成长和收获。在这个充满活力和变革的行业里，我们必须时刻更新自己的知识和技能，努力提高自己的竞争力和整体水平。

虽然我们的工作并不总是轻松愉快，但我们的努力指引着人们走向更好的未来，这是值得我们为之付出一切努力的美好事业。我们要在相互博弈和合作中，发扬团队精神，拥抱变革，勇攀高峰。我们不仅要把握当前的技术，更要着眼未来发展趋势，不断学习和研究，不断探索和发现，保持求知、创新、进取的精神。

最后，让我们携起手来，肩并肩地前行，共同迎接未来的挑战和机遇。让我们用智慧和勇气，以创新和探索，为推进信息化事业贡献我们的智慧和力量，共同打造一个更加美好和先进的数字化世界。

愿我们的事业和梦想相继而行，前程似锦！